DR. PHOCAS NIWEMUSHUMBA

AF281583

Pratiques spéciales de guérison dans les récits de miracles du Nouveau Testament.

Analyse exégétique et historico-religieuse et perspective pastorale en référence aux traditions de guérison au Rwanda

Vienne, 2022

DR. PHOCAS NIWEMUSHUMBA

Pratiques spéciales de guérison dans les récits de miracles du Nouveau Testament.

Analyse exégétique et historico-religieuse et perspective pastorale en référence aux traditions de guérison au Rwanda

Vienne, 2022

Bibliografische Information der Deutschen Nationalbibliothek:
Die Deutsche Nationalbibliothek verzeichnet diese Publikation in der Deutschen National-
bibliografie; detaillierte bibliografische Daten sind im Internet über dnb.dnb.de abrufbar.

© 2022 Dr. Phocas NIWEMUSHUMBA

Herstellung und Verlag: BoD – Books on Demand, Norderstedt

ISBN: 978-3-7568-8629-6

TABLE DES MATIERES

AVANT-PROPOS DE L'EVALUATEUR

1. STRUCTURE COMMENTÉE ET CONTENU DU TRAVAIL

Les travaux à la frontière des logiques spécialisées n'ont généralement pas la tâche facile. En effet, ils doivent tenir compte de plusieurs méthodologies et de plusieurs approches thématiques.

La présente thèse de doctorat de M. Niwemushumba (ci-après dénommé « l'auteur ») s'est précisément fixé cet objectif. Il s'agit d'une part d'une approche biblique et exégétique des textes de guérison du Nouveau Testament, et d'autre part d'une analyse des pratiques de guérison de son pays d'origine, le Rwanda. Et les deux doivent être mis en dialogue de la meilleure manière possible. Après une brève introduction (p. 18-23), l'auteur divise son travail en quatre chapitres : 1. perspective historique des pratiques de guérison ; 2. pratiques de guérison dans le Nouveau Testament ; 3. guérison dans les traditions de guérison au Rwanda ; 4. résultats et perspectives. Le travail se termine par des annexes (liste des abréviations, bibliographie, abstract).

Dans l'introduction (p. 18-23), l'auteur indique dans un premier point sa motivation pour le sujet : il s'agit d'expériences faites dans son pays d'origine, le Rwanda, où les méthodes de guérison traditionnelles ne sont pas reconnues par le christianisme. Il souhaite donc examiner « si ce jugement était justifié ou non » (p. 18).

Un premier objectif du travail consiste donc à analyser les points communs entre les pratiques de guérison du monde antique et biblique et celles de la tradition rwandaise. Un deuxième objectif est de « déterminer quels remèdes de la médecine traditionnelle peuvent être intégrés dans les soins chrétiens malades » (p. 19). L'auteur ne cesse de souligner qu'il s'agit en fin de compte d'une perspective pastorale. Dans un deuxième point, l'état de la recherche est brièvement évoqué. Les objectifs sont à nouveau formulés : « élargir l'horizon pour une pastorale de proximité et la valorisation de l'héritage culturel du Rwanda » (p. 20) et « fournir aux pasteurs et aux responsables de communautés chrétiennes des critères théologiques explicables pour toute organisation de la pastorale des malades » (p. 21).

Dans un troisième point, les conditions méthodologiques sont nommées : analyse textuelle synchronique et analyse comparative des pratiques de guérison.

Très brièvement sont mentionnés « le monde du Nouveau Testament et sa représentation de Jésus » et « la structure » de l'ouvrage. Les principaux axes de réflexion des 4 chapitres ne sont repris ci-après que de manière cursive et synthétique.

Dans le chapitre 1 (p. 24-88) l'auteur expose tout d'abord les notions de base : Maladie, guérison (et les différents termes grecs correspondants). Le genre des récits de miracles est ensuite mis en évidence, notamment la structure des récits de miracles ainsi que le rapport entre la foi et le miracle de guérison.

Dans un troisième temps (très détaillé), les pratiques de guérison dans le monde païen antique sont étudiées (p. 24-75). Ici, l'auteur entre parfois dans les détails (par ex. avec deux exemples de cas d'amulettes et de formulaires iatro-magiques, p. 47 et suivantes).

La comparaison des traditions d'Asclépios et de Jésus est intéressante pour la suite du travail (p. 70-71). Chez Jésus, par exemple, on ne trouve pas de punition pour les infidèles.

La conclusion de cette section fait ce constat : Dans le monde antique, la maladie était « un destin imposé par les dieux ou provoqué par des forces démoniaques [...] que l'homme essayait d'éloigner de lui, surtout par des cérémonies cultuelles ou magiques, mais aussi par des sacrifices et divers remèdes » (p. 74).

Dans une quatrième section, les pratiques de guérison de l'Ancien Testament sont analysées. La guérison vient ici de YAHVE. La compréhension de la maladie et de la santé dans l'AT présente des similitudes, mais aussi des différences avec l'Égypte et l'Orient ancien - c'est surtout la référence nécessaire au Dieu unique qui fait la différence. Ce qui est central, c'est que dans la Bible, c'est toujours Dieu lui-même qui est l'acteur principal d'une guérison.

Une cinquième section analyse les pratiques de guérison dans le judaïsme post-biblique, où il y avait des guérisseurs charismatiques parmi les rabbins. Certaines traditions y sont présentées plus en détail. Ce ne sont pas les nombreuses pratiques différentes de l'Orient ancien qui sont centrales, mais l'action de guérison de Dieu. La prière joue donc un rôle central.

Le chapitre 2 (p. 89-167), la partie principale du travail, consiste ensuite en l'analyse des pratiques de guérison du Nouveau Testament. Une présentation fondamentale des différences chez les synoptiques est suivie d'une analyse exégétique de textes choisis du Nouveau Testament (p. 91 et suivants).

La première analyse (guérison par une parole efficace : Mc 10,46-52) suit le schéma suivant : analyse du texte (avec le texte grec et sa traduction ainsi que le texte dans son contexte, sa structure, son interprétation), comparaison synoptique et conclusion - en mettant l'accent sur la parole de guérison de Jésus.

La deuxième analyse concerne les guérisons par le toucher et l'imposition des mains, qui sont explicitement distinguées (dans une digression). Les exemples, dont l'interprétation suit à nouveau le schéma précédent, sont : guérison d'un lépreux (Mc 1,40-45 parr.) - avec la conclusion que la puissance de Jésus dépasse toutes les barrières ; guérison d'une femme malade avec un écoulement de sang (Mc 5,25-34 parr.) - avec la conclusion que l'intérêt se porte ici sur Jésus en tant que guérisseur et sauveur de vie (*Dynamis* est central) ; guérisons par le toucher des suaires ou des ceintures (Ac 19,11-12) - avec la conclusion que les guérisons à Éphèse visaient avant tout à confirmer le message.

La troisième analyse concerne les guérisons par les moyens spécifiques de guérison : ici, on analyse d'abord la guérison par la salive chez l'aveugle de Betsaïda (Mc 8,22-26) - la structure ci-dessus étant complétée par des comparaisons textuelles avec d'autres miracles de guérison (Mc 7,31-37, Jn 9,1-7). L'auteur trouve ici deux interprétations possibles : La guérison comme enseignement des disciples ; ou l'interprétation comme pédagogie divine.

Viennent ensuite les guérisons par l'huile (Mc 6,13 ; Jc 5,13-16) avec une analyse intensive de la signification de l'huile, ce que l'Église primitive surtout, puis la pratique ecclésiastique, ont repris pour l'onction des malades.

Ce chapitre principal du Nouveau Testament se termine par un résumé (p. 152 et suivantes). Jésus a repris des méthodes connues - mais les a utilisées pour « donner des instructions ». Il n'était « pas limité par les règles et les coutumes de la culture dans laquelle il avait grandi » (p. 165) - comme le montre l'exemple de l'utilisation de la salive. Il n'était pas limité dans ses formes de guérison. Il a démontré « qu'il était en fait le Seigneur de tous » (p. 167).

Enfin, le chapitre 3 (p. 168-194) doit assurer le transfert théologique pastoral : « Pratiques de guérison dans la médecine traditionnelle au Rwanda ». L'auteur présente tout d'abord le contexte historique des traditions religieuses et médicales au Rwanda. Les notions centrales sont l'évangélisation, la colonisation et l'inculturation. Ces termes sont brièvement développés, en particulier celui d'inculturation. Pour l'auteur, il est essentiel de ne pas nier les origines de l'inculturation, en critiquant la « pastorale missionnaire » qui a trop vite utilisé les termes de « paganisme » et d'« animisme ».

Sa référence à l'importance des symboles est intéressante (p. 198). C'est ici que s'exprime la préoccupation centrale : développer une théologie de l'inculturation qui ouvre de « nouvelles perspectives pastorales » (p. 199). Il voit les premiers exemples dans l'utilisation des dons eucharistiques et aussi dans le sacrement du mariage. Sa déclaration est centrale : « Ces réflexions ne visent pas à remplacer tous les symboles liturgiques par des éléments de la culture africaine, mais à déterminer ce qui est le plus utile pour la transmission et l'incarnation du message de l'Évangile » (p. 176).

C'est dans ce contexte que sont d'abord expliquées « les interprétations de la maladie et de la guérison dans la culture rwandaise » : l'importance de la croyance aux esprits ; la notion d'« esprit » dans la culture rwandaise. Et en lien avec cela, la présentation des causes des maladies dans le Rwanda traditionnel (esprits des défunts, empoisonnement, transgression des tabous. Une deuxième étape présente des pratiques de guérison traditionnelles censées aider à lutter contre les maladies susmentionnées.

Il est par exemple intéressant de constater que « les empoisonnements ne peuvent être traités que par des guérisseurs traditionnels et non par des médecins scientifiques » (p. 185). L'écoute et l'utilisation de matériel et de pratiques spécifiques sont ici centrales.

Parmi les remèdes, l'auteur aborde spécifiquement l'utilisation de la salive (p. 187 et suivantes), mais aussi d'autres liquides (comme le lait de vache). Le maintien de la médecine traditionnelle est important parce que les maladies spécifiques à la culture ne sont couvertes que par la médecine traditionnelle. Il explique cela par « l'orientation de la médecine traditionnelle vers des valeurs socioculturelles, religieuses et spirituelles » (p. 190). La confiance dans les guérisseurs traditionnels est plus grande, surtout dans le domaine personnel ; cette médecine est également plus accessible, plus abordable et plus facile à accepter.

Dans ce contexte, l'auteur critique une fois de plus l'attitude négative des missionnaires envers la médecine traditionnelle - et retient comme conclusion centrale de son étude « que le christianisme naissant a intégré dans ses pratiques des moyens similaires à ceux utilisés par les Rwandais » (p. 190).

L'« analyse comparative » finale est en quelque sorte la charnière entre l'analyse biblique et l'approche théologique pastorale. L'auteur constate des similitudes et des divergences entre les remèdes et les méthodes de guérison des Rwandais et de Jésus. Les points communs sont : « la force de la parole qui guérit, l'utilisation du toucher, de la salive et de l'huile » (p. 190). Parmi les différences, l'auteur note que Jésus n'utilisait pas de méthodes de guérison de manière rigide. En outre, le pouvoir de guérison résidait uniquement dans la personne de Jésus, et non dans ses techniques. La peur devant les ancêtres n'est pas non plus une motivation chez Jésus.

La proposition de l'auteur est donc un « dialogue entre le système médical rwandais et les guérisseurs traditionnels » ainsi qu'un dialogue fondamental entre le christianisme et les défenseurs de la culture rwandaise (p. 193). Les deux parties devraient apprendre l'une de l'autre : reconnaissance des médicaments traditionnels ; réhabilitation de certaines méthodes traditionnelles de guérison qui pourraient être « intégrées dans la pastorale d'accompagnement des chrétiens malades » (p. 194).

Jésus pourrait être considéré comme « l'ancêtre divinisé par excellence » (p. 194). Quant aux hommes, ils devraient connaître le pouvoir de guérison de Jésus en tant que fils du Dieu créateur.

Le dernier chapitre (p. 195-202) résume les résultats et les perspectives. L'auteur lui-même indique ici (p. 196) que l'étude n'est pas exhaustive en ce qui concerne l'évaluation de l'aspect thérapeutique des thérapies traditionnelles - et il signale que des recherches spécifiques seraient encore nécessaires dans ce domaine.

Son objectif était/est de « réhabiliter certaines de ces pratiques de guérison » (p. 198), qui ont été rejetées par les missionnaires. C'est surtout en ce qui concerne la pastorale des malades qu'il met en avant les méthodes traditionnelles de guérison et y voit un lien avec l'action de Jésus. Il établit également un parallèle entre les paroles magiques et la bénédiction.

Dans ses perspectives, il évoque le lien étroit entre les religions et l'art de guérir. La prédication doit prendre en compte l'être humain dans son intégralité.

L'auteur conclut son travail par plusieurs thèses :

1) Jésus n'a pas inventé de pratiques de guérison. Le christianisme a été ouvert dès le début à des pratiques préexistantes - ce qui n'a ensuite pas été fait en Afrique lors de la colonisation.

« On a voulu transformer l'Africain en Européen » (p. 200). Il faudrait plutôt encourager toute pratique de guérison qui n'abuse pas de l'humanité de l'homme et de la gloire de Dieu.

2) Les gestes et les pratiques ont une grande valeur symbolique - mais le pouvoir de guérison ne réside pas en eux, mais en Dieu (ou en Jésus, en ses disciples…).

Voici une proposition très concrète : au lieu d'utiliser l'huile d'olive, on pourrait utiliser le beurre / l'onguent de vache traditionnel (p. 201).

3) Au Rwanda, la psychothérapie traditionnelle implique fortement la communauté et le patient. La santé y est considérée comme une préoccupation socioreligieuse.

4) Enfin, il cite comme objectif du dialogue de « convertir les gens à une vie renouvelée, une vie de confiance absolue en Jésus, qui rompt avec la mentalité de sorcellerie et de dépen-

dance vis-à-vis des esprits des ancêtres » (p. 202). La tâche de l'Église ou de la théologie consisterait à « éclairer les traditions de guérison rwandaises à partir de l'Évangile » (p. 191).

Le travail se termine par des annexes : Liste des abréviations et une bibliographie détaillée (p. 202-217).

2. MISE EN ŒUVRE ET RÉSULTATS

La thèse est propre sur le plan formel. Elle présente un fil conducteur clair. Il montre également le grand engagement personnel de l'auteur pour le sujet. La partie biblique est, pour autant que je puisse en juger, travaillée avec précision. Les analyses de textes sont compréhensibles. En tant que théologien pastoral, je ne peux pas juger dans quelle mesure la littérature la plus récente a été utilisée ou si les interprétations sont à la pointe de la discussion biblique. L'auteur réussit cependant très bien, à mon avis, à faire le lien entre l'analyse de péricopes centrales de guérison du Nouveau Testament et la dernière partie du travail, la situation rwandaise. En contextualisant également les passages du Nouveau Testament une fois de plus dans le premier chapitre au regard des perspectives historiques des pratiques de guérison, on y voit très bien sur quels points la pratique de Jésus correspond aux pratiques habituelles et sur quels points il s'en distingue.

D'un point de vue pratique et théologique, c'est surtout le chapitre III qui est passionnant avec la guérison dans les traditions de guérison du Rwanda. Ce chapitre est malheureusement un peu court par rapport à la partie biblique. Mais cela s'explique notamment, comme l'écrit l'auteur lui-même, par le fait qu'il y a encore du retard scientifique à rattraper sur les méthodes de guérison traditionnelles.

L'analyse comparative apporte ensuite quelques rares propositions concrètes, qui aboutissent même à la concrétisation de l'utilisation du beurre de vache à la place de l'huile d'olive pour l'onction des malades. On entre ici dans les discussions de la science liturgique sur l'inculturation possible dans les pratiques liturgiques, qui ne seront pas non plus développées ici. En tout cas, les thèses finales de l'auteur sont très compréhensibles - en particulier le dialogue souhaitable et la réévaluation nécessaire des jugements colonialistes antérieurs sur les pratiques traditionnelles.

Prof. Dr. Johann Pock
(Professeur de la théologie pastorale à l'Université de Vienne)
16

REMERCIEMENTS

Cette thèse est le résultat d'un travail de recherche de près de quatre ans, qui a commencé après le mémoire de master sur le Sermon sur la montagne et s'est poursuivi avec le thème des pratiques de guérison dans les récits de miracles du Nouveau Testament. Le point de départ de cette étude était l'intérêt pastoral qui s'est développé au Rwanda pour la guérison physique et spirituelle après le génocide perpétré dans ce pays. Le message biblique, associé à des pratiques de guérison traditionnelles, peut contribuer à réparer les cœurs brisés des Rwandais.

Ce projet était au début difficile en raison de son caractère interdisciplinaire. Mais très vite, grâce au soutien de notre modérateur, nous avons compris que nous devions explorer ce thème non seulement d'un point de vue historico-religieux, mais aussi d'un point de vue biblico-théologico-pastoral. Au terme de notre investigation, qu'il nous soit permis de témoigner notre gratitude aux personnes tant morales que physiques qui ont contribué, d'une manière ou d'une autre, à l'élaboration de ce travail.

Les diocèses de Ruhengeri (au Ruanda) et Vienne (en Autriche) méritent une mention spéciale pour le financement de cette étude doctorale. Nous voulons ici mentionner l'Organisation ARGG du Diocèse de Vienne, pour son encouragement, sa disponibilité et sa bonne compréhension à nous fournir l'aide matérielle relative à nos besoins académiques. Nous pensons également aux Communautés paroissiales de Saint Anton et Poysdorf qui ont daigné nous accorder l'hébergement gratuit pendant tout le temps que nous avons passé en Autriche. Ces remerciements s'adressent particulièrement à l'Évêque de Ruhengeri, Mgr Vincent HAROLIMANA, qui a accordé un intérêt spécial au sujet de cette étude. Ses encouragements nous ont été très utiles et bénéfiques.

A l'Université de Vienne, en particulier sa Faculté de Théologie, nous traduisons, à travers ces lignes, notre gratitude pour tous les soins dont nous avons été l'objet tout au long de nos études. Qu'il nous soit permis d'exprimer à un titre particulier notre profonde reconnaissance au Professeur Dr. Martin STOWASSER qui a généreusement accepté de nous accompagner dans cette recherche. Il a été pour nous, non seulement un Maître mais aussi un modèle, par son sérieux académique. Que le Seigneur lui rende le centuple de ce qu'il a fait pour nous, pour nous avoir dédié tout son temps, pour ses soucis de nous faire grandir par sa large érudition, ses compétences, sa rigueur scientifique et sa clairvoyance.

Nous serions très ingrats si nous n'exprimons pas notre reconnaissance aux personnes qui ont lu et corrigé ce travail. Nous pensons spécialement à Monsieur Dipl.-Ing. Martin Evanzin et à l'Abbé Gaston QUEDRAOGO, car, grâce à leur dévouement, nous avons pu franchir les étapes les plus difficiles de notre vie étudiante.

Nous prions toutes les personnes que nous n'avons pas pu nommer et qui nous ont aidés, d'une manière ou d'une autre, de trouver ici l'expression de notre plus profonde gratitude.

Dr. Phocas Niwemushumba

INTRODUCTION GÉNÉRALE

La maladie et la guérison font partie des préoccupations les plus fondamentales des hommes de toutes les époques. Les attitudes envers la santé que l'on trouve dans le monde antique, dans l'AT et dans le NT, reflètent des idées de préoccupations qui étaient vitales, non seulement pour les chrétiens du premier et du deuxième siècle qui les ont consignées, mais aussi pour les chrétiens des siècles suivants jusqu'à nos jours. La présente étude porte sur les pratiques de guérison du Nouveau Testament qu'elle compare aux traditions de guérison au Rwanda. Bien que cette étude se concentre principalement sur les pratiques de guérison spécifiques dans les récits du NT, un bref aperçu de l'Ancien Orient et de l'AT aidera à établir le contexte global pour le développement de la pensée chrétienne primitive enregistrée dans les évangiles et autres écrits du NT. Les récits du NT sont encadrés par les écrits de la Bible hébraïque (AT) ainsi que par les croyances culturelles du Proche-Orient ancien et les idées hellénistiques qui ont circulé durant la période intertestamentaire. Le mécanisme de confrontation et d'intégration qui a marqué la composition des récits de guérison du NT peut servir de catalyseur au processus de recherche de pratiques utiles à la cure des âmes malades, dans la culture rwandaise.

1. PROBLÉMATIQUE

Pour moi, la motivation à faire des recherches dans ce domaine vient surtout de l'observation des comportements des chrétiens et des non-chrétiens au Rwanda après la guerre civile et le génocide de 1994. Ces terribles événements ont laissé de nombreuses blessures psychologiques et physiques dans le pays. Dans leur quête de rétablissement/guérison, il s'est avéré que les malades empruntent des voies différentes : Les riches vont voir le médecin à l'hôpital, les pauvres se tournent vers la médecine traditionnelle. Mais le problème est que les méthodes de guérison traditionnelles ne sont pas acceptées par la religion chrétienne au Rwanda. Les missionnaires qui ont introduit le christianisme au Rwanda ont jugé que la plupart de ces pratiques traditionnelles, y compris les techniques de guérison, étaient contraires au premier commandement du Décalogue (*Tu n'auras pas d'autres dieux à côté de moi !*). Cette étude vise à élucider si ce jugement était justifié ou non.

Dans un premier temps, il s'agira d'examiner ce que les pratiques de guérison du monde antique et biblique ainsi que celles de la tradition rwandaise ont en commun. Ensuite, nous rechercherons les différences et la manière dont celles-ci peuvent être surmontées par la voie de la rencontre et de la complémentarité. Il apparaît que la culture du monde oriental et hellénistique a fortement influencé certaines pratiques chrétiennes. Il y a sans doute certaines pratiques traditionnelles qui peuvent être intégrées comme partie intégrante du traitement curatif et du bien-être mental et spirituel des personnes au Rwanda. Le défi consiste à réfléchir théologiquement à la manière dont ces différentes pratiques peuvent fonctionner et se compléter mutuellement. La population rwandaise a toujours considéré qu'il y a des maladies qui ne sont pas forcément traitées par la médecine scientifique. Ces maladies d'origine rwandaise (ou d'origine occulte) relèvent exclusivement de la compétence des guérisseurs traditionnels, qui sont les seuls à pouvoir identifier l'origine sociale de ces maladies (par exemple, les empoisonnements). C'est pourquoi le deuxième objectif de cette recherche est de déterminer quels sont les remèdes de la médecine traditionnelle qui peuvent être intégrés dans la cure d'âme des chrétiens malades.

Sur la base de ce qui vient d'être dit, les problématiques peuvent être formulées comme suit : Quelles sont les similitudes et les différences entre les pratiques de guérison de Jésus et les autres traditions de guérison, notamment au Rwanda ? Quelles sont les spécificités de Jésus ?[1] Où sont les ponts entre les pratiques traditionnelles antiques, helléno-chrétiennes et rwandaises ? Ces questions se réfèrent à des motifs historico-religieux et bibliques. Quels sont les remèdes issus de la tradition culturelle qui peuvent être réhabilités et intégrés dans la pastorale des malades au Rwanda ? Cette question sera examinée dans une perspective pastorale.

2. L'ÉTAT DE LA RECHERCHE

Le domaine qui sera analysé dans cette étude constitue la matière d'un vaste sujet dans les écrits du monde antique et de la Bible. L'étude du concept de pratiques de guérison est une entreprise difficile. Nous admettons cependant que nous ne sommes pas les premiers à nous pencher sur ce sujet. C'est pourquoi certaines œuvres de nos prédécesseurs nous seront d'une grande utilité.

---

[1] Le Jésus dont il est question dans notre étude n'est pas l'homme historique de Nazareth. Il s'agit du Jésus raconté, que l'on trouve dans les récits de guérison du NT.

On pense ici en premier lieu à la littérature sur les miracles de guérison et les méthodes de guérison. En 1999, Sarah Bourgeois a publié une thèse intéressante sur l'utilisation de la salive par Jésus lors de la guérison de l'aveugle en Marc 8,22-26. Le titre de la thèse est: « *Mark 8,22-26 : Jesus and the use of spittle in a two-stage healing* ». Elle souligne notamment l'importance de la salive dans la médecine du monde antique. Elle fait également remarquer que les crachats et la salive avaient une connotation négative dans le judaïsme. Pourtant, Jésus utilisait la salive comme remède. La théologienne Ulrike Kostka (2000) a écrit sur « L'homme dans la maladie » (*Der Mensch in Krankheit, Heilung und Gesundheit im Spiegel der modernen Medizin*). Son objectif était de réfléchir, dans une perspective théologique et éthique, sur la maladie, la guérison et la santé dans la médecine moderne. D'autres auteurs ont également mené des recherches dans ce domaine, mais sous des angles différents. On peut en citer quelques-uns. En 2003, Michael Dörnemann a publié dans la continuité des Pères de l'Eglise un ouvrage sur *« Krankheit und Heilung in der Theologie der frühen Kirchenväter »* (La maladie et la guérison dans la théologie des premiers Pères de l'Eglise) ; en 2006, Christian Flügel s'est intéressé à *« Spätantike Arztinschriften als Spiegel des Einflusses des Christentums auf die Medizin »* ; en 2007, Woty Gollwitzer-Voll a travaillé sur *« Christus Medicus - Heilung als Mysterium »*. En 2007, Josef Pichler/Christopher Heil (éd.) ont rédigé un volume sur *« Heilungen und Wunder aus theologischen, historischen und medizinischen Perspektiven »* (Guérisons et miracles selon des perspectives théologiques, historiques et médicales). En 2010, Johannes Mette a apporté une bonne contribution à ce sujet dans le domaine des célébrations liturgiques. La présente étude s'intéresse plus particulièrement à Jésus en tant que médecin (*Medicus Jesus*) et à ses pratiques de guérison. Elle tente de comparer ses remèdes avec ceux d'autres guérisseurs. Elle étudie spécifiquement les remèdes que l'on trouve dans les récits du NT et qui ont des parallèles dans d'autres cultures. L'objectif de cette recherche est d'aborder ce sujet dans une perspective historico-religieuse et biblique et de l'appliquer à l'expérience pastorale au Rwanda. Rwangabo Pierre Claver (1993) a fait des recherches sur la médecine traditionnelle au Rwanda. Dans ses descriptions des pratiques de guérison, il a parlé de manière générale des causes des maladies dans l'esprit des Rwandais et de la manière dont elles sont traitées par les médecins traditionnels. Ses recherches nous serviront à effectuer une analyse comparative avec les pratiques de guérison dans les récits du NT. La présente étude contribuera à élargir l'horizon d'une pastorale de proximité et de la mise en valeur du patrimoine culturel du Rwanda. Le Concile Vatican II a clairement clarifié la tâche de l'Église et de la théologie en faisant cette déclaration : « La joie et l'espérance, la tristesse et

20

l'angoisse des hommes d'aujourd'hui, en particulier des pauvres et des opprimés de toutes sortes, sont aussi la joie et l'espérance, la tristesse et l'angoisse des disciples du Christ... C'est pourquoi cette communauté se déclare vraiment très liée à l'humanité et à son histoire ».[2] Les résultats obtenus par la présente recherche devraient donc contribuer aux préoccupations de l'Eglise au Rwanda. Ils devraient fournir aux pasteurs et aux responsables de communautés chrétiennes des critères théologiques argumentés pour toute organisation de la pastorale des malades. Comme textes de soutien, on se limite aux passages qui désignent Jésus comme médecin et qui parlent de ses moyens de guérison et de ceux de l'Église (Mc 1, 40-45 ; 5, 25-34 ; 8, 22-26/Jn 9, 1-7 ; Mc 10, 46-52 ; Ac 19, 11-12 ; Mc 6, 13/Jc 5, 13-16).

3. CONDITIONS MÉTHODOLOGIQUES

Pour répondre aux questions posées, l'étude fait appel à différentes méthodes. Le premier objectif étant d'examiner les récits néotestamentaires relatifs à certaines pratiques de guérison, l'analyse textuelle utilise d'abord la méthode synchronique. Il s'agit d'une méthode qui met l'accent sur l'étude du texte dans sa forme finale. Elle part du principe que l'auteur du texte, dans sa forme finale, poursuit une intention propre qu'il convient de mettre en évidence. Certains aspects de cette méthode synchronique sont donc utilisés pour approfondir le motif des pratiques de guérison. La nature des éléments traités conduit à une approche contextuelle afin de mieux comprendre l'utilisation de ces pratiques (notamment l'utilisation de la parole curative, du toucher, de l'imposition des mains, de la salive et de l'huile). L'étude de la structure utilisée par l'auteur du récit de guérison peut parfois donner un aperçu de l'évolution de sa pensée. Toutes ces étapes aident à comprendre la signification théologique d'un texte et le message chrétien qu'il véhicule.

En ce qui concerne le choix et l'ordre des textes à analyser, on se concentrera avant tout sur les récits de l'évangile de Marc qui contiennent les techniques de guérison que l'on souhaite étudier, pour ensuite chercher dans d'autres livres du NT des passages qui montrent les moyens de guérison utilisés par les disciples. Les textes bibliques étudiés sont tirés de « La sainte Bible d'après les textes originaux » (Crampon 1923), Nestle-Aland, *« Novum Testamentum Graece »* et

---

[2] GS Nr. 1.

« Münchener Neues Testament ». Toutes les abréviations de lexiques, dictionnaires et ouvrages de référence se trouvent dans l'ouvrage de SCHWERTNER, Siegfried M., *« Internationales Abkürzungsverzeichnis für Theologie und Grenzgebiete. » IATG. Zeitschriften, Serien, Lexika, Quellenwerke mit bibliographischen Angaben*, Berlin 2016[3].

Comme nous l'avons déjà mentionné, cette étude analyse également les pratiques de guérison de manière comparative. Pour ce faire, elle utilise d'autres méthodes, notamment l'anthropologie historico-religieuse et culturelle et la méthode comparative. L'anthropologie historico-religieuse et culturelle s'appuie d'abord sur la vision de certaines cultures qui ont pu influencer le peuple hébreu et les auteurs du NT. Une première étape obligatoire de cette méthode consiste à remonter aussi loin que possible dans les cultures de l'Orient ancien, afin de trouver dans ce cas des pratiques apparentées aux pratiques de guérison dont parle la Bible. On espère que cette étude permettra de saisir les points de vue d'un groupe culturel particulier sur l'homme, la maladie et la guérison. Du monde culturel de l'Orient ancien, qui a pu inspirer ou nourrir le monde biblique, on passe à l'ère du NT, aux cultures contemporaines du NT et aux influences qu'elles ont pu exercer sur les pratiques de guérison. Nous tenterons de déterminer quelles formes de remèdes ont été pratiquées à différentes époques dans les livres bibliques : Quelles méthodes étaient-elles utilisées et dans quel but ? Nous verrons comment les récits du NT utilisent, lors des guérisons, des moyens concrets et visibles comme la salive, une pâte faite de terre et de salive et de l'huile. Il s'agit ici de l'anthropologie biblique et culturelle. Elle permet donc de comprendre certaines pratiques quasi universelles et de constater comment la Bible les emprunte aux peuples de l'Orient ancien. Elle permet de faire la lumière sur l'aspect spécifiquement humain de la Bible, tout en la situant par rapport à la révélation divine.

La dernière étape de la recherche consiste à se demander dans quelle mesure les techniques de guérison pratiquées dans la tradition rwandaise sont compatibles avec celles du NT pour un chrétien rwandais d'aujourd'hui. Pour ce faire, la méthode comparative est utilisée. Dans cette étude comparative des pratiques de guérison du NT et de la médecine traditionnelle au Rwanda, l'objectif final de la recherche sera atteint, notamment par une enquête menée dans une perspective historique et religieuse et théologique et pastorale. On espère que cette étude conduira à une meilleure compréhension non seulement de l'utilisation de la salive, de l'huile et d'autres pratiques comme techniques de guérison dans la Bible, mais aussi dans le contexte du Rwanda. On espère également que cette étude constituera un pont vers l'intégration interculturelle, nécessaire à la réussite de la pastorale communautaire.

4. LE MONDE DU NOUVEAU TESTAMENT ET SA REPRÉSENTATION DE JÉSUS

Lors d'une première analyse et d'une comparaison des textes, il semble que Jésus apparaisse comme un guérisseur ou un grand magicien. Ce qui est important pour ce travail, c'est qu'il ne s'agit pas du Jésus historique, mais du Jésus annoncé (ou Jesus raconté dans les textes). Lors des interprétations, les textes ne sont pas analysés au niveau historique, mais au niveau théologique. L'exégèse a lieu au niveau du récit postpascal.

5. STRUCTURE

L'objectif principal de cette étude est d'examiner les récits du NT concernant les pratiques de guérison. Pour ce faire, nous nous appuierons sur certaines pratiques de la tradition rwandaise qui peuvent être intégrées dans le soin pastoral des malades. Pour mener à bien cette étude des pratiques spécifiques de guérison dans les écrits du NT en rapport avec les traditions de guérison au Rwanda, elle est divisée en quatre chapitres. Le premier chapitre est consacré à la perspective historico-religieuse des pratiques de guérison dans l'Orient ancien et dans l'AT, l'aire culturelle dans laquelle s'enracinent les écrits du Nouveau Testament. Un point est consacré aux concepts clés et au genre littéraire des miracles de guérison. Ce chapitre comprend également une section consacrée à l'étude de la magie en tant que pratique de guérison.

Le deuxième chapitre s'intéressera aux pratiques de guérison dans les récits du NT. Il analysera systématiquement tous les versets qui font référence à l'utilisation de remèdes spécifiques. Le troisième chapitre se concentrera sur les pratiques de guérison traditionnelles au Rwanda et les comparera avec celles du NT. Le quatrième chapitre présentera les résultats et les thèses.

Chapitre I :
PERSPECTIVE HISTORIQUE DES PRATIQUES DE GUÉRISON

Pour pouvoir traiter ce sujet en profondeur, il faut d'abord poser quelques bases. C'est pour-quoi les premières pages contiennent des définitions et des informations dont le but principal est de faciliter une discussion fructueuse dans la suite de cette étude. Les terminologies et les définitions sont spécifiées afin de garantir qu'un mot donné ne soit compris que dans le sens où il est expliqué ici, c'est-à-dire qu'il ait toujours la même signification. Le premier chapitre exa-mine d'abord les différentes significations des mots « maladie », « guérison » et « salut ». Il examine ensuite la « question du genre littéraire ». Enfin, est traité en détail le motif des pra-tiques de guérison dans le monde antique, dans l'AT et dans le judaïsme post-biblique.

1. NOTIONS DE BASE

À chaque époque et dans chaque société, nous trouvons nos propres conceptions de la ma-ladie et de la guérison, qui évoluent constamment au fil du temps, avec l'accroissement des connaissances, ainsi qu'avec l'évolution des croyances et des valeurs dominantes. Lorsque les hommes sont confrontés au mal en général et à la maladie en particulier, ils cherchent toujours à en déterminer la cause et à trouver des moyens de mettre fin à la souffrance ou de l'atténuer. En même temps, ils essayent de traduire ce qu'ils vivent dans la langue. Les termes utilisés pour décrire ces phénomènes sont expliqués ci-dessous.

1.1. Maladie (ἀσθένεια / νόσος)

En ce qui concerne la maladie, deux termes méritent une attention particulière : *ἀσθένεια* et *νόσος*. Lorsque le mot *ἀσθένεια* désigne une faiblesse, un manque de force, une infirmité, spécialement une maladie, il caractérise en premier lieu l'atteinte à la santé d'une personne. Il peut également désigner un handicap mental ou économique.[3] Le terme *νόσος (nosos)*[4]*, « mala-die »* est utilisé exclusivement pour les maladies physiques.

---

[3] Cf. Link, Krankheit/Heilung, dans : TBLNT, 1199.
[4] Cf. idem, 1210.

Pour décrire la faiblesse, on utilise notamment le verbe ἀσθενέω *(astheneo)*, le substantif ἀσθένεια *(astheneia)* et l'adjectif ἀσθενής *(asthenes)*. Tous trois désignent d'abord la faiblesse physique, c'est-à-dire la maladie, et correspondent en ce sens au contenu spécifique de - νόσος *(nosos)*.[5] Dans un contexte plus général, le terme ἀσθένεια *(astheneia)* peut également exprimer des faiblesses d'un autre type, par exemple la faiblesse des femmes, la fragilité de la nature humaine ou de la vie humaine, mais aussi la faiblesse économique, c'est-à-dire le manque d'influence ou la pauvreté, en tant que terme opposé à δύναμις[6] *(dynamis)*, puissance/force, ou ἰσχυρός *(ischyros)*, fort.[7]

Les termes ἀσθενέω, ἀσθενής et ἀσθένεια se trouvent également dans la LXX. Ils ne sont toutefois que rarement utilisés. Le sens de « maladie » n'apparaît que très rarement (par ex. Dan 8,27 ; cf. νόσος), il est le plus souvent question de faiblesse humaine en général (Ri 16,7.11.17 ; en Ri 6,15, de la disgrâce sociale de la famille de Gédéon, en 2 S 3,1 de la faiblesse politique de la maison de Saül). Dans la littérature prophétique, on trouve également l'utilisation du terme ἀσθενέω. Mais là, il a plusieurs significations : *mikšōl*, obstacle, contrariété (en Jr 6,21 ; 18,23) ; *kāšal*, trébucher, tomber (Os 4,5 ; 5,5 ; Jr 18,15 ; Na 2,6 ; 33,3 ; Zef 1,3).

Dans les psaumes et la littérature de sagesse, ἀσθενέω [=*Verbum*] est compris d'une part comme la pierre d'achoppement [=substantif] des méchants et des ennemis (Ps 9,4 ; 27,2 ; 58,8 ; 107,12 ; cf. Job 28,4) ; d'autre part, on le rencontre comme expression de la pauvreté [=substantif !] et de la misère humaines (Ps 6,3 ; 31,10 ; 88,10 ; 109,24 ; cf. Job 4,4 ; Pr 21,13 ; 22,22). Le fait que ἀσθενέω dans les LXX désigne également, au-delà du sens grec authentique de faiblesse humaine, le trébuchement et la défaillance humaine, s'explique probablement par l'influence de l'araméen parlé à l'époque sur la compréhension hébraïque de la traduction des LXX : Aram. *Tagal* signifie à la fois trébucher et être faible.[8] Il faut également noter que les termes maladie et malade, qui apparaissent fréquemment dans les textes bibliques, sont parfois accompagnés d'un adjectif qualitatif : Ézéchias était « malade à mort » (Is 38,1) ; le fils de la veuve de Sarepta fut atteint d'une maladie si violente qu'il en perdit le souffle

---

[5] Cf. Sand, νόσος, dans : EWNT, 1172.

[6] Le concept δύναμις est omniprésent dans la pensée grecque. Il apparaît non seulement dans les domaines de la force physique et de la société, mais aussi dans la nature, y compris dans les effets du chaud et du froid, les vertus curatives des plantes et des éléments (cf. Mosés (Éd.), New International Dictionary of New Testament Theology and Exegesis, 776).

[7] Cf. Link, Krankheit/Heilung, dans : TBLNT, 1210.

[8] Cf. idem, 1999.

(1 R 17,17) ; Joram fut atteint d'une maladie pour laquelle il n'y avait pas de remède (2 Chr 21,18).

Les mots ἀσθενής, ἀσθένεια et ἀσθενέω apparaissent plus de 80 fois au total dans le NT, dont plus de 40 fois chez Paul seul.[9] Ce groupe de mots désigne la faiblesse ou le manque de force de différentes sortes. Il s'agit souvent de la faiblesse qui résulte directement de l'existence terrestre et corporelle de l'être humain et qui se répercute dans différents domaines. Cette compréhension est surtout présente dans les passages où apparaissent, en rapport avec ἀσθεν, les termes σάρξ (chair) ou σῶμα (corps). À titre d'exemple, Mc 14,38 par. Mt 26,41, où Jésus invite les disciples endormis à veiller et à prier.

Le grec du NT signifie par ἀσθένεια la faiblesse (Ac 28,9 ; Mt 8,17, Jn 5,5 ; 11,4), l'instabilité provoquée par une maladie chronique ou périodique (Mt 4,23ss ; Mt 9,35 ; 10,1), mais aussi la souffrance corporelle (Mt 8,17 ; Mc 1,34 ; Lc 4,40 ; 6,18 ; 7,21 ; 9,1). Normalement, une distinction est faite entre la maladie et la possession démoniaque (sauf en Luc 4,40). Dans la littérature épistolaire paulinienne, le terme ἀσθένεια est surtout utilisé comme terme générique global pour désigner la souffrance.[10]

En dehors des épîtres de Paul, le groupe de mots est utilisé dans un sens général pour désigner la faiblesse de la nature humaine (Hé 5,2 ; 7,28) et de la loi (Hé 7,18), les femmes en tant que sexe faible (1 Pierre 3,7) et les personnes économiquement défavorisées (Ac 20,35).[11] Comme les gens font surtout l'expérience de leur faiblesse lorsqu'ils sont malades, c'est dans ce sens particulier que le groupe de mots est le plus souvent utilisé dans les évangiles, comme expression de la maladie (cf. Mt 8,17 ; Lc 4,40 ; 13,11s ; Jn 5,2-7 ; Ac 19,12 ; 1 Tm 5,23 etc.) et de la faiblesse dans le même contexte (Mt 10,8s ; Lc 5,15 ; 8,2 ; 10,9 ; Jn 4,46s ; 5,15s ; 28,9 ; Jc 5,14-16). Le NT n'utilise νόσος que dans le sens propre de maladie, et surtout lorsque Jésus l'a guérie : Mc 1,34 ; Mt 4,23-24 ; 8,17 ; 9,35 ; Lc 4,40 ; 6,18 ; 7,21.[12] Dans les évangiles, les termes νόσος et νόσημα sont utilisés pour désigner des problèmes de santé en général : Mt 4,23-24 ; 9,35 ; Mc 1,34 ; Lc 4,40 ; 6,17 ; 7,21.

---

[9] Cf. Zmijewski, ἀσθενή, dans : EWNT, 412.

[10] Cf. Link, Krankheit/Heilung, dans : TBLNT, 1999.

[11] Cf. idem, 1200.

[12] Cf. Sand, νόσος, dans : EWNT, 1174.

1.2. Guérison (θεραπεύω / ἰάομαι)

Les termes utilisés pour exprimer l'idée de guérison sont principalement les suivants : (1) θεραπεύω *(therapeuo)* servir, soigner, guérir ; (2) ἰάομαι *(iaomai)* guérir, comme-rétablir ; ἴαμα *(iama)* guérison ; ἴασις *(iasis)* guérison ; ἰατρός *(iatros)* médecin. Très rarement, ἅπτομαι *(haptomai)* est également utilisé pour exprimer l'idée de guérison.

1.2.1. θεραπεύω (therapeuo)

Le processus de guérison est principalement représenté par le verbe θεραπεύω, qui désignait à l'origine un service rendu à des personnes de rang supérieur, mais dont la signification est de facto inversée dans le NT.[13] Dans les évangiles et les Actes des Apôtres, θεραπεύω désigne l'activité de guérison de Jésus et de ses disciples. Le terme se réfère aussi bien aux processus d'exorcisme (Mt 4,24 ; 12,22 ; 17,16 ; Lc 6,18 ; 8,2) qu'à l'élimination d'infirmités physiques comme la cécité et la paralysie (par exemple Jn 5,10). Cette circonstance explique la difficulté de séparer les guérisons de Jésus et les expulsions de démons.[14]

Le sens servir, vénérer, soigner, guérir apparaît également dans les LXX, mais θεραπεύω doit y être considéré comme une transposition interprétative, dans la mesure où plusieurs verbes hébreux sont rendus ainsi (2 S 19,25 pour *'āśāh*, faire-des-pieds, au sens de soigner ; 2 Rois 9,15 pour *rāfā'*, guérir ; Est 2,19 pour *jāšab*, s'asseoir à la porte, dans le sens d'un service officiel à la cour du roi).[15] Parfois, cependant, θεραπεύω apparaît dans des passages pour lesquels il n'y a pas de modèle hébreu, comme par exemple en Sir 18,19, dans le sens de « prendre soin de la santé ». Une fois (Is 54,17), le mot apparaît comme substantif θεράπων *(therapon)*, serviteur.

Dans le NT, θεραπεύω n'apparaît pas dans le sens de servir ; à la place, on utilise διακονέω *(diakoneo)*, δουλεύω *(douleuo)*. Une seule fois dans les Actes des Apôtres (Ac 17,25), θεραπεύω signifie adorer Dieu, et ce dans l'affirmation, dirigée contre les cultes païens. θεράπων n'apparaît qu'une fois dans l'épître aux Hébreux (He 3,5) pour désigner Moïse en référence à Ex 14, 31 et Nb 12,7.[16]

---

[13] Cf. Ruprecht, Krankheit/Heilung, dans : TBLNT, 1197.
[14] Cf. Grimm, W., θεραπεύω, dans : EWNT, 355.
[15] Cf. Ruprecht, Krankheit/Heilung, dans : TBLNT, 1203.
[16] Cf. Mosés (Éd.), NIDNTT V 2, 447.

Ce qui est frappant, c'est la fréquence de ϑεραπεύω dans les passages par lesquels les synoptiques caractérisent sommairement l'apparition de Jésus (16 fois comme Mt 4,23 ; 8,16 etc.) ou par lesquels ils décrivent sommairement la mission de Jésus auprès des disciples (6 fois comme Mt 10,1). Dans les Actes des Apôtres, ϑεραπεύω apparaît trois fois dans les explications sommaires sur les guérisons opérées par les apôtres. Cette constatation suggère que ϑεραπεύω était un terme générique approprié, en particulier pour désigner l'activité de Jésus de la part des synoptiques, car il est clairement préféré à ἰάομαι dans les sommaires. Le terme ϑεραπεύω ne se réfère qu'en deux endroits (Lc 4,23 ; 8,43) à la guérison par la médecine courante ; partout ailleurs, il est utilisé pour décrire les guérisons opérées par Jésus et ses disciples.[17] Dans les *Summaria*, il est utilisé aussi bien pour la guérison des malades physiques que pour celle des possédés. L'objet peut alors être aussi bien les maladies (il a guéri toutes les maladies - Mt 4,23) que les malades (il les a guéris - Mt 4,24), contrairement à ἰάομαι qui n'a que les malades comme objet (cf. Lc 9,1 : ϑεραπεύω avec Lc 9,2 : ἰάομαι. Seul Lc utilise ϑεραπεύω pour désigner les actions des médecins dans le proverbe qu'il a repris : « Médecin, guéris-toi toi-même » (4,23) et dans la mention du fait que la femme atteinte d'hémorragies n'a pu être guérie par aucun des médecins qu'elle a consultés (8,23).

1.2.2. ἰάομαι (iaomai)

Le verbe ἰάομαι (iaomai) signifie guérir, rétablir. Le terme est utilisé en alternance avec ϑεραπεύω, plus ordinaire, dans le sens de « rendre la santé » sans différence de sens.[18] Depuis Homère, ἰάομαι est utilisé au sens propre comme terme médical[19], mais aussi au sens figuré (comme lorsqu'Isocrate parle de remédier aux malheurs ou lorsque Platon applique le terme à la restitution financière) pour désigner la délivrance d'un mal[20], par exemple l'erreur, le doute, l'injustice ou les déficiences mentales ; pour la guérison des maladies mentales et autres.[21]

Dans la LXX, le verbe ἰάομαι apparaît plus de 60 fois, le plus souvent dans le sens de « guérir ou soigner ».[22] Les termes ἰάομαι (iaomai), ἴαμα (iama), ἴασις (iasis), ἰατρός (iatros) rendent presque tous l'hébreu *rāfā'* avec les dérivés correspondants ; ἴαμα (iama) signifie principalement remède

---

[17] Cf. Mosés (Éd.), NIDNTT V 2, 447
[18] Cf. Leivestad, R., ἰάομαι, dans : EWNT, 416.
[19] Le verbe ἰάομαι apparaît toujours avec le sens de « guérir » ou « soigner » une personne malade ou blessée ou la partie du corps concernée (cf. Mosés (Éd.), New International of New Testament. Theology and Exegesis, V 2, 495).
[20] Cf. Mosés (Éd.), NIDNTT, V 2, 495.
[21] Cf. Rupprecht, Krankheit/Heilung, dans : TBLNT, 1205.
[22] Cf. Mosés (Éd.), NIDNTT V 2, 496.

ou guérison en grec classique.[23] Le verset de la Genèse le montre déjà : Dieu est le guérisseur, la prière et la guérison sont liées (Gn 20,17). C'est une caractéristique de la foi en YAHWE que de reconnaître que lui seul est la source de toute guérison. Le célèbre passage Ex 15,26 : « Je suis l'Éternel, ton médecin » signifie littéralement : « *Je suis l'Éternel, qui te guérit* » ; on ne pense toutefois pas ici à la profession de médecin. Cela renforce l'idée que Dieu est le guérisseur. Se tourner vers un médecin pour être guéri pouvait parfois refléter de l'incrédulité, c'est-à-dire de la méfiance envers Yahvé (2 Chr 16,12).[24] Le verbe *ἰάομαι* n'apparaît pas dans les guérisons miraculeuses d'Elie et d'Elisée. Il est toutefois utilisé dans la guérison par l'eau d'Élisée (2 R 2,21). Dans les psaumes, Dieu est invoqué à plusieurs reprises : « guéris-moi » (Ps 6,2 et autres), et il est désigné comme celui qui « guérit toutes les maladies » (Ps 103,2-3.6). Ps 41,5 : *ἴασαι τήν ψυχήν μου (iasai ten psychen mou)*, guéris mon âme, montre la difficulté de la traduction de l'hébreu ; la traduction directe est « guéris-moi », alors que le grec *ψυχή (psyché)* pour l'hébreu *naefaes* suggère que l'âme et le corps sont séparés, ce qui est contraire à la pensée hébraïque mais possible en grec.[25] Le témoignage des prophètes montre également Dieu comme celui qui guérit son peuple lorsqu'il se tourne vers lui (par exemple Is 30,26 ; voir aussi Is 53,5 ; Jr 17,14).

Dans le NT, le terme *ἰάομαι*, guérir, apparaît 26 fois[26]: 20 fois dans les synoptiques et les Actes des Apôtres, 3 fois dans Jean, 1 fois dans l'épître aux Hébreux, 1 fois dans Jacques et 1 fois dans Pierre. Le terme *ἰατρός (iatros)*, médecin, apparaît 6 fois dans les synoptiques, dont 4 passages sont d'un usage proverbial (« Ce ne sont pas les forts qui ont besoin de médecin, mais ceux qui vont mal », Mc 2,17 et parallèles ; « Médecin, guéris-toi toi-même », Lc 4,23), 2 passages (récit de la femme au sang) font allusion à la profession de médecin (Mc 5,26 par.), de même que Col 4,14 (« Luc, le médecin »). *ἴαμα (iama)* apparaît 3 fois dans le même texte (1 Co 12), et uniquement au pluriel : *χαρίσματα ἰαμάτων (charismata iamaton)*, dons de guérisons.

Alors que *θεραπεύω* apparaît principalement dans des résumés[27] et lors de l'envoi de disciples, ainsi que dans les récits des guérisons de Jésus le jour du sabbat, seul Lc utilise *ἰάομαι*

---

[23] Cf. Rupprecht, Krankheit/Heilung, dans : TBLNT, 1207.
[24] Cf. Mosés (Éd.), NIDNTT, V 2, 497.
[25] Cf. Rupprecht, Krankheit/Heilung, dans : TBLNT, 1207.
[26] Cf. Leivestad, R., *ἰάομαι*, dans : EWNT, 416.
[27] La présence privilégiée de *θεραπεύω* dans les résumés des synoptiques soulève des questions sur sa signification théologique dans le contexte des évangiles. Dans les résumés, l'acte de guérison de Jésus est placé à côté de sa prédication, de manière programmatique dans les trois synoptiques au début du ministère de Jésus (Mt 4,23ss ; Mc 1,32-39 ; Lc 4,40-44). Les synoptiques montrent ainsi que la prédication de Jésus sur la venue du royaume de Dieu et ses guérisons vont de pair : Dans les guérisons, le royaume de Dieu qui s'approche ou la proximité de Dieu se concrétise (cf. Rupprecht, Krankheit/Heilung, dans : TBLNT, 1208-1209).

guérir (de la maladie) dans des résumés ainsi que lors d'un envoi de disciples (Lc 6,18s ; 9,2. 11 ; Ac 10,38) et indique une guérison réussie par *ἰάομαι* à la fin de la guérison de l'hydropique le jour du sabbat (Lc 14,4), bien que la question de Jésus au sein du récit soit *θεραπεύω*. De plus, contrairement à Mt 17,18, il utilise également *ἰάομαι* à la fin du récit de l'épileptique (Lc 9,42). On peut ainsi constater chez Lc une certaine préférence pour *ἰάομαι* par rapport à *θεραπεύω*. Une particularité est que le centurion romain de Mt 8,8 (contrairement à Jésus lui-même) utilise *ἰάομαι* (ainsi que Lc 7,7 et dans le récit apparenté Jn 4,47).[28] Le *ἰάομαι* se trouve également en Mt 15,28 (femme cananéenne), Mc 5,29 (flux de sang) et 4 fois chez Luc (flux de sang 8,47, Samaritain reconnaissant 17,15, serviteur à l'oreille coupée 22,51, père de Publius Ac 28,8) : Tous ces passages expriment l'accomplissement de la guérison (Jn 5,13 appartient également à cette catégorie).

1.2.3. Guérison dans le sens de ὑγιής (hygies) être en bonne santé, être sain ; ὑγιαίνω (hygiaino) être en bonne santé

L'adjectif *ὑγιής (hygies)* signifie : a) au sens propre : en bonne santé (physique), bien portant, fort, vivant, intact ; b) au sens figuré : sain d'esprit, raisonnable, intelligent, sobre, bon juge. En conséquence, *ὑγιαίνω (hygiaino)* est être en bonne santé, avoir un esprit sain, être sain d'esprit ou raisonnable.[29] *ὑγιής* apparaît une fois chez Homère au sens figuré (avec un bon conseil, Il. 8.524). Plus tard, il devient courant dans une multitude de contextes, par exemple la santé physique, la sécurité face aux dangers, la stabilité mentale, la sagesse dans le discours.[30]

Dans les LXX, les termes *ὑγεία (hygeia)* et *ὑγία (hygia)* ont des équivalents en hébreu : *naefaeš*, vie, et *terufah*, médecine.[31] Sur les 9 références à *ὑγιής*, sain, 4 désignent la chair vivante (hébreu *haj*) ou même sauvage, inoffensive pour la santé, de la peau (Lv 15,10, 15s). Sir 30,14 (« Mieux vaut être pauvre, en bonne santé et de constitution robuste, que riche et frappé dans son corps ») montre la valeur accordée à la santé. Les LXX utilisent également le verbe *ὑγιάζώ* dans le sens de « guérir », « se rétablir » (Lv 13 ; Ez 47) et le substantif *ὑγίεια*, santé.[32]

L'adjectif est utilisé à 11 reprises pour désigner la santé physique : Mt 12,13 ; 15,31 ; Mc 5,34 ; Jn 5,4.69.11.14.15 ; 7,23 ; Ac 4,10. Seul Tt 2,8 a un sens transgresseur : Le *λόγος ὑγιής*

---

[28] Cf. Rupprecht, Krankheit/Heilung, dans : TBLNT, 1208.
[29] Cf. idem, 1214.
[30] Cf. Mosés (Éd.), NIDNTT, V 4, 515.
[31] Cf. Rupprecht, Krankheit/Heilung, dans : TBLNT, 1214.
[32] Cf. Mosés (Éd.), NIDNTT, V 4, 516.

est la « saine/juste prédication ».[33] Dans le NT, les termes ὑγιής, ὑγιαίνω apparaissent 24 fois (les autres formes dérivées n'apparaissent pas). Une seule fois (3 Jn 2), ὑγιαίνω est utilisé dans le contexte d'un souhait profane de santé, conformément à l'usage grec profane et aux passages de la LXX. Dans les paroles de Jésus : « Ce ne sont pas les bien-portants, mais les malades qui ont besoin de médecin », Lc utilise ὑγιαίνω différemment de Mc et Mt (où : ἰσχύω).[34] La joie du père de revoir le fils prodigue « en bonne santé » (ὑγιαίνοντα) est également une expression du bon grec de Lc. En outre, ὑγιής et ὑγιαίνω apparaissent dans des contextes très clairement délimités : 12 fois dans les évangiles et les Actes des apôtres en rapport avec les guérisons de Jésus, dont 1 fois dans un *summarium* (Mt 15,31). En Mt 12,13, le récit de la main desséchée, contrairement à Mc et Lc, ὑγιής est ajouté pour indiquer que la main est « guérie ». Lors de la guérison du serviteur, Lc utilise ὑγιαίνω (Lc 7,10) pour indiquer que la guérison a eu lieu (ἰάομαι chez Mt). L'utilisation du terme ὑγιής est cependant loin d'être aussi riche en significations que θεραπεύω ou ἰάομαι. Le contenu médical/physique de ὑγιής est saisi le plus clairement dans Mc 5,34 : Là, Jésus confirme à la femme guérie de l'hémorragie : « Ta foi t'a sauvée » (de σώζω, sauver), et il ajoute : « Sois guérie (ἴσθι ὑγιὴς) de ta plaie ! »[35] Cet ajout (qui n'apparaît pas dans Mt et Lc) indique l'effet concret de la guérison dans le domaine physiquement perceptible. Lors de la guérison du paralytique à la piscine de Béthesda, ὑγιής apparaît à lui seul 7 fois (Jn 5,4.6.9.11.14.15 ; 7,23).[36] À la fin du récit, en Jn 5,17, Jésus déduit son action de l'action incessante de son Père. La guérison, la restauration du corps, doit donc être comprise comme un effet de l'action du sacrifice. Selon Rupprecht, le fait que ὑγιής n'apparaisse pas chez Jean en dehors de ce récit permet de supposer que l'utilisation de ὑγιής était prédéterminée dans la tradition adoptée par Jean.[37] Dans les épîtres pastorales, les termes ὑγιής et ὑγιαίνω ne sont utilisés qu'en combinaison avec le terme διδασκαλία (didaskalia), pour désigner l'enseignement ou la parole saine (1 Tm 1,10 ; 6,3 ; 2 Tm 1,13 ; 4,3 ; Tt 1,9.13 ; 2,1-2.8).

---

[33] Cf. Feneberg, W., ὑγιής, dans : EWNT, 910.

[34] Cf. Rupprecht, Krankheit/Heilung, dans : TBLNT, 1208.

[35] Le « salut » est un terme religieux central pour ce qui est attendu ou promis par toutes les religions : à savoir la guérison et l'accomplissement existentiel de l'homme, la plénitude de la vie. Dans l'ancienne religiosité grecque et romaine, le salut était recherché sous le terme de bonheur (en grec « eudaimonia » ; en latin « beatitudo » ; félicité (cf. Vorgrimler, Neues Theologisches Wörterbuch, 272)).

[36] Cf. Rupprecht, Krankheit/Heilung, dans : TBLNT, 1214.

[37] Cf. idem, 1215.

1.2.4. Le terme σώζω

Le terme σώζω (sauver, guérir, aider) est utilisé dans différents contextes, le plus souvent en relation avec : des délivrances de dangers, de souffrances, etc. (par ex. Mt 8,25 ; Mc 13,20 ; Lc 23,35 (2x) ; 1 Tim 2,15) ; la maladie (Jc 5,15) ; le salut spirituel et éternel que Dieu accorde directement à ceux qui croient au Seigneur Jésus-Christ (par ex. Ac 2,47 ; 16,31).[38] Le verbe σώζω est également utilisé dans le NT pour exprimer la délivrance du danger, de la souffrance, etc. (par ex. Mt 8,25 : καὶ προσελθόντες ἤγειραν αὐτὸν λέγοντες·κύριε, σῶσον, ἀπολλύμεθα ; Mc 13,20 ; Lc 23,35 ; Jn 12,27 ; 1 Tim 2,15) ; mais aussi de la maladie (Jc 5,15). Dans les évangiles, c'est généralement l'aide que les malades reçoivent de Jésus qui est désignée par σώζω[39]: Une femme qui souffre d'hémorragies depuis douze ans, a confiance dans le fait qu'elle sera guérie par le seul contact du vêtement de Jésus. (σωθήσομαι : Mc 5,28 ; Mt 9,21). Après avoir touché les vêtements, la femme est effectivement guérie (Mt 9,22 : ἐσώθη), et Jésus confirme cette guérison en disant qu'elle est sauvée : « ὁ δὲ εἶπεν αὐτῇ· θυγάτηρ, ἡ πίστις σου σέσωκέν σε· ὕπαγε εἰς εἰρήνην καὶ ἴσθι ὑγιὴς ἀπὸ τῆς μάστιγός σου » (Mc 5,34 ; Mt 9,22/Lc 8,48). Il s'ensuit que le σῴζειν de Jésus n'a pas seulement pour conséquence la « guérison » physique, mais la rédemption au sens large. Il existe de nombreuses autres occasions où le verbe σώζω est utilisé pour décrire des guérisons de malades (par exemple Mc 3,1-6 ; 6,6-11 ; 10,52 ; Lc 17,19 ; 18,42) ou encore la libération d'un possédé de ses démons (Lc 8,36).

1.3. Conclusion

Tant dans le monde profane que dans le monde biblique, les gens se sont fait une idée de ce que peut être une maladie et ont trouvé des termes grecs pour la désigner. Les termes les plus utilisés chez Homère, dans les LXX et dans les récits du NT sont ἀσθενεία et νόσος. Le terme ἀσθενεία caractérise en premier lieu l'atteinte à la santé d'une personne. Mais il peut aussi désigner la faiblesse ou le manque de capacités en général. En ce qui concerne le terme νόσος, il est utilisé exclusivement pour les maladies physiques.

Pour désigner la guérison, les termes les plus utilisés sont θεραπεύω, ἰάομαι et ὑγιής. Le terme θεραπεύω a dans les LXX à la fois le sens de servir, vénérer, soigner, guérir. Dans les récits du NT, il désigne avant tout l'activité de guérison de Jésus et de ses disciples. Pour ex-

---

[38] Cf. Radl, W., σῴζω, dans : EWNT, 766.
[39] Cf. idem.

primer l'idée de servir, on utilise διακονέω et δουλεύω. Le terme ἰάομαι apparaît principalement avec le sens de « guérir » ou de « soigner » une personne malade ou blessée. Mais il est également utilisé au sens figuré pour désigner la délivrance d'un mal, un remboursement financier ou la réparation d'une mésaventure. Quant au terme ὑγιής, il est utilisé dans une multitude de contextes, comme la santé physique, la sécurité face aux dangers, la stabilité mentale, la sagesse dans le discours.

Outre ces trois termes, le NT utilise également le terme σώζω dans certains contextes. Il désigne la délivrance du danger, de la souffrance, de la maladie ou de la mort. Tous ces termes apparaîtront fréquemment dans les récits de guérison analysés au chapitre deux.

2. LA QUESTION DU GENRE LITTÉRAIRE : LE GENRE LITTÉRAIRE DES RÉCITS DE MIRACLES

La plupart des guérisons et des pratiques de guérison dont il est question dans cette étude sont racontées à l'aide du genre littéraire « guérisons miraculeuses ». L'Ancien et le Nouveau Testament n'ont cependant pas de définition commune du terme « miracle ». La Bible parle entre autres de « signes », « d'actes de puissance », de « grandes choses » et de « choses étonnantes »[40]. Theißen a classé les récits de miracles en six groupes selon leurs formes : Exorcismes, thérapies, épiphanies, miracles de sauvetage, miracles de dons, et miracles de normes.[41] Récemment, Erlemann a ajouté d'autres formes de miracles à cette liste : Les réveils de morts, les miracles de punition, les métamorphoses, les enlèvements, les signes cosmiques apocalyptiques, les sorciers de dommages, les miracles de conduite et les actes prophétiques de signes.[42] Avant d'analyser la place et la fonction des guérisons miraculeuses, il faut d'abord s'intéresser à la signification du motif du miracle.

2.1. Significations du « motif du miracle »

Dans la tradition biblique, le miracle a plusieurs significations. Le premier terme qui désigne le miracle est σημεῖον (sémèiôn). Il peut être traduit par « signe ».[43] Derrière ce mot se cache

---

[40] Koch u.a., GBL, 552.
[41] Cf. Theißen, Urchristliche Wundergeschichten, 94-119.
[42] Cf. Erlemann, K., Wunder, 32-43.
[43] Cf. Schmithals, Wunder, dans : BThW, 603.

l'idée d'une action visible qui renvoie à une autre réalité, souvent invisible. Un peu comme un panneau indicateur qui pointe vers une ville que nous ne voyons pas encore. Le miracle est un signe qui renvoie à Dieu, à son salut ou à son jugement. Le deuxième mot est τέρας[44] (teras), qui pourrait être traduit littéralement par « miracle » ou « œuvre merveilleuse ». L'idée derrière ce mot est aussi celle d'une action surprenante et extraordinaire qui suscite l'étonnement. Les miracles suscitent l'étonnement parce qu'ils montrent tout ce qui était impossible, ils ont un effet salutaire, dit Erlemann.[45] Dans le Nouveau Testament, ce mot n'apparaît jamais seul : Il est toujours associé au mot σημεῖον (sémèiôn) pour former le couple « signe et miracle ». Dans l'Ancien Testament, l'expression « signes et prodiges » est presque toujours associée aux miracles liés à la sortie d'Égypte. En utilisant cette expression pour désigner les « signes et prodiges » accomplis par Jésus et les apôtres, les auteurs du Nouveau Testament entendent probablement établir un lien avec le récit de l'Exode. Enfin, le troisième mot est δύναμις[46] (dunamis), qui est toujours au pluriel dans le Nouveau Testament lorsqu'il est question d'« actes de puissance ». Le terme pourrait être traduit par « acte de force ». L'idée est celle d'une action qui témoigne d'un certain pouvoir ou d'une certaine force. Dans la Bible, le miracle témoigne toujours de la puissance de Dieu. Ces trois termes désignent différents aspects d'une même réalité : c'est-à-dire le caractère extraordinaire d'une action, son origine (d'un être puissant) ainsi que sa signification symbolique ou son effet surprenant.

Dans son ouvrage de référence, Erlemann signale d'autres termes utilisés dans le langage courant pour exprimer l'idée d'une action merveilleuse ou extraordinaire. Ces termes sont : *Thauma* (un acte miraculeux spectaculaire), *Areté* (une compétence particulière ou un acte héroïque), *Thaumásion* (cf. Mt 21,15 : quelque chose d'étonnant), *Parádoxon* (cf. Mc 6,2 : un événement incroyablement choquant), *Érgon* (cf. Mt 11,2 ; Jn 9,3 : désigne des œuvres divines).[47] Certains de ces termes ne sont pas utilisés dans le NT.

2.2. La fonction du genre littéraire des récits de miracles

La tradition des guérisons et des pratiques de guérison de l'époque biblique se retrouve principalement sous la forme de récits de miracles. Dans la plupart des cas, ces récits appartiennent

---

[44] Cf. Léon-Dufour, WNT, 436.
[45] Cf. Erlemann, K., Wunder, 22.
[46] Léon-Dufour, WNT, 436.
[47] Erlemann, K., Wunder, 23.

à un genre littéraire caractéristique, appelé « genre des récits de miracles ». Ce genre, avec ses différentes formes, se retrouve dans l'AT et le NT, ainsi que dans son environnement juif hellénistique et post-biblique. Les récits bibliques de miracles doivent donc être compris dans le cadre de ce qui était compréhensible pour les hommes de l'époque. Il convient toutefois de noter qu'il existe une distinction entre les miracles bibliques et les miracles non bibliques. Alors que dans les récits de miracles de l'Ancien Testament et du judaïsme, Dieu accomplit le miracle et y est souvent incité par une prière du thaumaturge terrestre, dans les récits de miracles hellénistiques, le guérisseur accomplit le miracle par sa propre puissance divine. Ce modèle hellénistique est suivi par les récits des miracles attribués à Jésus dans les évangiles du Nouveau Testament, qui reflètent donc une christologie déjà développée.[48] En conséquence, les miracles attribués à Jésus se limitent à des expulsions de démons, des guérisons et des miracles de sauvetage (par exemple, l'arrêt de la tempête, la multiplication des pains). Les miracles de démonstration sont absents.[49] Ces miracles doivent donc être compris comme des signes (σημεῖον) qui présentent Jésus comme le sauveur des hommes. Schmithals fait remarquer que la structure des récits de miracles suit en conséquence le schéma théologique du Ps 50,15 (détresse – secours – conclusion (réaction)) : « Appelle-moi au jour de la détresse ; je te sauverai et tu m'honoreras ».[50] Les récits de miracles des évangiles ont donc en premier lieu une valeur symbolique jusque dans les moindres détails. Cela signifie que les maladies dont Jésus libère miraculeusement les hommes sont en premier lieu les handicaps existentiels de la déchéance du péché (par ex. Mc 2,5), de la cécité spirituelle (par ex. Mc 8,22-26 ; 10,46-52), du sentiment d'angoisse existentiel (par ex. Mc 5,25-34 ; 10,47-48) et de la discrimination (par ex. Mc 1,40-45). Le miracle de guérison en tant que tel indique que le salut n'est pas une œuvre humaine, mais un acte de la grâce de Dieu. C'est avec une telle complexité de sens que nous rencontrons les récits de miracles des évangiles, au premier niveau reconnaissable de leur transmission, comme fonction d'enseignement et d'instruction dans le cadre d'une mission hellénistique judéo-chrétienne qui annonce Jésus comme Sauveur et Seigneur du monde.

Les récits bibliques de miracles sont aussi l'expression de la confession de foi respective et développent de manière publicitaire ce que la foi en Jésus exige.[51] « Ils véhiculent la foi en un

---

[48] Cf. Léon-Dufour, WNT, 603.
[49] Cf. Mette, Heilung, 115.
[50] Schmithals, Wunder, dans : BThW, 604.
[51] Cf. idem.

Dieu créateur tout-puissant qui prend soin avec sollicitude du monde et de la vie qui s'y trouve et qui peut lui-même créer une nouvelle vie à partir de là », explique Erlemann.[52] Les miracles n'appellent cependant pas à croire aux guérisons, mais à croire en Jésus et en ses actes salvateurs, que le croyant conçoit comme l'œuvre de Dieu (cf. Mc 9,23-24), sans que le miracle en tant que tel puisse et doive légitimer cette foi. Les miracles sont des « signes » ($\sigma\eta\mu\epsilon\tilde{\iota}o\nu$), et la proclamation du message chrétien sous forme de récits de miracles ne devrait pas être jugée différemment à cet égard que toute autre forme de proclamation.

Les récits de miracles renforcent l'espoir eschatologique d'une rédemption globale de la souffrance, de la peur et de l'éphémère.[53] Les récits de miracles continuent à remplir cette fonction d'encouragement et de réconfort dans les moments difficiles de la vie des croyants. Les récits de miracles répondent avant tout aux besoins de la prédication missionnaire. Dans les premières communautés chrétiennes, les récits de miracles remplissaient également la fonction de motivation et de légitimation pour les faiseurs de miracles charismatiques du christianisme primitif.

2.3. La place du « genre littéraire des récits de miracles » dans le champ des genres synoptiques

Dans le cadre d'une analyse synchronique, on ne peut pas ignorer la question de la place du genre littéraire des récits de miracles dans le champ des genres du NT. On pense ici avant tout aux genres synoptiques. Selon Theißen, les genres synoptiques peuvent se distinguer en genres d'enseignement et en genres narratifs, en récits de paroles et en récits de récits.[54] L'enseignement vise à normaliser et à refléter les actions humaines ; le récit vise à les décrire ; l'enseignement vise une validité universelle ; le récit décrit une succession d'événements plus ou moins singuliers. Il existe quatre genres fondamentaux dans la tradition synoptique : les *logia*, les paraboles, les *apoptegmes* et les récits, c'est-à-dire l'enseignement pur, l'enseignement narratif, le récit avec un point doctrinal et le récit pur.[55] Les genres purement narratifs se présentent également sous deux formes : Les récits de miracles et les récits légendaires. Les récits de miracles racontent des histoires typiques de la vie de Jésus et présentent presque tous une structure

---

[52] Erlemann, K., Wunder, 17.
[53] Cf. idem.
[54] Theissen, G., Urchristliche Wundergeschichten, 126.
[55] Cf. idem.

similaire, tandis que les récits légendaires sont différents : Ils traitent de la naissance, de la croissance, de la tentation, du voyage à Jérusalem et de la Passion. Ils relatent des événements qui ont leur propre place dans la succession chronologique de la vie de Jésus, selon Theißen.

2.4. Structure des récits de miracles

Les récits de miracles de guérison sont presque tous construits sur un schéma littéraire très fixe et constant. Ils commencent généralement par une description de la nature de la maladie. Cela signifie que l'on présente d'abord la cause à laquelle il faut répondre par un miracle. Ensuite, l'intervention curative du guérisseur est décrite (indication des pratiques par lesquelles la guérison est obtenue).[56] Vient ensuite le constat de la guérison et la réaction de la personne guérie. Enfin, on raconte comment les personnes présentes réagissent au miracle de la guérison. Parmi les formes stéréotypées du récit, on trouve par exemple le fait que l'ampleur de la détresse et du miracle est souvent augmentée en soulignant la longue durée de la souffrance et l'inutilité de toutes les tentatives d'aide précédentes (par ex. Mc 5,25-34), ou que l'efficacité du miracle est massivement démontrée, par ex. lorsque le paralytique prend son lit et rentre chez lui (Mc 2,12).

Le scénario normal d'un miracle de guérison se déroule en cinq étapes[57]: Description du malade, foi du suppliant, intervention du faiseur de miracles, guérison et réaction de la personne guérie, ainsi que reconnaissance par les auditeurs. L'exemple de Marc 1,40-45 peut aider à comprendre ces étapes :

Cinq étapes	Mc 1,40-45
1. Description du malade : type de maladie	**40** Καὶ ἔρχεται πρὸς αὐτὸν λεπρὸς
2. Croyance du demandeur : en général une croyance très profonde	παρακαλῶν αὐτὸν [καὶ γονυπετῶν] καὶ λέγων αὐτῷ ὅτι ἐὰν θέλῃς δύνασαί με καθαρίσαι.

---

[56] Cf. Schmithals, Wunder, dans : BThW, 602.

[57] Fr. Didier van Hecke, Les Miracles dans les évangiles, GB GSA, 2017/2018 ; dans : http://fratgsa.org/wp/pdf/2017/2-generalites-miracles.pdf (disponible le 22.10.2021).

3. Intervention du thaumaturge :
   - par un geste (un toucher)
   - éventuellement complétée
      par un mot puissant accolé
	41 καὶ σπλαγχνισθεὶς ἐκτείνας τὴν χεῖρα αὐτοῦ ἥψατο καὶ λέγει αὐτῷ· θέλω, καθαρίσθητι

4. Guérison
 	
   - guérison immédiate et
      démontrable
 	
   - ordre/mission du guérisseur
      à la personne guérie
	42 καὶ εὐθὺς ἀπῆλθεν ἀπ' αὐτοῦ ἡ λέπρα, καὶ ἐκαθαρίσθη.
	43 καὶ ἐμβριμησάμενος αὐτῷ εὐθὺς ἐξέβαλεν αὐτὸν
	44 καὶ λέγει αὐτῷ· ὅρα μηδενὶ μηδὲν εἴπῃς, ἀλλ' ὕπαγε σεαυτὸν δεῖξον τῷ ἱερεῖ καὶ προσένεγκε περὶ τοῦ καθαρισμοῦ σου ἃ προσέταξεν Μωϋσῆς, εἰς μαρτύριον αὐτοῖς.

5. Réaction de la personne guérie	**45** Ὁ δὲ ἐξελθὼν ἤρξατο κηρύσσειν πολλὰ καὶ διαφημίζειν τὸν λόγον, ὥστε μηκέτι αὐτὸν δύνασθαι φανερῶς εἰς πόλιν εἰσελθεῖν, ἀλλ' ἔξω ἐπ' ἐρήμοις τόποις ἦν· καὶ ἤρχοντο πρὸς αὐτὸν πάντοθεν.

Au sein de ces différentes scènes, des constantes littéraires ou stylistiques pourraient encore être définies, mais ce sera, puisque cela est nécessaire, l'objet du prochain chapitre exégétique.

2.5. Définition de la relation entre la foi et le miracle de la guérison

Il est inconcevable de parler des miracles de guérison sans mettre en évidence la relation qui existe entre la foi et la guérison. Dans la plupart des cas, la foi précède la guérison. Selon Mette, la foi est la condition préalable à la reconnaissance d'un miracle.[58] La tradition synoptique souligne cette relation : la foi qui demande la guérison précède la guérison miraculeuse.[59] Il est donc important de clarifier la notion de foi (πίστις), en particulier dans les récits bibliques. En

---

[58] Mette, Heilung, 116.
[59] Cf. Barth, πίστις, dans : EWNT, 223.

tant que terme du langage religieux, la « foi » dans l'AT signifie l'attitude confiante, ferme et sans peur face à l'avenir[60] (par ex. Sir 2,6.8.10 ; 4,16 ; Sg 16,26). La foi n'est pas une confiance aveugle, mais se fonde plutôt sur un acte visible ou une promesse ferme de Dieu (par ex. Ex 4,1-9). Dans l'ensemble, le terme « foi » n'a pas une signification très développée dans l'AT. Il n'est qu'un terme parmi d'autres (comme « confiance », « obéissance », « espérance ») qui décrivent la relation de l'homme avec Dieu.[61] Les LXX n'utilisent généralement des mots de la racine $\pi\iota\sigma\tau$- que pour traduire la racine hébraïque 'mn surtout *Hiphil* et *Niphal* (exception Jr 25,8). Mais 'mn n'a pas le rôle central de $\pi\iota\sigma\tau\epsilon\acute{\upsilon}\epsilon\iota\nu$ / $\pi\acute{\iota}\sigma\tau\iota\varsigma$ comme dans le NT, mais désigne seulement la relation de l'homme avec Dieu à côté d'autres mots comme *bṭḥ, ḥsh, qwh, ḥkh*.[62]

Dans le NT, en revanche, le terme foi apparaît fréquemment. Le substantif $\pi\acute{\iota}\sigma\tau\iota\varsigma$ et le verbe $\pi\iota\sigma\tau\epsilon\acute{\upsilon}\epsilon\iota\nu$ apparaissent 243 fois.[63] La $\pi\acute{\iota}\sigma\tau\iota\varsigma$ est devenue le concept central pour caractériser la relation avec Dieu rendue possible par Jésus-Christ.[64] Sa fréquence, mais surtout la manière dont il est utilisé, montre déjà qu'il s'agit d'un concept théologique central, qui décrit la bonne relation avec Dieu et, finalement, l'essence de la religion chrétienne en général. Deux étapes de développement méritent d'être soulignées :

a) Dans la tradition de Jésus, le comportement des personnes qui recherchent son aide est souvent qualifié de foi (par ex. Mc 2,5 par. Mt 9,2/Lc 5,20 ; Mc 5,36 par ; Lc 8,50, Mt 8,10 par. Lc 7,9 ; Mt 9,29 ; 15,28). Il ne s'agit pas d'une simple confiance dans le pouvoir du faiseur de miracles, ni d'une foi générale au sens d'une prédisposition psychique qui prépare à la guérison, mais aussi d'un acte d'abandon personnel à Jésus, qui va au-delà de la demande de guérison. A partir de là, on peut dire que la foi est l'attitude qui cherche l'action de Dieu dans l'apparition de Jésus et qui reçoit de cette action une transformation décisive de l'existence.[65] Jésus parle de la foi dans une série de récits de miracles, et lorsqu'il déclare : « Ta foi t'a sauvé » (Mc 5,34 ; Mt 9,29 ; 15,28 ; Lc 7,50), la foi a atteint son but, la communion entre Dieu et l'homme est établie. Si, après la guérison, la communion est établie, l'homme guéri peut alors suivre

---

[60] Cf. Koch u.a., GBL, 176.

[61] Cf. idem.

[62] Cf. Barth, $\pi\acute{\iota}\sigma\tau\iota\varsigma$, dans : EWNT, 217.

[63] Cf. idem.

[64] Cf. Koch u.a., GBL, 176.

[65] Cf. idem, 177.

Jésus sans obstacle (cf. Mc 10,52). Dans de nombreux cas, la foi précède la guérison[66] et la guérison incite à suivre Jésus. Pour cette raison principale, les demandes de signes (Mt 12,38ss par ; Mc 8,11ss par) et de miracles de démonstration (Mt 4,5ss par ; Mc 15,32 par) sont fortement rejetées par Jésus. Il n'accomplit pas de miracles là où il se heurte à l'incrédulité (Mt 13,58 par). Cette conception de la foi et des miracles était très marquée dans les premières communautés chrétiennes. Un courant de la tradition chrétienne primitive a perpétué cette conception de la foi ; Mt l'a particulièrement soulignée par des phrases comme ἐπίστευσας γενηθήτω σοι 8,13 et κατα την πίστιν υμων γενηθήτω υμιν 9,29 (cf. aussi 15,28 : *Ô femme, grande est ta foi ; qu'il te soit fait selon ta volonté. Et sa fille fut guérie à partir de cette heure-là* ; Apg 3,16 ; 14,9).[67] Il faut cependant ajouter que le courant le plus large de la tradition miraculeuse des débuts du christianisme voyait aussi dans les miracles un moyen de propagande destiné à susciter ou à renforcer la foi.

b) Dans les communautés postpascales, l'événement salvateur accompli par Dieu dans l'histoire de Jésus devient le fondement de la foi. La foi en Dieu (1 Th 1,8) et en Jésus (Gal 2,16 ; Rm 10,9) acquiert ainsi un contenu et devient une notion du langage missionnaire des premiers chrétiens : l'acceptation de la prédication missionnaire fondamentale et l'intégration sociale dans la communauté sont appelées « venir à la foi » (1 Th 1,8 ; Rm 13,11 ; 1 Co 15,2 ; Jn 4,53 ; Ac 2,44).[68] La foi, qui est nécessaire pour obtenir la guérison, signifie la confiance : Ce qui suscite la confiance, c'est la foi. Une telle signification de πίστις n'était pas développée dans l'environnement hellénistique ou juif, ni dans l'AT.

3. PRATIQUES DE GUÉRISON DANS LE MONDE PAÏEN ANTIQUE

Dans ce point, nous présentons d'abord la situation de l'art de guérir dans la pensée médicale de l'Antiquité. Nous examinons ensuite les pratiques de guérison dans l'Orient ancien, dans l'environnement hellénistique et à l'époque romaine.

---

[66] Il y a aussi des cas où la guérison précède la foi : par exemple, en Jn 5,1-9, c'est Jésus qui demande : « Veux-tu être guéri ? » ; en Jn 9,1-7, il s'agit également d'une guérison non sollicitée, qui n'implique pas la foi. Il s'agit d'une action gracieuse du guérisseur.

[67] Cf. Barth, πίστις, dans : EWNT, 224.

[68] Cf. Koch u.a., GBL, 177.

3.1. L'art de guérir dans la pensée scientifique de l'Antiquité païenne

Dans le monde antique, le concept de la maladie et des pratiques de guérison sont compris sur la base des relations religieuses et sociales. Ces relations comprennent principalement la relation entre les hommes et les dieux et le lien entre les vivants et les morts. Dans cette conception, la maladie devient un symptôme d'un dysfonctionnement de ces relations.[69] La cause de la maladie est donc attribuée à une relation perturbée. La maladie survient parce que la divinité est irritée par la faute inconsciente et non avouée de l'homme ; alors elle se détourne de lui et lui apporte ainsi le malheur et la maladie. Selon cette conception, la maladie est essentiellement considérée comme la conséquence d'attaques de forces extérieures (dieux, démons, forces magiques comme les malédictions, les sortilèges, le péché, la culpabilité, etc.). Selon la littérature sur les incantations, ce sont soit des démons, soit des dieux, soit des esprits des morts qui attaquent les gens et provoquent des maladies en guise de punition.[70] Les sorcières et les sorciers peuvent également sévir et faire du mal aux gens.[71] Il est évident qu'ils profitent du moment où les dieux (personnels) des hommes sont en colère pour les attaquer. En outre, la sorcellerie et la magie sont même capables d'influencer les dieux dans leur colère.

La guérison consiste à rétablir cet ordre perturbé. La guérison de l'homme est comprise comme le résultat de l'intervention d'une volonté supérieure. Elle ne consiste pas seulement à éliminer les symptômes de la maladie et à rétablir la santé, mais aussi à réparer la relation du malade avec les dieux. Cela implique des sacrifices, des offrandes et des prières.[72] Pour obtenir une guérison, on a également recours à des exorcismes (pour chasser les démons), à diverses pratiques magiques (dont les premières tentatives d'administration de médicaments) et à des influences suggestives, ou on essaie de se réconcilier avec la divinité par des prières et des sacrifices.

---

[69] Cf. Haas, Volkert, *Materia Magica et Medica Hethitica.* Ein Beitrag zur Heilkunde im Alten Orient, Walter de Gruyter. Berlin. New York, 2003, 48.

[70] Cf. Scurlock, JoAnn, Magico-Medical Means of Treating Ghost-Induced Illnesses in Ancient Mesopotamia, Leiden. Boston 2006, dans : https://web-p-ebscohost-com.uaccess.univie.ac.at/ehost/ebookviewer/ebook/bmxlYmtfXzIwMjY3MF9fQU41?sid=747d55f1-fa2d-4f17-9978-99afc1ba0f07@redis&vid=0&format=EB&rid=1 (disponible le 25.10.2021).

[71] Ce type de pensée était également très répandu au Rwanda avant la colonisation et l'évangélisation.

[72] Cf. Rupprecht, Krankheit/Heilung, dans : TBLNT, 1206.

3.1.1. Premières idées préscientifiques dans l'art de guérir

L'homme du monde antique était très conscient de la différence entre les maladies envoyées par les dieux, les démons ou les esprits des morts et celles qui peuvent être expliquées par un contexte d'observation naturel. Cela apparaît clairement dans les trois lettres adressées au souverain assyrien Asarhaddon, rédigées par l'érudit (*ummânu*) Issar-shumu-eresh et l'illusionniste Marduk-shakin-shumi. Issar-shumu-eresh écrit notamment : *« Le Roi, mon Seigneur, ne doit pas s'alarmer de sa maladie : c'est une maladie saisonnière, tous les gens qui en sont atteints en sont guéris. De plus, le Roi, mon Seigneur, qui craint les dieux et les prie jour et nuit - comment pourrait-il arriver quelque chose au Roi, mon Seigneur, et à ses descendants ? »* (cf. Parpola 1983, 197). Mardouk-shakin-shumi s'adresse au souverain en ces termes : *« À cause du froid (kuṣṣu), à cause duquel le Roi, mon Seigneur, m'a écrit ; il n'y a pas de quoi s'inquiéter. Les dieux du roi le guériront rapidement, et nous ferons tout ce qui est en notre pouvoir pour le faire. C'est une maladie saisonnière ; le Roi, mon Seigneur, ne doit donc pas s'en préoccuper »* (cf. Parpola 1993,188, no 236). Dans un passage de la deuxième lettre de Mardouk-shakin-shumi, on peut lire : *« Quant à la prescription du traitement ṣillibānu, dont le Roi, mon Seigneur, a dit « il fait très chaud » - eh bien, il doit faire chaud ; et pourquoi le faisons-nous ? Ne pensait-il pas à la chaleur lorsqu'il a dit « ça devrait me faire transpirer » ? Mais pourquoi souffre-t-il d'un rhume (kuṣṣu) alors qu'il n'est qu'au début de l'été ? Il n'y a pas d'explication. C'est l'œuvre des dieux ».*[73]

La rencontre avec les puissances les plus diverses dans la vie quotidienne était très complexe pour l'homme antique. Cela signifie que la relation entre les débuts de la médecine rationnelle et les guérisons miraculeuses attribuées à l'influence de puissances supérieures était également très confuse et inextricable.[74] Ainsi, différents peuples ont toujours vénéré des divinités spéciales de la guérison (en Égypte, par exemple, Imhotep, dans l'espace assyro-babylonien, Tammuz, dans la Grèce antique, par exemple, Apollon, plus tard Asclépios), au nom desquelles des bâtiments ressemblant à des temples ont été construits comme centres de guérison (par exemple, le célèbre Asclépiion de Kos ou le sanctuaire d'Épidaure), dans lesquels des prêtres, en tant que médecins, donnaient régulièrement des soins. Les différents sacrifices n'étaient pas seulement offerts dans le but de guérir, mais aussi en remerciement de succès miraculeux de guérison. Les nombreux récits de guérisons miraculeuses dans le contexte extrabiblique sont

---

[73] Cf. Parpola 1993,192, no 241.
[74] Cf. Rupprecht, Krankheit/Heilung, dans : TBLNT, 1206.

souvent enjolivés jusqu'au ridicule. Il n'y a en fait rien qui ne soit possible dans ce domaine. Il est même fait état de tromperies et de coups portés à la divinité pour obtenir une guérison, à laquelle la divinité répond alors par un miracle punitif.[75]

Comme les rois, à l'origine, étaient également des prêtres en chef et exerçaient ainsi des « fonctions de guérisseurs », il n'est pas du tout surprenant que l'on raconte par exemple que l'empereur Vespasien[76] guérissait les aveugles et les paralytiques en les touchant avec sa salive.[77] Dans l'Antiquité, le terme θεῖος ἀνήρ *(theios aner)* s'est formé pour désigner les personnes dotées de dons surnaturels. Leur modèle était le fils des dieux, *Héraclès*, et ils comptaient également parmi eux Pythagore, Empédocle et le médecin Menekratos (il guérissait les épileptiques). Apollonios de Tyane[78], un contemporain de Paul, est également considéré comme un représentant de ce type. Selon la *Vita Apollonii* de Philostrate, un écrit historiquement douteux datant du début du troisième siècle de notre ère, il avait le don prophétique et la capacité de guérir les malades et de ressusciter les morts.[79]

3.1.2. Développements médicaux dans le monde païen antique

Dès le 3ème siècle avant J.-C., les Égyptiens disposaient d'une médecine très développée (connaissances anatomiques, traitement des ulcères, des plaies, des fractures, etc., utilisation de médicaments et de remèdes en tout genre).[80] Les médecins égyptiens ont été largement appréciés par les Grecs (Homère, Hérodote, etc.). La gloire d'avoir établi la médecine sur une base empirique et rationnelle revient toutefois aux Grecs.[81] Un grand nombre d'observations et d'expériences empiriques ont été transmises dans les différentes écoles de médecins comme

---

[75] Cf. idem.

[76] Vespasien (Titus Flavius Vespasianus), né en 9 près de Reate (aujourd'hui Rieti) et mort en 79 à *Aquae Cutiliae*, est un empereur romain qui a régné de 69 à 79 (cf. Kollmann, Jesus und die Christen als Wundertäter, 107).

[77] Cf. Kee, Medicine, Miracle and Magic, 83.

[78] Apollonios de Tyane (grec ancien : Ἀπολλώνιος ὁ Τυανεύς), parfois connu sous la forme latine de son nom Apollonius, était un philosophe néo-pythagoricien, prédicateur et thaumaturge du 1er siècle de notre ère. (Cf. Philostrate, La vie d'Apollonius de Tyane (Traduction, introduction et notes par A. Chassang), Arbre d'Or, Genève, février 2007, 4).

[79] Cf. Leipold/Grundmann, Umwelt des Christentums I,74ss.

[80] Cf. Rupprecht, Krankheit/Heilung, dans : TBLNT, 1206.

[81] La médecine grecque est l'un des plus anciens arts thérapeutiques scientifiques. On dit qu'elle est née et s'est développée entre le 6ème et le 5ème siècle avant Jésus-Christ. Cette médecine s'inscrit dans la tradition d'Asclépios, à qui les médecins doivent leur art de guérir (cf. Kollmann, Jésus et les chrétiens faiseurs de miracles, 61).

Alkmaion (vers 500 av. J.-C.), Hippocrate[82] (né vers 460 av. J.-C.) et Galien (2ème siècle après J.-C.), en même temps que des enseignements sur la santé et les causes des maladies. Le serment d'Hippocrate (5ème/4ème siècle avant J.-C., cité dans Oepke, 196) montre à quel point l'abus de connaissances médicales et les possibilités d'interventions chirurgicales ainsi que l'accès aux médicaments étaient considérés comme possibles et à tel point qu'un engagement éthique du corps médical était jugé nécessaire[83] : *"Oath of Hippocrates (translated by Francis Adams): I SWEAR by Apollo the physician, and Aesculapius, and Health, and All-heal, and all the gods and goddesses, that, according to my ability and judgment, I will keep this Oath and this stipulation- to reckon him who taught me this Art equally dear to me as my parents, to share my substance with him, and relieve his necessities if required; to look upon his offspring in the same footing as my own brothers, and to teach them this art, if they shall wish to learn it, without fee or stipulation; and that by precept, lecture, and every other mode of instruction, I will impart a knowledge of the Art to my own sons, and those of my teachers, and to disciples bound by a stipulation and oath according to the law of medicine, but to none others. I will follow that system of regimen which, according to my ability and judgment, I consider for the benefit of my patients, and abstain from whatever is deleterious and mischievous. I will give no deadly medicine to any one if asked, nor suggest any such counsel; and in like manner I will not give to a woman a pessary to produce abortion. With purity and with holiness I will pass my life and practice my Art. I will not cut persons laboring under the stone, but will leave this to be done by men who are practitioners of this work. Into whatever houses I enter, I will go into them for the benefit of the sick, and will abstain from every voluntary act of mischief and corruption; and, further from the seduction of females or males, of freemen and slaves. Whatever, in connection with my professional practice, or not in connection with it, I see or hear, in the life of men, which ought not to be spoken of abroad, I will not divulge, as reckoning that all such should be kept secret. While I continue to keep this Oath unviolated, may it be granted to me to enjoy life and the practice of the art, respected by all men, in all times! But should I trespass and violate this Oath, may the reverse be my lot!"*[84]

---

[82] Hippocrate est connu pour avoir été le premier à séparer la médecine de la philosophie et à l'établir ainsi comme une science à part entière. Pour cette raison, il est considéré comme le fondateur de la diététique ou de la médecine clinique (cf. Kollmann, B., Jesus und die Christen als Wundertäter. Studien zu Magie, Medizin und Schamanismus in Antike und Christentum, Göttingen 1996, 61.)

[83] Cf. Rupprecht, Krankheit/Heilung, dans : TBLNT, 1207.

[84] Der Eid des Hippokrates, Source : http://en.wikisource.org/wiki/Oath_of_Hippocrates (disponible le 22.11.2021).

44

Les vues de Galien étaient principalement basées sur les pensées de l'école hippocratique concernant le corps humain, sur l'interaction des quatre éléments (eau, terre, feu et air) et des humeurs qui produisent les symptômes des maladies, ainsi que sur les tempéraments qui déterminent la constitution humaine.

3.1.3. La magie, l'une des pratiques de guérison dans le monde païen antique

Dans l'Antiquité, le lien entre médecine et magie était plus fort. La magie faisait partie intégrante des cultures antiques. Cela également est largement attesté dans le judaïsme à l'époque de Jésus.[85] Selon Hidalgo de la Vega « *les croyances magiques coexistent et relèvent de la 'superstitio' et de la 'religio'* ».[86] La magie représentait un moyen alternatif de faire face aux réalités quotidiennes lorsque les méthodes traditionnelles (religion, médecine) ne fonctionnaient pas. Comme la religion, la magie avait pour but d'interagir avec le divin et d'intervenir dans le fonctionnement du monde. Les dieux en colère ou les forces maléfiques étaient la cause de malheurs et de catastrophes. Les gens ont donc eu recours à la magie et à la religion pour contrer ces forces et guérir les gens. Parmi ces réalités de la vie, il y avait notamment la maladie, qui était la cible des papyrus iatro-magiques.[87] Dans l'Égypte ancienne en particulier, il est difficile de séparer la magie de la médecine, car les sorts de guérison n'étaient consignés que dans des papyrus médicaux. Ces papyrus contenaient des récits mythologiques qui étaient utilisés dans le cadre d'une magie sympathique ou d'une analogie convaincante. L'inclusion d'un récit[88] mentionnant une guérison dans le papyrus magique avait pour but d'obtenir un effet similaire chez le destinataire malade. Les rituels religieux et magiques ont probablement eu un effet placebo important, ce qui a pu conduire à une guérison.

---

[85] Cf. Zimmermann, Kompendium der frühchristlichen Wundererzählungen, Vol. 1, 124.

[86] Cf. Hidalgo de la Vega, José, Voix soumises, pratiques transgressives. Les magiciens dans le roman gréco-romain, dans : Dialogues d'histoire ancienne 2008/1 (34/1) p. 27-43, 27.

[87] Cf. Sarrazin, Roxanne Bélanger, Les Papyrus iatro-magiques grecs d'Egypte : entre le mythe et la réalité, dans : Cahier d'Histoire, Volume 34, N°2, Eté 2017 (Ottawa), 11.

[88] Dans l'Antiquité tardive, les récits évangéliques pouvaient être insérés dans ces papyrus. Les plus faciles à reconnaître sont les citations exactes, comme le formulaire PGMXXIIa et l'amulette Suppl. Mag. I 31, qui présentent chacun des récits tirés de l'Iliade et des évangiles (cf. Sarrazin, Les Papyrus iatro-magiques grecs d'Egypte, 27). On choisissait des passages ciblés qui avaient un lien direct avec la maladie ou le problème médical en question, car on pensait que la récitation de ces passages ou l'écriture sur des amulettes - qui devaient éventuellement être portées - avait le pouvoir de reproduire les effets souhaités chez les destinataires.

Parmi les différentes formes de magie pratiquées en Égypte, on trouve les papyrus magiques grecs, un ensemble de papyrus produits entre le IIe siècle avant JC et le VIe siècle après JC, qui contenaient une grande variété de sorts, de formules magiques et de rituels plus ou moins complexes. Les papyrus iatro-magiques, du grec *ἰατρός* signifiant « médecin », avaient donc pour but de guérir ou de protéger contre une ou plusieurs maladies.[89] Ces papyrus étaient particulièrement remarquables en ce qui concerne les maladies endogènes, car celles-ci étaient souvent attribuées à une influence démoniaque, raison pour laquelle une thérapie rituelle et magique d'accompagnement semblait judicieuse.[90] Parmi les papyrus iatro-magiques, il y avait principalement deux types de textes : Les amulettes et les formulaires. Les amulettes consistaient en une seule formule magique, copiée sur un petit support. Celui-ci était ensuite porté au bout d'une corde autour du cou ou, le cas échéant, autour d'une partie du corps malade ou blessée. Les formules magiques pouvaient être ajoutées ou insérées à une véritable recette ou devaient être prononcées sur une amulette. Les formulaires étaient des catalogues de sorts et de formules magiques, souvent accompagnés de rituels plus élaborés.[91] Si l'on observe la structure générale des formules iatro-magiques, que ce soit dans les amulettes ou les formulaires, on remarque qu'elle est presque toujours la même. Tout d'abord, une ou plusieurs divinités sont invoquées pour demander leur intervention, puis la maladie (par exemple fièvre, maux de tête) ou la raison médicale (par exemple contraception) est mentionnée, et enfin le bénéficiaire, c'est-à-dire la personne à laquelle l'amulette est destinée, est identifiée. Certaines formules contiennent toutefois l'inclusion d'un récit mythologique. L'inclusion du récit mythologique avait pour but d'obtenir dans la réalité un effet similaire à celui décrit dans le mythe. Nous allons citer deux cas d'amulettes et de formulaires iatro-magiques afin de montrer quels types de récits étaient utilisés dans ces Payrus.

Le premier exemple, PGM XX, provient d'un formulaire datant du premier siècle de notre ère. Il contient trois formules. Deux de ces formules sont censées combattre les maux de tête et la troisième, qui nous intéresse ici, est censée guérir toute inflammation, que ce soit de la peau ou d'autres organes[92] :

---

[89] Cf. Sarrazin, Les Papyrus iatro-magiques grecs d'Egypte, 13.
[90] Cf. Grimm-Statelman, Untersuchungen zur Iatromagie, 45.
[91] Cf. idem.
[92] Cf. Sarrazin, Les Papyrus iatro-magiques grecs d'Egypte, 14-15.

[…]ας Σύρας <Γ>αδαρηνῆς
[ἐπαοιδὴ] πρὸς πᾶν κατάκαυμ[α.]
[… μ]υστοδόκος κατεκα[ύθη]
[ὑψ]οτάτῳ δ'ἐν ὄρει κατεκαύθ[η].
ἑπτὰ λύ[κ]ων κρήνας, ἕπτ' ἄρ[κτων],
ἑπτὰ λεόντων. ἑπτὰ δὲ παρθε
νικαὶ κυ[α]νώπιδες ἤρ<ν>σαν [ὔ]
δωρ κάλπ[ι]σι κυανέαις καὶ ἔσ
βεσαν ἀκ[άμ]ατον πῦρ.

Invocation de […], la Syrienne de Gadara
à chaque inflammation.
[…] l'initié a été brûlé. Sur la
plus haute montagne, il a été brûlé.
Sept sources de loups, sept d'ours,
sept de lions. Alors sept vierges jetèrent
avec des yeux sombres ont lancé
eau avec urnes sombres et
calmaient le feu incessant.

Dans ces textes, les sept vierges sont invoquées pour apaiser le feu incessant.

Le deuxième exemple, Suppl. Mag. I 34, est un peu différent. Il s'agit cette fois d'une amulette du 6ème siècle, censée guérir la fièvre et d'autres maladies[93] :

Ἰ(ησοῦ)ς Χ(ριστὸ)ς   Ηριχθονιη   λύκος λευ-
θερα-   ριχθονιη   κός, λύκος λευ-
πεύει   ιχθονιη   κός, λύκος λευ-
τὸ ῥῖγος   χθονιη   κός θεραπευ-
καὶ τὸν   θονιη   σάτω τὸ ῥιγο-
πυρετὸν   ονιη   πύρετον Ἰωσῆφ.
καὶ πᾶσαν   νιη   ταχύουσι.
νόσον τοῦ   ιη
σώματος Ἰωσῆφ τοῦ φοροῦν-   η
τος τὸ φυλακτήριον - τὸ κα-
θημερινὸν καὶ διὰ μιᾶς. ταχύουσι. ἀμήν, ἀλληλούια.

Jésus-Christ   *Érichthonie*   Loup blanc,
guérit   *richthonie*   loup blanc, loup
le frisson   *ichthonie*   blanc, loup
et la fièvre   *chthonie*   blanc, qu'il guérisse
et chaque   *thonie*   le frisson
maladie   *onie*   fébrile
du corps de   *nie*   de Joseph.
Joseph qui   *ie*   Ils sont rapides.
porte cette amulette   *e*
la (fièvre) quotidienne et troisième.
Ils sont rapides. Amen, halleluja.

---

[93] Cf. Sarrazin, Les Papyrus iatro-magiques grecs d'Egypte, 19-20.

Cet exemple est différent du précédent, car il ne s'agit pas d'une citation ou d'un passage élaboré, mais d'un simple mot *(Erichthonie)* qui renvoie à un mythe. *Erichthonie* fait référence à des noms évoquant le sol - dont la sonorité *chthonique* est souvent associée à des contextes rituels magiques - comme *Chtonie* ou même plus *Erichtonie*.[94] Il fait partie d'une catégorie appelée *voces magicae*, des mots étranges considérés comme magiques, comprenant une combinaison de termes grecs, égyptiens, juifs, syriens, babyloniens et autres, et parfois simplement une juxtaposition de lettres sans signification particulière.[95] Et c'est pour cette raison qu'ils ont été inclus dans cette amulette. Il convient de noter que les héros mythiques et les assassins sont souvent utilisés dans les textes magico-médicaux comme une menace pour les maladies. *Erichthonios* appartiendrait alors à la catégorie des meurtriers mythiques.

On connaissait également des formules d'accompagnement qui pouvaient être récitées lors de l'utilisation de médicaments et qui renforçaient l'effet du remède. Voici un exemple : Formule pour boire un remède : « *voici le remède ; voici ce qui élimine les choses dans ce cœur, dans ces membres de mon corps. Le charme est fort en association avec le remède* » (P. Ebers 3, 2,1-2,6 en égyptien ancien).[96] De telles formules magiques sont apparues à l'époque romaine et leur fréquence a encore augmenté à partir du 3ème siècle après JC Dans le monde sémitique, il existait une médecine empreinte de magie et de religion. L'avènement du christianisme n'y a rien changé dans un premier temps. Les gens continuaient à recourir à ces pratiques et à prononcer des formules magiques, mais désormais avec un symbolisme chrétien.

3.2. Pratiques de guérison dans l'Orient ancien[97], dans l'environnement hellénistique et à l'époque romaine

L'étude de la médecine des peuples de l'Antiquité nous montre clairement qu'une certaine attitude religieuse constituait la base de leur pensée médicale et de leurs pratiques de guéri-

---

[94] Cf. Sarrazin, Les Papyrus iatro-magiques grecs d'Egypte, 21.

[95] Cf. idem.

[96] Ildikó Bárány, Rebekka-M. Müller und Laura Willer, Magie versus Medizin, dans : Magie und Medizin, 22 (https://books.ub.uni-heidelberg.de/heibooks/reader/download/71/71-4-7157-1-10-20160715.pdf, disponible le 15.12.2021).

[97] L'Orient ancien comprend les civilisations égyptienne, mésopotamienne et hittites (cf. http://www.emile-max.be/images/travail_domicile/peel_LesgrandescivilisationdelAntiquite.pdf (disponible le 03.06.2022).

son.[98] Il existait une relation étroite entre la médecine et la religion.[99] La religion et la médecine ont toutes deux été le point de départ du développement de l'humanité. Günther exprime cette idée en ces termes: „*Religion und Medizin sind seit den Anfängen der menschlichen Zivilisation ineinander verwoben*".[100] Dans l'Orient ancien comme dans le monde gréco-romain, ce sont surtout les prêtres fétiches qui exerçaient leur art de la guérison. En raison de l'origine au moins en grande partie divine de la médecine, son exercice devait avoir lieu dans les temples.

3.2.1. *Les maladies et leurs symptômes dans l'Orient ancien (Égypte, Mésopotamie et Hittites)[101]*

Lorsqu'une personne est passée de l'état de pureté à l'état d'impureté, elle est liée, de sorte qu'elle finit par tomber malade psychiquement et physiquement. Du point de vue du rituel, tous les types de troubles de la santé se situent au même niveau, car dans tous les cas, il s'agit justement de la perturbation de l'état normal, c'est-à-dire de « l'être détaché ».[102] C'est pourquoi l'utilisation de rituels de guérison spécifiques est tout à fait courante, même pour les combinaisons de différents symptômes. La tâche du rituel est de rétablir la normalité ou - ce qui revient au même - d'éliminer l'anomalie. Dans le rituel, on essaie de se libérer de la saleté du péché, qui est présentée matériellement et qui colle à la personne concernée. La saleté du péché est considérée comme un agent transmis de l'intérieur à la personne. Le rituel sert à ce que ces substances, pour rester dans l'image de la désinfection, soient éliminées de manière perceptible par les sens, les substances pathogènes étant attirées et extraites du corps.[103] Dans le cas des mesures rituelles, ce sont surtout les effets psychologiques qui sont utilisés pour mobiliser les forces d'autoguérison du corps.

---

[98] Neuburger, Medizin I, 7 (voir aussi BOLECH, Pietro, Die Krankenheilungen in den Evangelien: eine exegetische und medizingeschichtliche Studie, Wien 1953, 5).

[99] Cf. Flügel, Spätantike Arztinschriften, 15.

[100] Günther, Asklepios, der Heiler mit dem Hund, 2.

[101] Dans cette étude, on s'appuie principalement sur l'ouvrage de Volkert Haas, *Materia Magica*. Ein Beitrag zur Heilkunde im Alten Orient, publié en 2003.

[102] Cf. Haas, *Materia Magica et Medica Hethitica, 55.*

[103] Cf. Haas, *Materia Magica et Medica Hethitica, 59.*

3.2.2. Conditions de guérison et de diagnostic

Lorsque l'homme tombe malade ou se trouve dans un état de crise et que son état mental est perturbé, il doit se libérer au plus vite des substances pathogènes qui lui sont attachées et se réconcilier avec les dieux. La condition préalable à la guérison est la détermination : de la cause ou des antécédents de la maladie, de la divinité en colère, du bon guérisseur et du bon médicament.[104] Cela se fait de manière expérimentale par le biais de la mantique. Une fois que la cause de la perturbation a été déterminée de cette manière, il faut identifier les dieux en colère. Ensuite, il faut regagner la faveur des dieux. Le processus de guérison passe par l'aveu de la faute dans des prières et par des cadeaux aux dieux, mais surtout par une expiation rituelle qui conduit à la réconciliation avec les puissances divines. Les diagnostics se déroulaient principalement en trois phases : Prières, cadeaux, rançon.

Dans les prières, le pont de l'homme vers les dieux, l'homme essaie de découvrir pourquoi il a perdu leurs faveurs, en particulier celles de son dieu personnel. Haas nous donne un exemple de telles prières : « *Que mon Dieu m'ouvre ses entrailles et son âme de tout son cœur, qu'il me dise mes fautes pour que je les connaisse ! Soit mon Dieu me parlera en rêve et mon Dieu m'ouvrira ses entrailles [et me dira] mes fautes pour que je les reconnaisse ! Ou que la voyante (MUNUSENSI) me parle, [ou] que le prêtre LÚAZU du Dieu Soleil me parle du fond de son foie, et que mon Dieu ouvre [ses entrailles et son âme] de tout son cœur et me dise mes fautes pour que je les reconnaisse... Rends-moi [estime et force], mon Dieu* ».[105] Le malade prie pour que Dieu, qui lui a donné la maladie, adopte une attitude favorable à son égard.

Dans les vœux, on prête serment et on promet déjà quelques cadeaux à la divinité. On promet des fondations à la divinité si elle exauce un vœu en échange : « *Si tu fais, ô divinité, telle et telle chose, je te donnerai ceci et cela* ».[106]

Si le malade est tombé entre les mains des puissances des enfers, une rançon est proposée à ces dernières.[107] Comme les guérisseurs partaient tous d'une idée de base animiste, que l'on retrouve jusque dans les théories hippocratiques, à savoir que les douleurs dans le corps sont causées par une substance pathogène concrète et imagée - un corps étranger dans le corps -, leurs thérapies - qu'elles soient de nature médicale, iatro-magique, magico-thérapeutique ou

---

[104] Cf. idem, 63.
[105] Cf. idem, 64.
[106] Cf. Haas, *Materia Magica et Medica Hethitica*, 64.
[107] Cf. idem, 65.

purement magique - visaient à éliminer ce corps étranger par les méthodes les plus diverses, la magie pouvant être considérée comme une caractéristique fondamentale de la médecine.

3.2.3. Les pratiques de guérison dans l'Orient ancien en général

Les débuts des méthodes thérapeutiques dans l'Orient ancien remontent à une médecine populaire traditionnelle qui s'appuyait en premier lieu sur la connaissance des drogues végétales. C'est pour cette raison que les plantes médicinales dominent dans les textes babyloniens-assyriens et hittites.[108] Les plantes médicinales sont de loin les plantes les plus utilisées dans les recettes et en pharmacologie. Les méthodes de guérison s'inspiraient sans aucun doute de la médecine babylonienne. Il faut dire que les médecines babylonienne et égyptienne étaient très appréciées. La plupart des médicaments étaient fabriqués à partir du jus des plantes pressées. Pour guérir une blessure, on commence par frapper un grand coup sur la plaie afin que le sang puisse s'écouler. Lorsque la plaie est vidée de son sang, on applique une drogue (plante) sur la plaie. Le traitement des maladies de la peau se fait par l'application de pommades. Pour ce faire, on applique de la bouillie de plantes sur le corps. L'idée de base est de priver le corps de substances pathogènes. Pour traiter les maladies mentales, des mesures psychothérapeutiques ont été prises et des effets psychologiques ont été utilisés. Les procédés rituels à effets psychologiques ont une double signification ; d'une part, ils doivent effrayer, troubler, étonner et émerveiller le patient, de sorte qu'il soit d'autant plus convaincu de l'efficacité de l'action rituelle ; d'autre part, ils doivent effrayer la maladie elle-même, de sorte qu'elle s'échappe du corps du patient.[109] L'expert en rituels obtient des effets psychologiques pratiquement avec chaque acte d'analogie qui présente l'événement magique au patient dans une perception sensorielle. La médecine iatro-magique et magico-thérapeutique a également été pratiquée. Conformément à l'idée que les agents pathogènes présentés comme des substances ont pénétré dans le patient de l'extérieur, comme des corps étrangers, on essaie de les éliminer du corps par des massages, des cures de sudation, des frictions ou des crachats.[110] On procède souvent en chassant les parasites de l'intérieur vers l'extérieur, c'est-à-dire des os à travers la chair, ou de haut en bas, c'est-à-dire de la tête jusqu'aux pieds et aux ongles des pieds. L'Orient ancien connais-

---

[108] Cf. idem.
[109] Cf. idem, 67.
[110] Cf. idem, 69.

sait également des procédés de guérison magico-thérapeutiques. Pour sortir des généralités, analysons maintenant les pratiques de guérison de l'Égypte et de la Mésopotamie.

3.2.3.1. Pratiques de guérison dans l'Égypte antique

En raison de la diversité de ses remèdes, la médecine égyptienne jouissait d'une grande réputation dans le monde antique. Le terme grec *« pharmakon »,* serait dérivé de l'ancien égyptien *« Pheret-maki »,* une allusion à Thot[111] , le dieu de l'art de la guérison, qui a soigné l'œil blessé d'Horus.[112] La pharmacopée égyptienne utilisait des substances d'origine minérale, végétale et animale. Un onguent à base de poudre d'albâtre permettait d'obtenir une peau impeccable (Papyrus Ebers n° 715, Hearst n° 154), l'ocre jaune (argile riche en oxyde de fer hydraté) traitait le trachome et la chute des cheveux, la galène (sulfure de plomb), la chrysocolle (sulfate de cuivre hydraté) et le granit soignaient les yeux, le bicarbonate de soude était utilisé comme émollient et le carbonate de calcium contre les acides digestifs.[113] Parmi les autres substances minérales figurant dans leur pharmacopée, on trouve le sel de mer, la brique, l'argile, la poudre de meule, la boue du Nil, le sable du désert pour traiter une morsure de serpent (voir papyrus Brooklyn n° 44 a), la suie, etc. Les plantes jouaient un rôle important dans la pharmacopée égyptienne. Le *sounou*[114] utilisait une grande variété de plantes pour traiter les maladies. Certaines de ces plantes avaient des propriétés curatives indéniables. Comme laxatifs, les fruits de l'érable sycomore (*Ficus Aegyptiae*), la coloquinte, les figues, le ricin et l'aloès étaient certainement efficaces.[115] La levure de bière aidait à soulager certaines maladies intestinales. Les autres plantes utilisées étaient l'acacia, l'ail et l'oignon, le blé et l'orge, les haricots, les dattes, le chou, le céleri, la coriandre, le concombre, le fenouil, les figues, la laitue, le poireau, les petits pois, les pignons, les radis, le raisin, le melon et la pastèque, le séné, le thym, etc. Toute cette diversité montre l'importance des plantes dans la médecine égyptienne.

Comme nous l'avons déjà mentionné, des matières animales ont également été utilisées. Le miel est l'un des produits les plus souvent mentionnés. On lui attribuait des vertus apaisantes, cicatrisantes, antibactériennes et antifongiques. Les Égyptiens utilisaient également le lait de

---

[111] Dans la mythologie égyptienne, Toht est considéré comme le dieu de la lune et le fondateur de la médecine, de la science et de la sagesse (cf. Michallek, Gefäßmedizin in der ägyptischen Antike, 667).

[112] Cf. Ziskind, Médecin dans l'Egypte ancienne, 112-4.

[113] Cf. idem.

[114] Dans la langue égyptienne, le terme « souno » désigne le « médecin ».

[115] Cf. Ziskind, Médecin dans l'Egypte ancienne, 112-4.

vache ou d'ânesse et la graisse de différents animaux pour traiter certaines maladies. La viande fraîche était utilisée pour guérir les blessures.

Les papyrus médicaux[116] révèlent que les Égyptiens utilisaient surtout des remèdes oraux sous forme de potions, d'infusions, de décoctions, de macérations, mais aussi de pilules, de pastilles, de boulettes, etc. Sur la peau, ils appliquaient des compresses, des onguents, des pommades et des emplâtres. Aux maladies respiratoires, ils opposaient des fumigations et des inhalations, avec des instructions détaillées pour le patient : « *Tu iras chercher 7 pierres que tu feras chauffer au feu ; tu apporteras l'une d'elles et tu mettras dessus une portion de ce médicament ; tu le recouvriras d'un pot neuf dont le fond a été percé ; tu y introduiras la tige creuse d'un roseau ; tu placeras ta bouche à l'orifice de cette tige ; de sorte que tu inhales les vapeurs qui s'en exhalent. Et ainsi avec les 6 autres pierres* » (Papyrus Ebers n° 325).[117] Pour l'hygiène buccale, des gargarismes et des bains de bouche étaient disponibles ; pour les yeux, il y avait des gouttes oculaires et des pommades ophtalmiques. Des dentifrices soulageaient les douleurs causées par les caries. Outre les médicaments d'origine minérale, végétale et animale, on croyait également en Égypte à des guérisons effectuées par les dieux par l'intermédiaire d'Imhotep. Les preuves disponibles ne concernent toutefois que les domaines des visions, des révélations en rêve, des incubations et des oracles. Dans l'ensemble, il s'agit plutôt de phénomènes psychiques, suggestifs et transcendants, dans lesquels Imhotep sert d'intermédiaire entre ceux qui cherchent de l'aide et les dieux, en particulier son père mythique Ptah, créateur du savoir.[118] Les actes médicaux typiques pratiqués par Imhotep ne sont toutefois pas rapportés. On trouve une exception dans le papyrus Carlsberg 85, qui rapporte qu'Imhotep accompagna son pharaon Djoser lors d'une expédition en Asie et que Djoser fut délivré d'une maladie oculaire par Imhotep.[119] En l'absence de preuves, les capacités médicales réelles d'Imhotep doivent donc être évaluées avec réserve.

---

[116] Notamment Papyrus Ebers n° 325, Papyrus Ebers n° 715 et Hearst n° 154.

[117] « Tu iras chercher sept pierres et tu les chaufferas au feu ; tu apporteras l'une d'elles et tu y déposeras une portion de ce remède ; tu la recouvriras d'un pot neuf dont le fond sera percé ; tu y introduiras la tige creuse d'un roseau ; tu porteras ta bouche à l'ouverture de cette tige, de façon à respirer les vapeurs qui en sortiront. Et ainsi avec les six autres pierres » (cf. Ziskind, Médecin dans l'Egypte ancienne, 112-4).

[118] Cf. Michallek, Gefäßmedizin in der ägyptischen Antike, 672.

[119] Cf. idem.

3.2.3.2. Pratiques de guérison en Mésopotamie antique

Comme ailleurs dans l'Orient ancien, toute la culture mésopotamienne était basée sur la religion. Tout savoir était considéré comme une révélation de la divinité. Même la médecine était considérée comme une révélation des dieux.[120] Le corps médical était issu de la classe sacerdotale et faisait partie des fonctionnaires des palais et des temples : exorcistes, devins, astrologues et ornithologues, qui prêtaient serment le 16ème jour du mois de Nissan, c'est-à-dire à l'équinoxe de printemps.[121] La particularité de la Mésopotamie était ses pratiques de guérison basées sur des connaissances astrologiques. Un compendium médical, retrouvé à Ninive, explique de manière très détaillée l'organisation de la profession.

Comme c'était généralement le cas dans l'Orient ancien, les pratiques de guérison des maladies et les traitements miraculeux étaient étroitement liés à l'exécution de rituels magiques. Le diagnostic et la thérapie s'associaient à des représentations magico-religieuses et trouvaient leur expression dans les textes d'incantation correspondants.[122] Les premiers témoignages écrits montrent également des études systématiques dans le domaine de la fabrication de remèdes et de leur utilisation. Les instructions pharmacothérapeutiques d'Ebla, dans le nord de la Syrie (environ 24ème siècle avant JC), et de l'époque de la troisième dynastie d'Ur (21ème siècle avant JC) montrent une approche rationnelle et objective des savants dans la guérison des malades, sans rituels magiques d'accompagnement.[123] Ces textes, peu nombreux il est vrai, ainsi que des compilations de Materia Medica, montrent clairement que les études naturalistes et pharmacologiques menées en Mésopotamie au 3ème siècle avant JC ont dû aboutir à un savoir médical considérable et à des applications correspondantes. La *materia medica* se compose en grande partie de substances végétales, de substances minérales et, dans une moindre mesure, de substances animales. De nombreuses substances répugnantes telles que les « excréments de bateau », la « viande de mangouste séchée » ou encore les « os humains » broyés pouvaient

---

[120] Cf. Flügel, Spätantike Arztinschriften, 15.

[121] Cf. Ducable, L'art de guérir en Mésopotamie ancien, 23.

[122] Le traitement de la plupart des maladies était soutenu par la récitation d'incantations. Les sorts de guérison, les prières ou les incantations d'exorcisme étaient récités soit pendant la préparation, soit pendant l'administration du médicament. Tout était placé sous le signe de la magie, qui constituait une science. La magie et son compagnon permanent, l'astrologie, se basaient sur des lois valables dans tout l'univers, tout comme notre physique (cf. Grimm-Statelman, Isabel, Untersuchungen zur Iatromagie in der byzantinischen Zeit. Zur Tradierung gräkoägyptischer und spätantiker iatromagischer Motive, Berlin/Boston 2020).

[123] Cf. Böck, Texte aus der Umwelt des Alten Testaments, 3.

donner un médicament.[124] Les plantes médicinales étaient traitées à l'état frais ou séché - sous forme de poudre ou d'extrait - et administrées à l'aide de différents excipients. Parmi les formes d'administration, on distingue les gouttes, les boissons, les jus fraîchement pressés, les aliments, l'inhalation, l'insufflation, le bain, la pommade, les pansements, les compresses, les lavements, les suppositoires et les tampons.

L'ensemble des prescriptions médicales et le manuel *uru.an.na* fournissent une multitude d'indications thérapeutiques pour la plante *bu'šānu*. Elle a été utilisée pour traiter le syndrome fébrile, la vision floue et le sang dans les yeux, la toux *gaḫḫu*, les douleurs abdominales, les maladies affectant le foie, la jaunisse *amurriqānu*, la fièvre (*ṣēta ḫamiṭ*), l'accouchement et la maladie *ašû*.[125] La plante était considérée comme une panacée qui pouvait être utilisée contre pratiquement toutes les maladies. Cette caractérisation est également en corrélation avec les surnoms de la déesse guérisseuse, qui, en tant que grand médecin, pouvait soigner n'importe quelle maladie.

Parmi les textes médicaux mésopotamiens, on trouve de nombreux traités décrivant le traitement des maladies des yeux et des oreilles[126], des maux de dents, de la lèpre, de l'épilepsie, de la jaunisse, des maladies de peau et de la fièvre, de l'hydropisie, de la toux, des maladies féminines et de l'impuissance. Pour soigner différentes maladies, les recettes connues mentionnent des médicaments à administrer par voie interne et externe.[127] Les remèdes externes comprennent les pansements et les bandages appliqués sur des pommades. Ces onguents étaient fabriqués à partir de graisses (suif, beurre, huile) auxquelles on ajoutait des médicaments broyés.

Les thérapies médico-pharmacologiques des médecins étaient presque toujours intégrées dans un événement rituel plus large, que les Babyloniens et les Assyriens considéraient comme une partie indispensable et égale du traitement curatif. Par exemple, après l'administration d'un médicament, la guérison d'un patient était souvent anticipée par la destruction d'un personnage qui incarnait le démon de la maladie qui l'affligeait. En outre, des amulettes et des incantations

---

[124] Cf. idem.
[125] Cf. Böck, The Healing Goddess Gula, 167.
[126] Dans la planche K 3125 (au British Museum de Londres), on peut lire ce qui suit : « (38'-39') Quand les oreilles d'un homme bourdonnent, tu enveloppes [... S] amen, l'herbe *arandu* (et) la plante *kukru* dans une toison, tu la jettes dans l'eau (et) tu la chauffes jusqu'à ce qu'elle bouille, tu la verses dans ses oreilles, puis tu mélanges de la résine de cèdre avec du jus de grenade et tu la verses dans ses oreilles et il sera guéri ... » (Nils P. Heeßel, dans : Böck, Texte aus der Umwelt des Alten Testaments, 53) ; pour beaucoup de détails il faut voir : Stol, Marten : Old Babylonian Ophthalmology. Dans : Lebeau, Marc und Talon, Philippe (Éd.) : Reflets des deux fleuves. Festschrift für Andre Finet. Leuven 1989 (Akkadica Supplementum.VI), p. 163-166.
[127] Cf. S. M. Maul, Heilkunst des alten Orients, dans : A. Karenberg, C. Leitz (Éd.), 14.

étaient utilisées pour éloigner les mauvaises influences de la personne malade pour l'avenir. Grâce à des rituels de contact, l'invocateur pouvait transmettre une maladie de l'homme à un animal tué ou laissé dans la steppe.[128] Dans le rituel de guérison, l'invocateur était capable d'expulser un démon du corps de la personne tourmentée, que ce soit en l'effrayant ou en lui donnant simplement un ordre. L'impact psychologique de ces pratiques ne doit donc en aucun cas être sous-estimé.

3.2.3.2.1. Procédures de traitement et diagnostic

Lorsqu'une personne tombait malade, le médecin devait avant tout étudier l'atmosphère surnaturelle dans laquelle se déroulait la maladie, afin de déterminer s'il s'agissait de la vengeance des dieux, de l'action de démons qui, comme *Ekimu* ou *Dibarra*, propageaient des épidémies, ou de la malédiction d'une sorcière « qu'il fallait attacher avec des cordes, enfermer dans une cage, emprisonner dans un filet… ».[129] Lors de l'examen, l'exorciste était souvent le partenaire du médecin et se substituait probablement à lui, sauf lorsqu'il s'agissait de traiter une personnalité de haut rang. L'examinateur arrivait avec un sac en cuir contenant ses instruments de bronze ou d'argent, et était assisté de l'exorciste qui écrivait. Les mauvais pronostics étaient un cochon noir qui croisait le chemin ou une nuée d'oiseaux qui traversait le ciel par la gauche.

Dans sa quête de « l'atmosphère de la maladie », l'*azu*[130] interrogeait le lit ou la chaise et tentait de trouver une quelconque analogie avec les faits ancestraux codifiés par les scribes. En complément, le malade devait lui-même chercher dans son comportement quelque chose qui aurait déplu aux dieux et, s'il ne trouvait pas de réponse plausible, il répétait sans cesse les mots : « Le péché que j'ai commis, je ne le connais pas ». Parfois, l'erreur était évidente : « il avait agi avec la femme de son voisin », cela avait un rapport avec son mauvais caractère ou « il avait dit non au lieu de dire oui ». Mais se souvenait-il encore du jour « où il avait traversé de l'eau sale ou regardé une fille dont les mains n'étaient pas lavées » ?[131] Car il n'en fallait pas plus

---

[128] Des idées comparables, entièrement issues de la tradition orientale ancienne, se trouvent également dans l'Ancien Testament (cf. le grand jour des expiations : Lv 16,8-26) et dans les Évangiles, par exemple en Lc 8,26ss, où Jésus chasse une multitude d'esprits mauvais du corps d'un homme possédé dans un troupeau de porcs, qui se précipitent ensuite dans le lac de Galilée.

[129] Cf. Ducable, Gerard, L'art de guérir en Mésopotamie ancien, p. 24, dans : KERNEIS, J.-P. (Éd.), Histoire des Sciences médicales, Tome XVI, No 1, Paris 1982.

[130] L'*azu* signifie médecin.

[131] Cf. Ducable, L'art de guérir en Mésopotamie ancien, 24.

56

pour offenser sérieusement le dieu Mardouk. L'interrogatoire était implacable ; même les rêves étaient analysés avec toute la subtilité orientale (oniromancie).

Le médecin pouvait également procéder à certains examens, comme la prise du pouls, la température, la coloration de la peau et, en outre, l'état général du patient. Cela lui permettait de détecter certaines maladies. Si le corps de l'homme est jaune, son visage l'est aussi ; c'est la « maladie jaune », c'est-à-dire un trouble de la bile.[132] En décrivant le *bushanu*, une maladie putride qui provoque le gonflement des gencives et la perte des dents, les tablettes d'argile nous fournissent la première description du scorbut. Bien avant Hippocrate, les Babyloniens se sont penchés sur le tableau impressionnant de l'épilepsie et ont décrit l' « *aura* » (phénomène hallucinatoire) précédant la crise, les sensations étranges *(Zuqqutu)* qui assaillent le malade qui s'effondre et pousse des « *Uaai* », le premier cri daté de l'histoire de la médecine.

La pratique chirurgicale était également très développée, comme en témoigne la lettre d'un certain Arad-Nanaï au roi : « *En ce qui concerne le patient qui saigne du nez, le Badmugi (le chambellan) m'a dit qu'une hémorragie avait eu lieu hier soir (le pansement du malade constitue, il faut le dire, une faute chirurgicale, étant en effet ajusté sur les narines, de sorte qu'il arrête la respiration sans empêcher l'hémorragie par l'arrière-bouche). Fais donc tamponner le nez, l'air ne pourra plus y pénétrer et l'hémorragie cessera* ».[133]

Les Babyloniens étaient très attirés par les spéculations sur les chiffres[134] et ont conçu une arithmétique de la fièvre : si quelqu'un a été malade pendant six jours et qu'il se sent mieux le septième jour, l'évolution est favorable. (Même les descriptions antiques de la fièvre continueront à utiliser de tels termes, ainsi que l'idée des jours critiques). Ainsi, après avoir résumé tous les signes, l'*azu* pouvait dire : « A la source de cela, le péché n'est pas coupable », sinon il fallait recourir à des procédés divinatoires, à commencer par l'hépatoscopie.[135] Comme le foie était considéré comme le siège de la vie, on pensait que les constatations anatomiques du foie d'un animal sacrifié pouvaient en dire long sur l'état du malade (principe d'analogie). Ainsi, on

---

[132] Cf. idem.

[133] « En ce qui concerne le patient qui saigne du nez, le *badmugi* (chambellan) m'a dit qu'il y avait eu un saignement hier soir (le bandage du malade représente un pansement, il est serré contre les narines, de sorte qu'il arrête la respiration sans empêcher le saignement de la bouche). Fais donc tamponner le nez, l'air ne pourra plus y pénétrer et le saignement s'arrêtera » (cf. Ducable, L'art de guérir en Mésopotamie ancien, 25).

[134] L'interprétation médicale du nombre s'exprime par la distinction entre les jours favorables et défavorables à la réalisation d'interventions thérapeutiques, les jours qui peuvent être divisés en sept semblant être favorables (cf. Berghoff, E., Religion und Heilkunde im Wandel der Zeiten, Wien 1937, 11).

[135] Cf. Ducable, L'art de guérir en Mésopotamie ancien, 25-26.

considérait que « si la vésicule biliaire est pleine de bile, c'est un signe favorable. Si la vésicule biliaire est comme un sac vide et qu'on observe à côté sept profonds sillons dans le foie, c'est un très mauvais présage ».[136] Après avoir nommé la maladie, l'*azu* pensait l'avoir pratiquement vaincue. Les rites complémentaires de l'exorciste et les éléments thérapeutiques issus de l'expérience pratique devraient facilement permettre d'obtenir un succès.

La mission du médecin était de conjurer le mauvais sort, et son art consistait avant tout à bien le connaître. Avec une grande minutie et un zèle sans fin, les Babyloniens se consacraient avant tout au décryptage des signes que le dieu Mardouk inscrivait pour chaque individu sur les tablettes du destin. Ils imaginaient en effet un riche réseau de correspondances entre le ciel et la terre. Cela explique la relation que l'astrologie a tenté d'établir entre le mouvement des astres et les activités humaines.[137] La maladie, étape malheureuse dans le cours de la vie individuelle, ne pouvait donc pas échapper à cette spéculation astrologique et représentait une rupture de l'harmonie cosmique dont il fallait soigneusement rechercher l'origine (péché, malédiction…).

3.2.3.2.2. Approche thérapeutique

Le malade étant avant tout un pécheur, il fallait le réconcilier avec la divinité à l'aide de rites religieux ou chasser les démons qui s'étaient emparés de lui. Les offrandes et les incantations[138] faisaient partie du traitement, qui n'était d'ailleurs pas envisageable sans une observation précise des astres. L'exorciste était donc une aide précieuse pour le médecin. Ainsi, l'*azu* a dit au roi à propos d'un haut dignitaire : « Son cas est sérieux…. J'ai prévenu les exorcistes. Ils ont accompli leurs rituels ».[139] Pour dissuader les démons, l'exorciste revêtait d'étranges costumes ou proposait au pauvre malade de porter en guise d'amulettes des plaquettes de bronze finement ciselées sur lesquelles étaient entassés des démons ailés, des objets rituels et des génies protecteurs censés renvoyer les « maladies démoniaques » dans leurs demeures infernales. A l'origine, le nom de la maladie ne désignait rien d'autre que le démon de la maladie. Les hymnes de guérison utilisés à chaque fois contenaient des prescriptions consignées sur papyrus.

---

[136] Cf. idem, 26.

[137] Cf. idem, 24.

[138] Certaines incantations témoignent d'un lyrisme cérémoniel : « Le mal de tête qui est dans le corps de l'homme doit être enlevé comme une éponge. Qu'il soit exorcisé au nom du ciel ! Au nom de la terre, qu'il soit exorcisé » (cf. Ducable, L'art de guérir en Mésopotamie ancien, 26).

[139] Cf. Ducable, L'art de guérir en Mésopotamie ancien, 26.

Grâce à une longue expérience de trois millénaires, la pharmacopée assyro-babylonienne était extrêmement riche. Le chanvre, l'opium et l'ivoire servaient de narcotiques. La belladone était déjà utilisée contre les maux d'estomac. Pour être pleinement efficaces, les plantes étaient cueillies la nuit, avec la seule lumière de Sin (le dieu de la lune), et devaient pourrir avant d'être utilisées, ce qui devait conduire à la dissolution des démons.[140] Certains remèdes, comme la graisse de vipère, la chair de lézard et la peau de caméléon, ne pouvaient être utilisés que comme adjuvants à la magie en raison de leur caractère curieux. En Babylonie, on connaissait d'autres méthodes de guérison qui ne sont pas mentionnées ici. Il s'agit par exemple de massages abdominaux et de prescriptions diététiques comme le vin de palme ou la bière d'orge fermentée, censée donner une apparence gracieuse même à un visage informe. En résumé, la médecine babylonienne était basée sur la connaissance des plantes médicinales et sur des rites magico-religieux.

3.3. Pratiques de guérison dans la Grèce antique et l'Empire romain

Dans l'Antiquité grecque et romaine, toutes les pratiques de guérison dites archaïques faisaient appel à la magie, à la prière et à la divination. La maladie était considérée comme une punition surnaturelle imposée à l'individu par une puissance démoniaque ou divine, c'est-à-dire étrangère : Seuls les sorciers, les prêtres et les devins pouvaient intervenir utilement dans un tel conflit. En bref, le pouvoir de guérison était un trait caractéristique des personnalités qui possédaient le don extraordinaire d'entrer en contact avec des puissances surnaturelles. Dans ce contexte, Asclépios était considéré comme le lien entre la médecine divine et la médecine humaine. Dans le monde grec comme à Rome, il n'y avait pas de séparation entre la médecine et les services des dieux. Puisque la nature est divine, tout est par conséquent divin. Il n'y a aucune raison de faire une distinction entre les maladies humaines et les maladies divines : Toutes sont les deux. Les réactions apparemment spontanées du corps doivent être comprises comme des manifestations de la sagesse divine.[141] Ce n'est que plus tard, à l'époque hellénistique, qu'un clivage entre médecine et religion s'est développé.

---

[140] Cf. idem, 27.
[141] Cf. Kee, Medicine, Miracle and Magic, 28.

3.3.1. Pratiques de guérison dans la Grèce antique

Les premières informations sur la médecine des Grecs se trouvent dans les épopées d'Homère (8ème siècle av. JC).[142] À cette époque, le traitement des maladies s'inscrivait encore pleinement dans la tradition de l'art de la guérison empirique des peuples de l'Orient ancien.[143] Le savoir médical se transmettait de père en fils. Sans passer sous silence les connaissances médicales acquises par l'expérience, il existait également une médecine des temples répandue dans toute la Grèce[144]: Les lieux d'oracle et les sanctuaires, surtout à l'époque d'Asclépios, étaient des lieux de pèlerinage pour les malades en quête de guérison. Le séjour des patients dans le temple était régi par des règles d'hygiène et de culte strictes.[145] L'indication d'un traitement résultait de la période d'incubation (sommeil du temple). Les prescriptions consistaient principalement en des mesures physiques et diététiques légères. Le prix de la guérison accordée par Dieu était soit de l'argent, soit des ex-voto en or, argent, pierre ou plâtre. Outre la médecine des temples, des pratiques magiques superstitieuses étaient vivantes dans les classes inférieures pendant toute l'Antiquité : Chasseurs de démons, utilisation de formules magiques, d'amulettes et de remèdes issus de ce que l'on appelle la pharmacie sale (par exemple, excréments humains et animaux). Parmi les remèdes, on comptait une partie des rites qui précédaient l'incubation des sanctuaires d'Asclépios : Jeûnes, purifications, bains, frictions ... dont la pratique était considérée comme courante. La priorité accordée au pouvoir d'autosuggestion

---

[142] Cf. https://www.bibelwissenschaft.de/wibilex/das-bibellexikon/lexikon/sachwort/anzeigen/details/krankheit-und-heilung-alter-orient/ch/9b19d5780230733249d70b75c29cb5ca/ (disponible le 20.08.2020).

[143] L'art médical grec s'appuyait en partie sur l'ancienne tradition orientale, qui s'était déplacée vers l'ouest à partir des cultures de Mésopotamie et du delta du Nil, plus anciennes de plusieurs milliers d'années. Mais ce n'est que grâce à l'esprit grec et surtout à l'activité ionienne que le savoir basé sur l'expérience est devenu une médecine scientifique avec un système clair. Les Grecs ont développé et élevé le simple savoir de ces peuples au rang de science, qu'ils avaient créée en premier lieu (cf. Bolech, Die Krankenheilungen in den Evangelien, 21).

[144] Cf. Berghoff, Religion, 20ss.

[145] Les malades devaient se soumettre à une purification approfondie, jeûner pendant un certain temps, ne pas boire de vin ni consommer certains aliments et ne pouvaient entrer dans le temple qu'après avoir été suffisamment préparés par des ablutions, des lavements et des fumigations. Cette cure préalable, en partie diététique et en partie suggestive, était suivie de prières, de sacrifices et de chants pieux. Il existe en outre des récits impressionnants de prêtres qui expliquaient aux malades les inscriptions dans les salles du temple et qui savaient susciter les meilleurs espoirs en évoquant les nombreux miracles. Ainsi préparés, les pèlerins passaient une ou plusieurs nuits à Hieron, au pied de la statue d'Asclépios. C'est là que les malades attendaient les rêves bénéfiques inspirés par Dieu, dans lesquels ils recevaient l'aide divine ou la révélation de remèdes miraculeux pendant leur sommeil au temple. Le succès était toujours considéré comme un nouveau miracle de Dieu, l'échec étant attribué par les prêtres à l'une ou l'autre erreur des malades (cf. Berghoff, Religion, 22).

du malade lui-même n'a pas empêché de reconnaître une action plus directe des prêtres-mé-
decins : Pendant que les malades dormaient ou faisaient semblant de dormir, les prêtres leur
appliquaient la pommade sur différentes parties du corps et leur pratiquaient même des interventions chirurgicales. Considérons les rapports entre médecine et religion.

Aux 7ème et 6ème siècles avant JC s'est développée une profession médicale libérale dont les
représentants, les membres des familles de médecins dont l'arbre généalogique remonte à Asclépios (Asclépiade), appliquaient exclusivement des méthodes rationnelles de guérison, basées
sur l'empirisme. Influencés par la philosophie, ils ont créé la première pratique médicale scientifique et, en même temps, les bases de la médecine moderne. Inspirés par les philosophes
ioniens de la nature, les médecins se sont intéressés aux causes et à la nature des maladies, à la
pathologie et à la structure du corps humain. Ces efforts ont trouvé leur expression la plus
visible dans les écrits d'Hippocrate.

3.3.2. Médecine et religion dans la Grèce antique

De nombreux Grecs font dépendre la guérison de pratiques magiques ou religieuses, comme
nous l'avons déjà mentionné plus haut. Le véritable succès de la guérison est attribué à l'influence
divine. Berghoff souligne le fait qu'à l'origine, la capacité de rendre les gens sains ou malades
n'était pas seulement attribuée à Asclépios, mais à toutes les divinités en général.[146] D'une
manière générale, les cultes thérapeutiques se caractérisent par le fait qu'ils sont implantés en
dehors des villes : Ils se sont développés tardivement et se sont installés à la périphérie des villes.
Ainsi, Asclépios[147] est d'abord vénéré à Trikka en Thessalie, puis dans la campagne près
d'Epidaure. À Corinthe, comme à Athènes, Délos ou Kos, le dieu s'installe à l'écart de la ville.
La visite du sanctuaire nécessite donc une excursion. Autre caractéristique : les sanctuaires sont
souvent reliés à une source ou à une rivière dont l'eau a des vertus bienfaisantes.

---

[146] Cf. Berghoff, Religion, 21.

[147] Asclépios est à la fois le créateur d'un clan héréditaire de médecins, connu sous le nom d'Asclépiades, et le dieu
qui aide les malades lorsqu'ils visitent ses sanctuaires et guérit leurs maladies. Il est ainsi devenu le dieu à la
fois des médecins et des patients. Dans certains centres du monde grec, il était honoré comme un guérisseur
divin, tandis qu'à Pergame et à Kos, il existait à la fois des écoles de médecine et des sanctuaires où les malades
attendaient ses visites divines (cf. Kee, Howard Clark, Medicine, Miracle and Magic in New Testament Times,
New York 1988, 28).

Le plus souvent, le dieu guérisseur agit par « incubation » : c'est le cas d'Asclépios à Epidaure ou Athènes ou d'Amphiaraos à Oropos et Thèbes. Le rituel commence pour le malade par un bain de purification, suivi d'un sacrifice relativement modeste, donc accessible à tous. Ensuite, le pèlerin s'endort sous le portique sacré, du moins à Oropos, Pergame et Épidaure. Chaque sexe a son propre portique. Les plus chanceux reçoivent une apparition du dieu pendant leur sommeil ; s'il touche la partie malade du corps, il la guérit. Le dieu peut aussi se contenter de dicter au patient une liste de médicaments que celui-ci s'empressera de se procurer à son réveil.[148] Les stèles trouvées à Epidaure[149], des sortes d'offrandes votives, montrent qu'Asclépios guérit toutes sortes de maladies : Il traite les ulcères et guérit la maladie de la pierre tout comme il rend la vue aux aveugles. Le traitement n'est pas gratuit : ainsi, le sanctuaire d'Oropos demande un ἐπαρχή (eparkhê) ou frais de consultation à chaque visiteur qui souhaite se faire soigner.[150] Certaines des ordonnances dictées par Dieu ont été conservées et permettent de mieux comprendre les guérisons attestées par les ex-voto. Il convient tout d'abord de souligner que le rituel associe habilement suggestion et mise en scène. Ensuite, le dieu ordonne généralement des remèdes simples (cataplasmes, tisanes) et donne des conseils d'hygiène de vie : nécessité de faire de l'exercice (sport et promenades), régulation de l'alimentation.

Enfin, la partie religieuse est généralement accompagnée d'une véritable cure thermale, comprenant des bains et des frictions. Certains instruments médicaux retrouvés témoignent de la pratique de la chirurgie. Les troubles psychiques étaient également guéris par des pratiques cathartiques. La cure consiste généralement en une danse rituelle sur une musique en mode phrygien.

3.3.2.1. Pratiques de guérison d'Asclépios

Il existe différentes formes de cultes de guérison associés à différents dieux guérisseurs. L'un de ces cultes est celui d'Asclépios. Lorsqu'une personne ou un membre de sa famille était malade ou avait un autre problème médical, il pouvait se rendre dans un sanctuaire d'Asclépios. Là, les prêtres et les autres personnes qui travaillaient dans et autour du temple aidaient et guidaient ces personnes pendant le temps qu'elles passaient dans le sanctuaire. Les gens espé-

---

[148] L'Iliade comme l'Odyssée répètent sans cesse l'idée que tout repose sur les dieux, que les plus grandes décisions et toutes les actions importantes sont prises par les dieux, sans lesquels même le héros ne peut façonner son destin (cf. Polesch, Die Krankenheilungen in den Evangelien, 23).

[149] Cf. Verheyden, J. (Éd.), Miracles and Imagery in Luke and John: Festschrift Ulrich Busse, Leuven [u.a.] 2008, 214.

[150] Cf. idem.

raient qu'Asclépios pourrait les aider ou les guérir. La méthode de guérison rituelle la plus courante était l'incubation (dormir dans un temple). Mais il pouvait également utiliser d'autres méthodes. Les lignes qui suivent traitent de ces méthodes.

a. Guérisons par les rêves

Les inscriptions de guérison, principalement conservées à l'Asclépieion d'Epidaure, rapportent des histoires sur l'interaction d'Asclépios avec ses suppliants dans des rêves ou des visions pendant le rituel d'incubation, c'est-à-dire la nuit que les patients passaient endormis dans le temple. Après avoir adressé une requête à Asclépios, les gens passaient une ou plusieurs nuits dans un bâtiment proche du temple (*enkoimeterion*) à attendre une réponse ou une guérison. On dit qu'Asclépios apparaissait à ses clients malades pendant la nuit et qu'il les guérissait et les restaurait par une action divine directe.[151] Certains récits montrent Asclépios sous forme humaine dans ses conversations avec ses suppliants (par ex. IG IV² 1, 121, II, IV) ou le représentent même riant et moqueur avant de les guérir (par ex. IG IV² 1, 121, VIII).[152] Dans la plupart des temples dédiés à Asclépios, les invités attendaient patiemment d'être appelés par les prêtres dans l'abaton du sommeil du temple ou « *enkoimisis* ». Ce nom signifiait lieu infranchissable - un espace qui ne devait pas être franchi, en un mot : « pur ». Pieds nus et vêtus de vêtements spéciaux, les suppliants purifiés se rendaient au crépuscule dans cette chambre sacrée, où les prêtres attribuaient à chacun d'entre eux une couchette, parfois des sofas de pierre appelés *Klinai* et recouverts de peaux de bête.[153] Après une dernière prière, les prêtres demandaient le silence, éteignaient les lampes à huile et s'en allaient. Les suppliants attendaient alors avec anxiété pendant des heures - parfois des jours - une épiphanie : un rêve ou une vision de guérison dans lesquels Asclépios ou ses animaux totems apparaissaient, les touchaient[154] et leur don-

---

[151] Cf. Kee, Medicine, Miracle and Magic, 68.

[152] Cf. Panagiotidou, O., (2016) Asclepius Myths and Healing Narratives: "Counter-Intuitive Concepts and Cultural Expectations", Open Library of Humanities 2(1), p.e6. dans : https://doi.org/10.16995/olh.34 (disponible le 06.12.2021).

[153] Cf. Risse, Asclepius at Epidaurus, 12.

[154] Les serpents léchèrent les paupières de Pluton et provoquèrent une guérison immédiate. À ce moment-là, le dieu et ses serpents sacrés avaient disparu dans les cours intérieures du sanctuaire. Un autre homme, qui était boiteux, fut soudainement guéri lorsqu'un garçon lui vola sa béquille, et il fut guéri au point de poursuivre le voleur (cf. IG IV2 1, 121, XVI, dans : Panagiotidou, O., (2016) Asclepius Myths and Healing Narratives : Counter-Intuitive Concepts and Cultural Expectations", Open Library of Humanities 2(1), p.e6. dans : https://doi.org/10.16995/olh.34 (disponible le 06.12.2021).

naient même des conseils face à face. Vêtu de sa robe et muni d'un bâton ou accompagné d'un serpent ou d'un chien, un Asclépios bienveillant faisait souvent des visites personnelles.[155] Comme ces deux animaux étaient des formes alternatives du dieu, les chiens et les serpents pouvaient assumer indépendamment des rôles importants de guérison. Les demandeurs ont souvent rapporté avoir été visités et touchés par les langues des serpents et des chiens, plutôt que de voir le dieu sous sa forme humaine. Plus tard, cependant, on s'attendait à ce que le dieu se comporte comme n'importe quel autre artisan guérisseur contemporain, sauf qu'il opérerait de manière plus décisive et plus compétente. Il commençait par poser des questions, puis donnait des conseils ou des avis et concluait par un pronostic rassurant. Comme toujours, toutes ces épiphanies ont été façonnées par les attentes et les perceptions du rêveur. Souvent, les réponses autoritaires pouvaient être thérapeutiques en elles-mêmes, en réduisant la peur et l'insécurité de l'incubateur. Le rêve devenait le vecteur central de la communication entre le royaume divin et le royaume humain. Certaines personnes rêvaient qu'elles étaient touchées physiquement ou même opérées. Il est rapporté que de nombreuses guérisons ont eu lieu immédiatement et de manière miraculeuse. Cependant, d'autres remèdes recommandés devaient être initiés ou poursuivis après avoir quitté le temple. Les miracles étaient toujours attendus, mais on ne sait pas si Asclépios réussissait toujours. Les rituels du temple soulignaient l'importance de la foi et des émotions pour la guérison. Le dieu exigeait une confiance inconditionnelle et punissait parfois les sceptiques avoués.[156] Les preuves disponibles, bien que fragmentaires, suggèrent que la guérison dans les temples présentait une grande similitude avec les routines domestiques et médicales prédominantes.[157] Boiteux, aveugles et sourds se confiaient avec reconnaissance et sans hésitation à ce dieu tout-puissant.

---

[155] Cf. Risse, Asclepius at Epidaurus, 13.

[156] On peut citer comme exemple l'ambroisie borgne d'Athènes. Elle est venue implorer le dieu. Alors qu'elle faisait le tour du sanctuaire, elle s'est moquée de certaines guérisons, les qualifiant d'incroyables et d'impossibles : des boiteux et des aveugles auraient retrouvé la santé parce qu'ils n'avaient fait qu'un rêve ! Après être passée par l'incubation, elle eut une vision : il lui sembla que le dieu se tenait là et lui disait qu'il allait lui rendre la santé, mais en guise de récompense, il exigea qu'elle place un cochon en argent dans le sanctuaire en souvenir de son ignorance. Après avoir dit cela, il lui coupa l'œil malade et y versa un remède. Quand le jour se leva, elle sortit en bonne santé (cf. Risse, Asclepius at Epidaurus, 14).

[157] Cf. Risse, Asclepius at Epidaurus, 15.

b. Excursus : signification des rêves

Les rêves occupaient une place centrale dans la vie du monde antique. Dans pratiquement toutes les sociétés préscientifiques étudiées par les anthropologues, les gens considéraient les rêves comme un moyen particulièrement important de recevoir des messages du monde du pouvoir et des esprits, des dieux et autres êtres puissants.[158] Ils étaient considérés comme une activité de l'âme et associés au monde infini des esprits. La divination ou l'interrogation des rêves est l'une des pratiques les plus anciennes de l'humanité. Comme d'autres cultures avant eux, les Grecs anciens attachaient une grande importance à la valeur des prophéties et des oracles. Traditionnellement, les Grecs cherchaient conseil et réconfort en dormant dans un lieu considéré comme sacré en raison de son lien avec les forces chthoniennes et les héros. Les messages reçus pendant le sommeil ou la somnolence étaient censés avoir une réelle valeur prédictive et étaient traités de la même manière que d'autres processus cognitifs lors de la prise de décision visant à façonner son propre avenir. D'Hippocrate à Galien, les médecins de l'Antiquité ont également accepté la légitimité des rêves pour leurs propres efforts de diagnostic et de pronostic.[159] Les rêves agissaient soit comme des remèdes eux-mêmes, soit comme des agents actifs pour ces remèdes. En outre, les énigmes ou les jeux de mots constituaient souvent une partie essentielle des rêves, qui devaient être interprétés avant qu'une guérison puisse avoir lieu.[160] Ainsi, de nombreux messages énigmatiques d'Asclépios nécessitaient souvent l'aide des prêtres du temple. Certains prêtres assistants ont apparemment développé les prescriptions divines et ont ajouté d'autres éléments au régime de guérison proposé. Artemidoros de Daldis, un proche contemporain de Galien, a déclaré : « Les prescriptions oniriques des dieux sont, dans l'ensemble, simples et sans énigmes. En

---

[158] Cf. Hughes, J. Donald, A History of Dream Interpretation in Western Civilization from the Earliest Times Through the Middle Ages, Article in Dreaming March 2000, dans : https://www.researchgate.net/publication/227247381_Dream_Interpretation_in_Ancient_Civilizations (disponible le 28.12.2022).

[159] Cf. Risse, Asclepius at Epidaurus, 12.

[160] Les rêves pouvaient être interprétés à l'aide de songes. Un prêtre ou une autre personne pouvait dormir et rêver au nom du rêveur, recevant un rêve qui aidait à expliquer le rêve original. Et dans une méthode répandue appelée incubation, le rêveur pouvait, après une préparation minutieuse, dormir dans un lieu sacré et attendre un rêve qui expliquerait le premier rêve ou clarifierait le problème général, qui comprenait généralement le besoin de guérison pour lequel le rêveur souhaitait être guidé ou aidé (cf. Hughes, J. Donald, A History of Dream Interpretation in Western Civilization from the Earliest Times Through the Middle Ages, Article in Dreaming March 2000, dans : https://www.researchgate.net/publication/227247381_Dream_Interpretation_in_Ancient_Civilizations (disponible le 28.12.2022)).

effet, chaque fois que les dieux prescrivent des pommades, des cataplasmes, des aliments ou des boissons, ils emploient les mêmes noms que nous avons coutume d'utiliser ».[161] Les prescriptions divines étaient toujours liées aux théories et pratiques médicales dominantes. La substance des rêves de guérison reflétait la sagesse curative ancienne, y compris les conseils alimentaires de routine, les interventions chirurgicales et l'administration de certains médicaments. Les mesures physiques telles que les bains et les saignées semblaient être courantes. En fait, de nombreuses guérisons enregistrées n'étaient que des pratiques populaires grecques traditionnelles, également utilisées par les médecins d'Hippocrate.

Au début du vingtième siècle, des psychanalystes comme Freud et Jung se sont intéressés au culte d'Asclépios dans le cadre de leur propre recherche des racines spirituelles de la guérison. Les deux hommes s'intéressaient aux rêves de leurs patients afin d'en tirer des interprétations et des conseils psychologiques. Ils utilisaient une série de rituels semblables aux cérémonies antiques : Le sanctuaire du temple devenait un bureau privé, la séance d'abaton se déroulait sur un divan, puis les rêves et les sentiments étaient disséqués.[162] Au cours des dernières décennies, les psychothérapeutes transpersonnels ont adopté une approche similaire, affirmant que les anciens avaient accès à un système qui pourrait être utilisé pour les problèmes psychologiques actuels. Depuis les années 1980, certains thérapeutes ont même entrepris des voyages sacrés dans les îles grecques afin de reproduire les voyages rapportés dans les sources antiques. C'est le cas de la Mystery School, dirigée par le psychothérapeute Jean Houston, qui propose depuis 1984 des rituels annuels d'incubation de rêves.[163] Suivant les règles de la phénoménologie, afin de recueillir des expériences de première main, les participants se plongent dans la culture et la religion de la Grèce antique, puis visitent les ruines d'anciens temples dédiés à Asclépios. Dans leur quête de guérison et de renouveau spirituels, ces pèlerins espèrent vivre une épiphanie de l'esprit. Selon ces psychothérapeutes, les rituels grecs anciens liés au culte d'Asclépios contiennent tous les éléments essentiels de la guérison : ils suivent des étapes élémentaires communes aux cérémonies religieuses de guérison antérieures, qui se concentrent sur les vi-

---

[161] Cf. Hughes, J. Donald, A History of Dream Interpretation in Western Civilization from the Earliest Times Through the Middle Ages, Article in Dreaming March 2000, dans : https://www.researchgate.net/publication/227247381_Dream_Interpretation_in_Ancient_Civilizations (disponible le 28.12.2022).

[162] Cf. Risse, Asclepius at Epidaurus, 16.

[163] Cf. idem, 17.

sions ou sur les rêves et les voyages des chamans.[164] L'incubation proprement dite est comme entrer dans un souterrain obscur, quitter le temps et l'espace ordinaires et entrer dans une autre dimension de visions et de rêves, un état de conscience modifiée. Les psychothérapeutes notent que la capacité d'Asclépios à agir en tant que guérisseur doté d'un pouvoir et d'une capacité divine inhabituels le distingue des autres dieux et de leurs guérisons miraculeuses. Au fil du temps, les rêves enregistrés, les explications des épiphanies d'Asclépios et l'éventail de ses conseils semblaient de plus en plus complètes et détaillées. De nombreuses inscriptions à Epidaure, datant du quatrième siècle avant J.C. semblaient être des annonces de miracles.

c. Imposition des mains

Selon certains récits, Asclépios guérissait avec sa main : « Asclépios descendit du ciel sur la terre et apparut sous une forme humaine simple près d'Epidaure ; il grandit et tendit maintenant sa main droite secourable partout au cours de ses pérégrinations. Il ne vient pas vers chacun d'entre nous, et pourtant il améliore les âmes pécheresses et guérit les maladies du corps ».[165] Il est également rapporté qu'il a guéri le comique attique Théopompe en lui tendant la main : « Le dieu s'est approché par la gauche du lit du malade couché à droite ; il est pieds nus, vêtu de la longue robe habituelle et a levé la main droite vers le malade ».[166] Cette apparition du dieu de la guérison n'est pas, comme c'est souvent le cas, un visage de rêve, mais c'est Asclépios en os et en chair qui se manifeste en marchant sur la terre. La signification spécifique de la main tendue s'est probablement élargie à celle d'une bénédiction générale, comme c'est souvent le cas pour une divinité dont le champ d'action était initialement limité.

C'est bien sûr chez Asclépios que l'importance de l'imposition des mains apparaît le plus souvent et le plus clairement. Les récits de miracles d'Epidaure, rédigés au quatrième siècle avant JC, mentionnent déjà le pouvoir miraculeux de la main guérisseuse d'Asclépios : *Une femme stérile entre dans le temple, s'incube, voit apparaître Asclépios, découvre son corps et le touche de la main. Ainsi guérie par lui, elle rentre chez elle et donne ensuite naissance à un fils à son mari.*[167] Dans ce récit de miracle, Asclépios agit d'une part de manière surnaturelle, en manipulant sa main guérisseuse ;

---

[164] Cf. idem.
[165] Cf. Weinreich, Antike Heilungswunder, 31.
[166] Ziehen, L., Athenische Mitteilungen XVII (1892), images, p. 234, figure 5 (cité par Weinreich, Antike Heilungs-wunder, 2).
[167] Cf. Weinreich, Antike Heilungswunder, 28.

d'autre part, de manière tout à fait naturelle, comme un médecin administrant une potion de guérison. Il faut également souligner qu'il s'agissait d'un mélange d'éléments de traitement thérapeutique, psychiatrique et chirurgical rationnel avec des éléments de la croyance aux miracles la plus développée. Là où un médecin mortel devrait pratiquer une opération, le dieu guérit par une simple manipulation de sa main miraculeuse.[168] Ainsi, un aveugle rêve qu'Asclépios lui apparaît et lui ouvre les yeux avec ses doigts pour qu'il retrouve la vue ; et le lendemain matin, l'homme s'en va, guéri.[169] Il est important de noter que dans la Grèce et la Rome antiques, la croyance en la main divine guérisseuse et miraculeuse était très répandue. Si, à cette époque, c'étaient sans doute surtout les gens du peuple qui y adhéraient, cela a rapidement changé au cours des premiers siècles de notre ère, et ce sont précisément les cercles des plus instruits qui se sont tournés vers Asclépios. Dans certains cas, on disait que le pouvoir thérapeutique se trouvait dans la main droite du guérisseur.[170] Si l'on se souvient de l'importance et de la diffusion de la croyance dans le pouvoir miraculeux du toucher de la main droite dans le monde grec et romain, on comprend pourquoi ce pouvoir était également attribué à Asclépios.

d. Quelques exemples de guérisons opérées par Asclépios à Epidaure

Les principaux miracles d'Asclépios sont consignés sur les quatre stèles découvertes à Epidaure en 1883 par l'archéologue grec Kavvadias, qui les a datées de 320 avant Jésus-Christ.[171]

---

[168] Les deux sont liés par un miracle de saint Eligius (Vita S. EligiiUbl, Migne Patrol. Lat. 87, p. 670 A ; cité par Deubner De incub. p. 59) qui, guérissant une femme aveugle et muette, enlève la cécité par sa seule main, mais la cause du mutisme par une opération : *Quaedam … femina muta et caeca ad sepulcrum Sancti Eligii fuit qnondam oblata ; quae … sopore tandem depressa somno sua concessit membra et ecce repente dum quiesceret visum est astitisse sanctum Eligium atque oculos eiusdem mulcendo tetigisne, cultellum etiam vel forcipem in specie medici manu gestam compedes linguae eius leniter abscidisse et ex hoc continuo expergefacta … sana facta … regressa est ad propriam villam.* La formation des légendes va un peu plus loin et associe les motifs des opérations en rêve (cf. chap. II) à ceux de la main qui guérit, de sorte que la main nue est utilisée comme un instrument chirurgical pour effectuer des actes similaires à des opérations ou des opérations réelles. C'est le cas par exemple dans les miracles de Cosmas et Damian 12 (p. 130, 55 fl. Deubner), 13 (p. 134, 43 et suiv.), 20 (p. 150, 50 et 65), 41 (p. 200, 25 et suiv.), 42 (p. 201, 30 et suiv.). Un vieux moine raconte qu'il souffrait depuis longtemps d'une maladie du foie et qu'un homme inconnu lui a ouvert le ventre avec sa main, comme s'il s'agissait d'une épée, a gratté le foie malade et l'a replacé dans le ventre. A partir de cette opération, il se serait senti tout à fait bien' (Lucius, Anfänge des Heiligenkults, p. 380 n. 1 des Vitae Patrum VI 3 no. 11 ßosweyd). Voir aussi le miracle du châtiment marial cité par Lucius, p. 462 (Weinreich, Otto, Antike Heilungswunder, 29).

[169] Cf. Weinreich, Antike Heilungswunder, 30.

[170] Cf. idem, 34.

[171] Cf. Verheyden, Miracles and imagery in Luke and John, 214.

Les lignes qui suivent présentent quelques miracles de guérison afin de donner un aperçu des guérisons d'Asclépios.172

1°. Guérison d'un homme aux doigts paralysés173: Il s′en vint, suppliant, vers le dieu. Voyant les tableaux votifs dans le temple, il n′eut pas foi dans les guérisons et se moqua des inscriptions. Ayant fait l′incubation, il vit une vision. Il lui sembla, alors qu′il jouait aux osselets dans le temple et s′apprêtait à jeter les osselets, que le dieu lui apparût, lui sauta sur la main, et lui étendit les doigts. Lorsque le dieu se fut retiré, il lui sembla qu′ayant plié la main, il en étendait chacun des doigts un à un. Après les avoir tous redressés, le dieu lui demanda s′il continuait à ne pas croire aux inscriptions des tableaux votifs du sanctuaire. Il répondit que non. 'Puisqu′auparavant tu as été incroyant, alors qu′elles étaient croyables, dit le dieu, ton nom sera dorénavant Απιστος174, incrédule'.

2°. Guérison d'un enfant muet175: Il s′en vint au sanctuaire à cause de sa voix. Comme il avait offert le sacrifice préalable et rempli les rituels usuels, l′esclave qui portait le feu du dieu lui commanda en fixant du regard le père de l′enfant, de promettre d′accomplir le sacrifice d′action de grâces endéans l′année, s′il obtenait ce pourquoi il était venu. L′enfant dit soudai-nement : ''Je promets''. Le père, stupéfait, lui ordonna de répéter ce qu′il avait dit. L′enfant le répéta et, dès ce moment, il retrouva la santé.

---

[172] C'est la traduction française de Verheyden et de son équipe qui est utilisée.

[173] Il alla supplier le dieu. Lorsqu'il vit les tablettes votives dans temple, il ne crut pas aux guérisons et se moqua des inscriptions. Après avoir procédé à l'incubation, il eut une vision. Alors qu'il jouait aux osselets dans le temple et qu'il était sur le point de lancer les osselets, le dieu lui apparut, lui sauta sur la main et lui tendit les doigts. Lorsque le dieu se retira, il lui sembla qu'il plia sa main et étendit chaque doigt séparément. Après les avoir tous redressés, le dieu lui demanda s'il ne croyait toujours pas aux inscriptions sur les tablettes votives du sanctuaire. Il répondit que ce n'était pas le cas. « Puisque tu étais auparavant incrédule alors qu'ils étaient croyants », dit le dieu, « ton nom sera désormais Απιστος, incrédule » (cf. Verheyden, Miracles and imagery in Luke and John, 216).

[174] La foi du patient semble ici être un élément essentiel de la guérison. Elle n'est cependant pas une condition préalable à la guérison comme dans le cas des miracles dans les évangiles, où la foi est proposée dans des tablettes votives avec guérison ou l'incrédulité sans guérison.

[175] Il est venu au sanctuaire à cause de sa voix. L'esclave qui portait le feu du dieu lui ordonna de regarder le père de l'enfant et de promettre d'accomplir le sacrifice de reconnaissance dans l'année s'il obtenait ce pour quoi il était venu. L'enfant dit soudain : « Je le promets ». Le père fut étonné et ordonna à l'enfant de répéter ce qu'il avait dit. L'enfant le répéta et, à partir de ce moment, il retrouva la santé (cf. Verheyden, Miracles and imagery in Luke and John, 216-217).

3°. Guérison d'Alcétas d'Halieis [176]: Celui-ci était aveuglé et vit un songe. Il lui sembla que le Dieu s'approchant de lui et lui ouvrit les yeux avec les doigts et il vit en premier lieu les arbres dans l'enceinte sacrée[177]. Le jour venu, il s'en alla en bonne santé.

4°. Sostrata de Pheres, enceinte avec des vers[178]: *Celle-ci, se trouvant en mauvais état, fut portée au temple et fit l'incubation. Mais comme elle ne voyait aucun songe clair, elle se fit reconduire à la maison. Sur ces entrefaites, il lui sembla voir un homme de belle apparence qui venait vers elle et ses compagnons, près de Kornoi. Cet homme, ayant appris leur infortune, leur ordonna de déposer la litière sur laquelle ils portaient Sostrata. Alors, il lui ouvrit le ventre et en retira une grande quantité de vers, deux pleins bassins. Après avoir recousu le ventre et guéri la femme, Asclépios lui manifesta sa présence et lui ordonna d'envoyer à Epidaure le prix de sa guérison. Celui-ci lui rendit la santé.*

e. Confrontation des traditions entre Asclépios et Jésus :

Bien que certaines pratiques soient communes aux traditions d'Asclépios et de Jésus, à savoir l'imposition des mains et le toucher, de nombreux autres éléments les distinguent.

1) À Épidaure, il s'agit de miracles accomplis pendant le sommeil, lors d'un rêve d'incubation dans le sanctuaire lui-même, dans le lieu le plus sacré. Jésus opère des guérisons en état de veille et en tant que guérisseur en plein air, sans lien particulier avec un lieu sacré.

2) Outre les interventions chirurgicales, Asclépios utilisait de nombreux autres moyens thé-rapeutiques, souvent complexes, en lien direct avec la médecine de l'époque. On ne trouve rien de tel chez Jésus. Il utilise parfois des éléments naturels comme l'imposition des mains

---

[176] Celui-ci était aveugle et vit un rêve. Il lui sembla que le dieu s'approchait de lui et lui ouvrait les yeux avec ses doigts, et la première chose qu'il vit fut les arbres de l'enceinte sacrée. Lorsque le jour fut venu, il s'en alla, sain et sauf (cf. Verheyden, Miracles and imagery in Luke and John, 218).

[177] Dans son rêve, Alcétas voit d'abord les arbres. Ce texte, malgré les différences évidentes, peut faire penser à la guérison en deux temps de l'aveugle de Betsaïda qui s'exclame : « Je vois que les hommes sont comme des arbres, et je les vois qui marchent » (cf. Mc 8,24).

[178] Celle-ci, se trouvant en mauvais état, fut amenée au temple et fit l'incubation. Mais comme elle ne voyait pas de rêve clair, elle se fit raccompagner chez elle. Entre-temps, il lui sembla voir un homme de belle prestance qui s'approchait d'elle et de ses compagnons près de Cornoï. Lorsque l'homme apprit son malheur, il leur ordonna de poser le palanquin sur lequel ils portaient Sostrata. Il lui ouvrit alors le ventre et en retira une grande quantité de vers, deux bassins pleins. Après avoir recousu le ventre de la femme et l'avoir guérie, Asclépios manifesta sa présence et lui ordonna d'envoyer le prix de sa guérison à Epidaure. Celui-ci lui rendit la santé (cf. Verheyden, Miracles and imagery in Luke and John, 220/voir aussi, Herzog, Wunderheilungen (n° 3), 18).

(Mc 5,23.41 ; 6,5 ; 7,32 ; 8,23.25), la salive (Mc 7,23 et 8,23) ou de la terre mélangée à de la salive (Jn 9,6).

3) À Épidaure, le dieu a parfois recours à la médiation de « serviteurs » (prêtres) chargés d'expliquer au patient son rêve nocturne, de l'aider dans ses interventions chirurgicales audacieuses et de lui prescrire le bon régime alimentaire à son réveil. Jésus agit seul, sans intermédiaire.

4) À Épidaure, les patients doivent payer certaines sommes d'argent. Le dieu punit très sévèrement celui qui ne paie pas le prix promis ou exigé. Jésus, en revanche, s'adresse à tous les hommes sans exception, mais surtout aux pauvres et aux marginaux.[179]

5) La foi exigée à Epidaure se concentre sur le pouvoir miraculeux du dieu. Asclépios punit sévèrement toute moquerie ou incrédulité quant à son pouvoir de guérison. Et s'il accepte finalement de guérir ce groupe de patients, c'est pour leur prouver que son pouvoir l'emporte toujours sur leur incrédulité. Jésus ne punit pas les non-croyants (par ex. Mc 9,17-27) et la foi qu'il demande est directement orientée vers sa personne (Mc 5,5-6 par.) et le Royaume de Dieu qui vient avec lui (Mt 12,28 par.).

3.3.2.2. *Apollonius de Tyane et ses miracles de guérison*

La vie d'Apollonios de Tyane[180] est remplie de miracles et de prodiges de toutes sortes que le sage Apollonios a accomplis au cours de sa vie. Parmi tous ces miracles, la résurrection d'une jeune fille morte retient notre attention.[181] Plusieurs commentateurs de l'évangile de Luc ont souligné le lien entre la résurrection d'une jeune fille à Rome (V. Ac. IV, 45) et le récit évangélique de la résurrection du fils de la veuve de Naïm (Lc 7, 11-17).[182] L'analogie structurelle des deux miracles est évidente, mais le contexte religieux est très différent. Citons le texte de Philostrate dans V. Apol. IV,45 dans la traduction française de Pierre Grima[l183]: *Une jeune fille passa pour morte au moment de son mariage, et le fiancé suivant le brancard, se lamentant de ces noces inachevées, et Rome entière gémissant avec lui, car il se trouvait que la jeune fille appartenait à une famille*

---

[179] Verheyden, Miracles and imagery in Luke and John, 223.

[180] Apollonios était un prédicateur itinérant du premier siècle de notre ère, doté de pouvoirs miraculeux exceptionnels (cf. Verheyden, Miracles and imagery in Luke and John, 224).

[181] Apollonios de Tyane accomplit une « résurrection des morts » en touchant simplement la jeune fille, qui était déjà sortie sur la civière, et en lui parlant à voix basse (cf. Weinreich, Antike Heilungswunder, 46).

[182] Cf. Verheyden, Miracles and imagery in Luke and John, 225.

[183] Grimal, Romans grecs et latins, 446-447.

consulaire. Apollonios, témoin de ce deuil, approche et dit : 'Posez le brancard, car je vais arrêter les larmes que vous versez sur cette jeune fille'. Et en même temps il demanda comment elle s'appelait. Les assistants pensèrent qu'il allait leur adresser un discours, comme ceux qui sont de tradition et qui provoquent les lamentations, mais il ne fit rien d'autre que de toucher la jeune fille et prononcer sur elle quelques paroles mystérieuses; et il éveilla la jeune fille de ce qui semblait la mort ; et la jeune fille prit la parole et revint dans la maison de son père, comme Alceste ressuscitée par Héraclès ... Découvrit-il en elle quelque étincelle de vie, qui avait échappée à ceux qui lui rendaient les derniers devoirs — on raconte en effet qu'il tombait une pluie fine et qu'une vapeur s'élevait de son visage — ralluma-t-il et restaura-t-il la vie qui était éteinte, il est impossible d'en décider, et cela demeure mystérieux, non seulement pour moi, mais cela le fut même pour les assistants.[184]

En commentant le récit de la résurrection du fils de la veuve de Naïm (Lc 7, 11-17), François Bovon a relevé quatre points communs avec le miracle d'Apollonios : « 1°. le miracle se produit dans la rue, en public ; 2°. c'est le dernier moment avant l'enterrement ; 3°. il s'y rencontre ; 4°. le miraculé prend lui-même l'initiative ; la guérison se fait par la parole et le toucher ».[185] Les paroles et les gestes de Jésus présentent également un parallèle évident avec le texte de Philostrate. Citons le texte de Lc 7,14-15 : *Il s'approcha et toucha le cercueil, mais les porteurs s'arrêtèrent, et il dit : « Jeune homme, je te le dis : lève-toi ! Et le mort s'assit, et il se mit à parler, et il le donna à sa mère ».* Il y a de part et d'autre le toucher de la civière, l'arrêt des porteurs, la mort considérée comme un sommeil, l'expression « réveille-toi », le miraculé qui parle, et le retour dans sa famille. Le rapprochement ne doit cependant pas être exagéré. Dans le cas de la jeune fille de Rome, Philostrate pense qu'il s'agit d'une mort apparente. Il se demande alors si la

---

[184] Une jeune fille était considérée comme morte lors de son mariage, et l'époux suivait la civière en se lamentant sur ce mariage inachevé, et tout Rome gémissait avec lui, car il s'avérait que la jeune fille appartenait à une famille consulaire. Apollonios, témoin de ce deuil, s'approche et dit : « Posez la civière, car je vais arrêter les larmes que vous versez sur cette jeune fille ». En même temps, il demande comment elle s'appelle. Les personnes présentes pensaient qu'il allait lui adresser un discours comme ceux qui sont traditionnellement prononcés et qui conduisent à des lamentations, mais il ne fit rien d'autre que de toucher la jeune fille et de prononcer quelques mots mystérieux à son sujet ; et il réveilla la jeune fille, prit la parole et retourna dans la maison de son père, comme Alceste ressuscitée par Héraclès ... Découvrit-il en elle une étincelle de vie qui avait échappé à ceux qui lui rendaient les derniers services - il est effectivement rapporté qu'une fine pluie tomba et que de la vapeur s'éleva de son visage -, ralluma-t-il la vie qui s'était éteinte et la rétablit-il, il est impossible de trancher et cela reste mystérieux non seulement pour moi, mais aussi pour les personnes présentes (cf. Verheyden, Miracles and imagery in Luke and John, 225).

[185] Bovon, F., *L'évangile selon saint Luc 1-9* (Commentaire du Nouveau Testament, 3a), Genève, Labor et Fides, 1991, p.351-352.

72

vapeur qui s'est échappée de la bouche de la morte était en réalité une étincelle de vie. Pour Jésus, la métaphore du sommeil qui évoque la mort n'est qu'une simple métaphore pour évoquer une mort bien réelle, mais qui peut être vaincue par sa parole toute-puissante.[186] Cette métaphore se retrouve également dans le récit de la résurrection de la fille de Jaïre, où les assistants se moquent de lui lorsqu'il dit : « Ne pleurez pas, car elle n'est pas morte, mais elle dort ! Et ils se moquaient de lui, sachant qu'elle était morte » (Lc 8,52-53).

Apollonius de Tyane, tout comme Jésus, s'inscrit dans la lignée des guérisseurs charismatiques qui ne sont pas liés à un lieu spécifique ou à un espace sacré (comme c'était le cas à Epidaure). Mais l'analogie s'arrête là. Apollonius est un sage et ses miracles apparaissent comme une démonstration 'scientifique' du pouvoir de la sagesse.[187] Jésus travaille dans un environnement ouvert et pour tous ceux qui sont touchés par diverses souffrances (cf. Mc 1,34).

3.3.3. Pratiques de guérison dans la Rome antique

Un système de guérison religieux, le culte d'Asclépios (un dieu grec de la guérison), apparu en Grèce, au moins au huitième siècle avant Jésus-Christ, s'était répandu à Rome, puis dans tout l'Empire romain, sous la forme du culte d'Esculape, au troisième siècle avant Jésus-Christ. C'est surtout après une peste qui a frappé Rome et ses environs en 292 que les oracles ont été consultés et qu'il a été conseillé de demander à Asclépios de quitter Epidaure pour Rome.[188] Alors que le conseil d'Épidaure hésite à approuver le transfert, le dieu apparaît et accepte d'accompagner la délégation à Rome. Les Romains pratiquaient également, comme les Grecs, différents rituels religieux pour obtenir la guérison, car ils croyaient en l'origine surnaturelle de nombreuses maladies. Lorsque le culte s'est répandu, les sanctuaires d'origine se sont transformés en grands complexes thermaux avec des auberges[189], des bains, des gymnases et des théâtres qui se sont développés autour des eaux curatives des sources thermales ou minérales.[190] La guérison se faisait par "incubation", c'est-à-dire que le malade dormait et rêvait que le dieu lui donnait des conseils sur

---

[186] Cf. Verheyden (Éd.), Miracles and imagery in Luke and John, 226.

[187] Cf. idem, 226.

[188] Cf. Kee, Medicine, Miracle and Magic, 34.

[189] Les compétences techniques des Romains ont donc permis d'assécher les marais et de fournir de l'eau propre à l'aide des fameux aqueducs.

[190] Cf. Eleanor, Betts, Medicine in ancient Greece and Rom, dans : https://www.open.edu/openlearn/bodymind/medicine-ancient-greece-and-rome (disponible le 30.08.2019).

la manière de guérir la maladie. Toutefois, des médecins faisaient également partie du personnel des sanctuaires de guérison. La prédilection des Romains pour le bain, qui pouvait prendre tout un après-midi et comprenait un massage et l'épilation des sourcils, tout comme le sauna et la natation, explique peut-être la popularité persistante des bains thermaux grecs.[191] Des fouilles dans des villes romaines et des forts militaires ont permis de découvrir des bains et des toilettes avec chasse d'eau. Un bon approvisionnement en eau était assuré par des aqueducs. Les premiers bâtiments destinés à accueillir les malades étaient les hôpitaux militaires romains[192], construits dans les forts de l'Empire. Conçus avec de petites pièces s'ouvrant sur un couloir autour d'une cour carrée ou rectangulaire, ces hôpitaux traitaient principalement les malades et moins les blessés sur le champ de bataille.

Les Romains utilisaient également divers remèdes, comme la panacée universelle de Caton, le chou, dont il décrit d'innombrables applications internes et externes, allant du traitement de la gueule de bois au traitement des plaies et des blessures. Le *De materia medica* (sur les médicaments) de Dioscoride[193] décrivait en détail comment récolter, préparer, stocker et tester la contamination des herbes médicinales. Cette technique a été utilisée jusqu'à la Renaissance.

3.4. Conclusion

L'origine de la maladie et les différentes pratiques de guérison dans l'Orient ancien et dans le monde gréco-romain ont été étudiées. L'étude a montré qu'au Proche-Orient ancien, comme dans l'ensemble du monde antique, la maladie représentait un destin imposé par les dieux ou provoqué par des forces démoniaques, que l'homme tentait de s'en 'éloigner, principalement par des cérémonies cultuelles ou magiques, mais aussi par des sacrifices et divers remèdes. En fait, nous n'avons que brièvement analysé les pratiques égyptiennes, mésopotamiennes, babyloniennes, grecques et romaines. L'étude a montré que ces pratiques de guérison sont justement vivantes et universelles, malgré les divergences qui peuvent être constatées lors d'une étude appropriée. Trois personnes sont à prendre en compte lorsqu'on considère les

---

[191] Cf. idem.

[192] La politique romaine consistait à détacher certains soldats ayant des connaissances et des dispositions médicales pour qu'ils se consacrent à l'aide à leurs camarades (cf. Kee, Medicine, Miracle and Magic, 35).

[193] Cf. Leonti Marco, Casu Laura, Sanna Francesca, Bonsignore Leonardo, A comparison of medicinal plant use in Sardinia and Sicily—De Materia Medica revisited? dans : Journal of Ethnopharmacology 121 (2009), p. 255-267.

pratiques de guérison dans l'Orient ancien : L'*asu* ou médecin ; le *barû* ou prêtre ; le *āšipu* ou invocateur. Le traitement actif était donc réparti entre l'*asu* (médecin), le *barû* (prêtre) et le *āšipu* (invocateur). Le médecin utilisait principalement des herbes et des minéraux, mais aussi des remèdes que l'on classerait dans la « médecine de la saleté », le prêtre offrait des sacrifices pour se réconcilier avec le divin, tandis que l'invocateur pratiquait des rituels magiques destinés à chasser les mauvais esprits et donc à guérir le malade. On peut donc considérer comme personnel médical de base le *barû*, le consacré, l'*asu*, le médecin et l'exorciste ou l'invocateur, qui est considéré comme particulièrement compétent grâce à la cause sous-jacente de la maladie.[194] La guérison a été en grande partie le résultat d'une combinaison de techniques de guérison. Chacune d'entre elles a développé des méthodes pour faire face aux problèmes universels de la souffrance (comme la maladie) et, plus largement, au problème du mal. Dans la Grèce antique et l'Empire romain, un système de guérison religieux prévalait : Les guérisons dans les sanctuaires étaient basées sur les méthodes thérapeutiques du somnambulisme ou du sommeil magnétique. Il s'agissait du rituel de l'invocation, qui consistait à se rendre dans un lieu sacré ou dans un temple, à s'y endormir et à attendre de la divinité consultée qu'elle envoie le rêve demandé en tant que porteuse d'un message ou d'une révélation.

Outre ces pratiques, les guérisseurs effectuaient également d'autres gestes pour transmettre le pouvoir de guérison. Il s'agissait notamment de toucher, d'imposer les mains et de frotter avec de l'huile et de la salive. À l'époque de Jésus, ces pratiques étaient encore courantes dans l'Empire romain. Jésus utilisait même certains de ces gestes pour guérir les malades. Il faut cependant ajouter que le Jésus dont il est question dans les récits du NT se distingue à bien des égards des guérisseurs du monde antique. Chez lui, le pouvoir de guérison ($\delta\acute{\upsilon}\nu\alpha\mu\iota\varsigma$) ne résidait pas dans ces pratiques elles-mêmes, mais dans sa personne. Même les mots qu'il prononçait pour chasser les démons et ordonner la guérison de certaines maladies ne ressemblaient pas à des formules magiques.

L'analyse mène à la conclusion que l'étude des causes des maladies et l'utilisation de pratiques de guérison remontent loin dans le monde antique. Certaines de ces pratiques ont été intégrées dans les pratiques de guérison bibliques. Dans la Bible (AT et NT), Dieu reste toutefois l'acteur principal de la guérison.

---

[194] Cf. Eckart, Krankheit und Heilung im Alten Testament, 213.

4. PRATIQUES DE GUÉRISON DANS L'ANCIEN TESTAMENT ET LE JUDAÏSME POST-BIBLIQUE

4.1. L'art de guérir en Palestine à l'époque hellénistique et romaine

Comparées à leur entourage, les méthodes de guérison ont joué un rôle étonnamment secondaire en Israël. Alors que l'Égypte et la Mésopotamie peuvent être considérées comme le berceau de la mantique et de l'incantation, l'existence de ces pratiques et d'autres formes de divination était plutôt marginale en Israël.[195] Israël se distinguait fondamentalement de ses voisins par le fait que, du point de vue de la foi en Dieu, la magie ou la divination en tant que remède était soumise à un examen critique permanent et, le cas échéant, combattue avec une extrême sévérité (cf. Dt 18,9-14). Ces pratiques comportaient le risque d'un syncrétisme incompatible avec la foi monothéiste. De plus, il était possible que le nom de Dieu soit détourné à des fins d'incantation, ce qui contrevenait à Ex 20,7 ; Dt 5,11.[196] Les méthodes utilisées en Égypte et en Mésopotamie pour combattre les maladies n'ont donc pas pu s'établir solidement en Israël jusqu'à l'époque postexilique. En Israël, il y avait une compréhension fondamentale du fait que toute maladie est le résultat d'une faute et que, par conséquent, seul YAHVE peut pardonner et guérir (Ex 15,26). Celui qui tombait malade devait se repentir et s'en remettre à la miséricorde de Dieu. La consultation de voyants et de médiums ainsi que le recours à des exorcistes étaient donc non seulement superflus, mais aussi un signe de manque de confiance en Dieu.[197] Pour cette raison, Dt 18,9-12 interdisait l'exercice de toutes les pratiques mantiques et magiques. Le malade n'avait plus la possibilité de s'informer par des moyens mantiques sur l'évolution de sa maladie et sur l'efficacité des remèdes prévus, comme c'était le cas dans l'entourage d'Israël. S'adresser à un médecin pour être guéri pouvait parfois refléter de l'incrédulité, c'est-à-dire de la méfiance envers YAHVE (2 Chr 16,12) ; et bien sûr, consulter une autre divinité dans ce but était une violation du premier commandement (2 R 1,1-4).[198] Comme les maladies viennent de Yahvé lui-même, il est le seul à pouvoir aussi « panser » et « guérir » (Job 5,18). De même, il était interdit de faire appel à un exorciste pour chasser les démons de la maladie. Cela ne signifie pas que les démons et autres puissances n'ont rien à voir

---

[195] Cf. Kollmann, Jesus und die Christen als Wundertäter, 118.

[196] Cf. idem.

[197] Cf. Eckart, Krankheit und Heilung im Alten Testament, 212.

[198] Cf. Mosés (Éd.), New International of New Testament. Theology and Exegesis, 496.

avec la maladie. Au contraire, ils sont considérés comme étant au service de Dieu (cf. Ex 12,23 ; Ha 3,5).[199] Pour cette raison, le malade dépendait surtout de l'aide des prêtres lévitiques. Ceux-ci s'approchaient éventuellement de son lit pour prononcer en son nom la prière de lamentation et inciter ainsi Dieu à le guérir.[200] Le prophète Jérémie est la source d'un exemple de prière prononcée pour la guérison : « Guéris-moi, Seigneur, et je serai guéri, sauve-moi et je serai sauvé » (17,14). Des psaumes étaient également priés quotidiennement pour un malade grave (p. ex. Ps 41). La santé et la maladie devaient continuer à dépendre exclusivement de l'obéissance à la Torah et de l'aide des prêtres. Il faut cependant encore rappeler que les prêtres en Israël n'avaient pas de fonction médicale. Leur rôle se limitait à constater le rétablissement de la capacité de culte après des guérisons (Lv 14,2-4).[201] L'activité médicale des prêtres se limitait à la préservation de la pureté cultuelle d'Israël, contrairement à la médecine des Égyptiens ou à la théurgie des Grecs, par exemple.[202] C'est pourquoi tous ceux qui souffraient d'une maladie visible de la peau devaient se présenter devant eux (cf. Lv 14,1-57).

YAHVE est au premier plan en tant que secouriste et sauveur du malade. Toutefois, cette prérogative de YAHVE n'exclut pas totalement la profession de médecin humain. Les fractures et les blessures plus graves nécessitaient au moins un traitement aussi manuel que compétent, et donc le médecin. En outre, il est vrai que dans la diaspora d'Égypte et de Mésopotamie, le judaïsme a été massivement confronté aux pratiques médicales de son environnement. Avec l'hellénisation de la Palestine, une réflexion et un débat théologiques intenses ont été nécessaires pour prouver que l'utilisation de certaines pratiques du domaine de la divination et de l'incantation était conforme à la volonté de Dieu afin de les intégrer, en fin de compte, dans la vie religieuse juive.[203] La validité de principe du premier commandement et la conception de Dieu comme médecin ne devaient pas être remises en question. Le livre de Tobit est l'un des principaux témoins de ce processus de légitimation et d'intégration. L'utilisation de la magie et de certains remèdes n'est considérée comme non problématique que si elle est préparée par des prières, de sorte que son effet n'est pas dû aux moyens utilisés en soi, mais à l'exaucement de la prière (cf. Tob 6,17-18 ; 8,2-9 et 11,14).[204] L'analyse du remède de Tobit (Tob 11,10-14)

---

[199] Cf. idem, 497.
[200] Cf. idem, 221.
[201] Cf. Kollmann, Jesus und die Christen als Wundertäter (Note au bas de la page n° 5), 119.
[202] Cf. Eckart, Krankheit und Heilung im Alten Testament, 221.
[203] Cf. Kollmann, Jesus und die Christen als Wundertäter, 120.
[204] Cf. Eckart, Krankheit und Heilung im Alten Testament, 238.

aidera à comprendre ce phénomène. Mais avant d'en arriver là, il est bon de jeter un coup d'œil sur les remèdes dans l'AT et dans le judaïsme post-biblique en général.

4.2. Remèdes particuliers dans l'Ancien Testament et le judaïsme post-biblique

L'Ancien Testament mentionne un certain nombre de remèdes. Les remèdes naturels qui étaient principalement utilisés étaient : L'huile (Is 1,6 ; Lv 13-14), le baume (Jr 8,22 ; Jr 46,11 ; Jr 51,8), le fiel de poisson comme onguent pour les yeux (Tob 6,9 ; 11,7-14) ou le gâteau de figues (2 R 20,7 ; Is 38,21). Selon Gn 30,14-16, les mandragores (דודאים *dûda'îm*) devaient aider en cas de stérilité.[205] Ezéchiel 47.12 attribue également des pouvoirs de guérison aux feuilles d'arbres particuliers. Mais ces arbres ne se trouvent que sur les rives du fleuve qui s'écoule de la source du temple dans les derniers jours. Les maladies liées à l'impureté cultuelle et sociale (lèpre) devaient être guéries par des rites de purification (cf. Lv 14). Naaman, par exemple, est purifié de sa lèpre en se baignant sept fois dans le Jourdain (2 R 5,10-14).[206]

Comme dans d'autres systèmes religieux orientaux, la législation mosaïque culmine dans l'idée que, conformément à la double nature de l'homme, la pureté physique et la pureté éthique sont généralement liées. Par conséquent, la médecine de l'Ancien Testament met l'accent sur l'hygiène sociale.[207] C'est dans ce contexte que le livre du Lévitique donne les prescriptions relatives au contrôle des maladies vénériennes, aux soins de la peau, au bain, à l'alimentation, au logement et aux vêtements, au repos du sabbat et à la vie sexuelle.

Outre l'opinion fondamentale selon laquelle la maladie et la guérison sont l'œuvre de Dieu (Ex 15,26), le Talmud défend différentes opinions étiologiques, à la fois mystiques et rationnelles. Ainsi, les maladies sont, d'une part, déduites d'influences démoniaques ou du mauvais œil, et d'autre part, attribuées au froid, à la chaleur, à l'air, à une eau non potable, à un mode de vie défectueux, à la bile, à l'abondance ou à un mélange perturbé (entre le sang et l'eau).[208] Lors du traitement des malades, une grande attention était accordée à l'alimentation. Il existait des remèdes diététiques et des potions thérapeutiques, et certains aliments étaient considérés comme ayant des propriétés curatives particulières.

---

[205] Cf. Zinniker, Krankheit, dans : Haag, BL, 988.

[206] Cf. https://www.bibelwissenschaft.de/wibilex/das-bibellexikon/lexikon/sachwort/anzeigen/details/krankheit-und-heilung-at/ch/6a9349f8683e4e471a3265d868abc7e2/#h12 (disponible le 08.06.2021)

[207] Cf. Berghoff, Religion und Heilkunde, 14-15.

[208] Cf. idem, 16.

La guérison des malades était surtout espérée par la prière et les sacrifices. L'idée du processus de guérison comme processus de purification et de nettoyage non seulement de l'âme mais aussi du corps était vraiment populaire.[209] Cependant, rien n'est dit directement en faveur d'une pratique professionnelle de la médecine par les prêtres. D'autre part, il existe des indices clairs que l'art de la guérison n'était pas étranger aux prophètes. L'AT rapporte des guérisons heureuses obtenues par certains d'entre eux.

4.3. Les miracles de guérison du livre de Tobie : 11,7-13

Le livre de Tobie raconte l'histoire d'un homme qui est devenu aveugle après avoir reçu des excréments de moineaux dans les yeux. Suite à cette maladie, Tobit est devenu pauvre et malheureux. Il a donc décidé d'envoyer son fils Tobie en Médie pour y réclamer le remboursement d'un prêt. Lorsque Tobie a reçu de son père l'ordre de se rendre en Médie, l'ange s'est proposé de l'accompagner dans son voyage sous la forme du jeune juif Azaria (« Yahvé a aidé ») (Tb 5,4-14). Pendant le voyage, l'ange Raphaël a incité Tobie à attraper un gros poisson qui l'avait attaqué auparavant et à sauvegarder son fiel pour guérir les yeux de Tobit. L'ange lui donna l'ordre d'extraire la bile, le cœur et le foie (6,3-7). Azaria (Raphaël) a qualifié les abats de médecine utile (6,5) et a expliqué leur utilisation lorsque Tobie a demandé : brûler le cœur et le foie chasse les démons, et enduire de fiel de poisson fait disparaître les taches blanches des yeux (6,8-9). L'ange joue ici le rôle d'un guérisseur. Il connaît les remèdes et explique que la thérapie conduira au succès de la guérison. L'ange assume le rôle d'aide thérapeutique et de médiateur thérapeutique de l'action curative de Dieu. Le remède lui-même est l'objet de la révélation divine sous la forme de l'ange. Dans l'Antiquité, la bile de différents poissons était considérée comme un remède efficace contre la cécité.[210] Plusieurs hypothèses ont été proposées pour expliquer la guérison de Tobit. L'hypothèse la plus moderne est que la *kératopathie* métabolique pourrait être guérie grâce à cette utilisation forcée de la bile, particulièrement riche en vitamine A.[211] Il ne faut pas oublier de mentionner que Tobit vivait en exil à l'étranger. Cela justifie l'utilisation de remèdes qui étaient courants dans la région orientale. Mais la présence de l'ange Raphaël, qui fait référence au médicament spécifique, peut aussi avoir une autre justification.

---

[209] Cf. idem, 17.
[210] Cf. Kostka, Der Mensch in Krankheit, 75.
[211] Cf. Müller (Éd.), Bibel und Alter Orient, 88.

Ce n'est pas un hasard si le nom de l'ange qui guide Tobie pour rendre visite à ses proches, réclamer sa fiancée ainsi que chasser le démon qui a tué ses sept premiers maris pendant leurs nuits de noces, et qui le ramène à la maison et lui permet de guérir la cécité de son père, est Raphaël : c'est-à-dire Dieu guérit. L'auteur du livre de Tobie souligne que seul Dieu guérit : L'ange lui dit alors : *« Prends courage, auprès de Dieu le temps est déjà proche pour te guérir ! Prends courage ! »* (Tb 5,10). Cela peut signifier que, sans l'intervention de Dieu, les médecins sont inefficaces lorsqu'il s'agit de répondre aux besoins humains. Ainsi, la cécité de Tobit, causée par des excréments de moineaux, n'a pas pu être guérie par les médecins qu'il a consultés (Tob 2,10)[212], mais la guérison a été obtenue par le même remède - les entrailles d'un poisson - qui a chassé le démon (Tb 6,7 ; 6,16 ; 8,1-3 ; 11,8-14).[213] Mais comment la guérison se produit-elle concrètement ? En essayant de répondre à cette question, Deselaers comprend la guérison comme l'action de Dieu. Déjà au chapitre 10, l'ange révèle au jeune Tobie que la bile, le cœur et le foie du poisson sont des remèdes utiles (Tb 6,3-9). Ces remèdes ne suffisent toutefois pas à eux seuls à provoquer une guérison. Ce sont des moyens naturels qui servent à traiter les maladies. Mais leur efficacité vient de Dieu. Selon Deselaers, Dieu se sert de ces remèdes naturels, dans notre cas la bile de poisson, dans le processus de guérison.[214] Cela signifie que Dieu se sert de causes naturelles pour agir.[215] Il communique ses actions aux hommes par des causes naturelles. Dans le livre de Tobie en général, on ne trouve pas de guérisons miraculeuses, seuls des remèdes naturels sont utilisés. Sur les instructions de l'ange, ils sont appliqués et provoquent la guérison (Tb 11,7-8). Différents courants de sagesse ont déjà établi que la connaissance permet à l'homme de faire un usage approprié des choses qui l'entourent.[216] Après sa guérison, Tobit remercie Dieu (Tb 11,14-15), car il est convaincu que la guérison vient de Dieu : « Mais Tobit confessa devant eux que Dieu avait eu pitié de lui et lui avait ouvert les yeux » (Tb 11,17). La louange est donc un geste de reconnaissance.

De plus, Raphaël refuse de recevoir le salaire qui lui est dû, ce qui signifie que la véritable guérison ne peut pas être achetée avec de l'argent, mais qu'elle a plutôt le caractère d'un cadeau. L'ange, en revanche, leur révèle qui il est et les invite tous deux (Tobit et son fils Tobie) à louer

---

[212] Cf. Otto, Krankheit und Heilung im Alten Testament, 239.
[213] Cf. Kee, Medicine, Miracle and Magic, 21-23.
[214] Cf. idem.
[215] Cf. Kostka, Der Mensch in Krankheit, 76.
[216] Cf. Deselaers, „Jahwe – der Arzt seines Volkes", 6s.

Dieu (Tb 12,6-21). La louange finale de Tobit montre que la guérison n'est jamais l'œuvre des seuls hommes.[217] Et c'est ainsi que toute l'histoire se révèle être un exemple de la promesse de salut contenue dans Ps 92,11, selon laquelle le Seigneur a ordonné à ses anges de garder les hommes pieux dans toutes leurs voies.

4.4. Conclusion

Selon la vision du monde des religions qui entouraient Israël, la maladie représentait une fatalité imposée par la divinité ou opérée par des forces démoniaques, que l'homme s'efforçait d'éloigner de lui, notamment par des cérémonies cultuelles ou magiques ; ce n'est que sous l'influence de la philosophie naturelle grecque, à partir du Ve siècle avant JC environ, que la maladie devient un phénomène naturel et donc susceptible d'être étudié de manière empirique. Ainsi, l'AT n'attribue pas non plus la maladie à des causes naturelles - à quelques exceptions (plus tardives) près (cf. par ex. Tb 2,9s ; Jdt 8,3). Au contraire, la maladie est généralement considérée comme une punition ordonnée par Dieu (Ex 9,14s ; Nb 12,9-14 ; 21,6 ; 1 S 15s ; 2 S 24 ; 1 R 13,4-6) et est donc considérée sous un aspect religieux. Si l'on attribue le pouvoir de guérir aux anges de YAHVE (2 S 24,16s) ou aux hommes du monde souterrain (Os 13,14 ; cf. Jb 18,13 ; Ps 91,6), ceux-ci restent toujours subordonnés à YAHVE ou sont à son service.[218]

Guérison : Comme la maladie, la guérison vient de YAHVE (Ex 15,26 ; 2 R 20,5 ; Jb 5,18 ; Ps 6,3 ; 41,4 ; Sir 38,2 ; Os 6,1.11). Le malade cherche à l'obtenir par la confession de ses fautes et la pénitence (2 S 12,13 ; Ps 32,1-5 ; Sir 38,10), par la prière (2 R 20,2s ; Ps 38 ; 41 ; 69 ; 88 ; Sir 38,9), par les sacrifices (2 S 24,18-25 ; Sir 38,11), l'intercession (Nb 21,7) et le jeûne (2 S 12,16s). Les prophètes sont consultés pour des oracles sur l'issue de la maladie (1 R 14,1ss ; 2 R 8,7ss). S'adresser à des dieux étrangers conduit à la mort (2 R 1) ; de même, les pratiques magiques ne peuvent pas aider (cf. Jr 8,17).[219]

Le médecin est consulté (2 R 8,29 ; 9,15 ; Tb 2,10 ; Jr 8,22 ; Is 3,7), mais la guérison ne doit pas être attendue de sa propre force (2 Chr 16,12) ; celle-ci lui est plutôt donnée par Dieu (cf. Sir 38,1-15). Les pouvoirs des remèdes naturels (huile Is 1,6 ; baume Jr 8,22 ; 46,11 ; 51,8 ; emplâtre de figues 2 R 20,7 ; onguents Tb 2,10 ; bile de poisson comme onguent pour les yeux 6,9-11 ; 7-14) ainsi que la connaissance de leur utilisation sont attribués à Dieu (Sg

---

[217] Cf. Otto, Krankheit und Heilung im Alten Testament, 239.
[218] Cf. Zinniker, Krankheit, dans : Haag, BL, 987.
[219] Cf. idem.

7,20 ; Sir 38,4-8) et peuvent donc être utilisés avec reconnaissance par le malade. Pr 3,7s ; Sir 31, 19-22 ; 37,27-31 et autres conseillent un mode de vie raisonnable comme prévention contre la maladie.[220]

Si l'on compare le système de santé de l'Égypte et de l'Orient ancien avec celui de l'AT, on constate dès le premier coup d'œil des similitudes et des différences. Les points communs résident dans le fait que l'on supposait des causes métaphysiques à la maladie et qu'on la considérait comme la conséquence d'une relation perturbée avec Dieu ou les dieux, qui livraient la personne en bonne santé à la violence des démons.[221] Mais même si Israël partage avec son entourage la compréhension métaphysique de la maladie, il se distingue à bien des égards des autres peuples. Au lieu d'avoir affaire à une multitude de dieux et de démons, Israël n'a en principe toujours affaire qu'à un seul Dieu, auquel chaque Israélite doit se consacrer quotidiennement dans le *Shema* (Dt 6,4) : « Écoute Israël ! L'Éternel, notre Dieu, l'Éternel est unique ». C'est pourquoi toutes les formes de mantique et de magie sont interdites, afin qu'aucune puissance étrangère ne s'interpose entre YAHVE, ses directives et son peuple. De plus, Dieu se désigne lui-même comme médecin de son peuple (Ex 15,26). Cette compétence exclusive de Yahvé exclut, selon le Deutéronome, toutes les pratiques de divination et de magie qui étaient courantes non seulement chez les peuples voisins, mais aussi dans l'Israël préexilique.[222] La santé et la maladie devaient continuer à dépendre exclusivement de l'obéissance à la Torah.

Même après l'intégration de certaines pratiques en Israël, la guérison a continué à être interprétée comme une action divine. C'est la principale leçon contenue dans le récit de la guérison de Tobit. Le processus de sa guérison se déroule comme la mise en œuvre d'un ordre étroit venant de Dieu par l'intermédiaire de son ange Raphaël. La guérison de Tobit est également considérée comme une réponse à ses prières. Dieu a envoyé l'archange Raphaël (« Dieu a guéri ») sur terre pour mettre fin à ses souffrances (Tb 3,16-17). C'est pourquoi Tobit remercie Dieu (Tb 11,14-15), car il est convaincu que la guérison vient de lui. Tobit confesse que Dieu a eu pitié de lui et lui a ouvert les yeux (Tb 11,17). Sa louange est un geste de gratitude. Le récit de la guérison de Tobit contribue à légitimer le remède utilisé comme le résultat de la révélation divine.

---

[220] Cf. idem, 988.
[221] Cf. Otto, Krankheit und Heilung im Alten Testament, 212.
[222] Cf. idem, 218.

5. PRATIQUES DE GUÉRISON DANS LE JUDAÏSME POST-BIBLIQUE

Dans le judaïsme post-biblique, l'art de la guérison était, comme dans l'AT, généralement tenu en suspicion, bien qu'il soit dit que certains rabbins étaient médecins.[223] Le peuple juif partageait les idées de l'AT, qui étaient largement répandues en ce qui concerne les guérisons miraculeuses. Mais certains auteurs ont découvert qu'il existait chez certains une ouverture à d'autres pratiques (par exemple l'utilisation de la salive pour la guérison). La compréhension de la maladie et de la guérison dans le judaïsme post-biblique ne diffère pas fondamentalement de celle de l'AT. Comme dans l'environnement hellénistique, il y avait des guérisseurs charismatiques parmi les rabbins.

5.1. Les guérisseurs dans le judaïsme post-biblique

Dans certains milieux juifs de Palestine au tournant de l'ère chrétienne, les manifestations charismatiques sont relativement nombreuses. Le Talmud regorge de miracles. Dans la littérature rabbinique, il faut surtout mentionner les récits de miracles de deux rabbins charismatiques, célèbres pour leurs actes miraculeux : Honi, le faiseur de cercles et Rabbi Chanina ben Dosa. Dans les lignes qui suivent, nous aimerions parler un peu de cette tradition de Choni et Chanina, ainsi que du mouvement des Égyptiens.

5.1.1. La tradition de Choni

La tradition rabbinique mentionne un personnage connu sous le nom de Choni le dessinateur de cercles. Il dessinait un cercle, s'asseyait au centre pour prier et refusait de quitter le cercle avant d'être exaucé.[224] Pour comprendre la personnalité de Choni, qui appartient à la première moitié du premier siècle avant Jésus-Christ, il faut se rappeler que les Judéens, comme tous les anciens, croyaient que les prières des pieux pouvaient imposer leur volonté aux phénomènes

---

[223] Kollmann fait remarquer qu'il n'y a aucun doute sur les connaissances et les capacités des Esséniens en matière d'art de la guérison. La démonologie prononcée des écrits de Qumran ne permet cependant pas de conclure chez les Esséniens à un art de la guérison strictement scientifique, mais plutôt à des pratiques de médecine populaire parsemées d'éléments magiques (cf. Kollmann, Jesus und die Christen als Wundertäter, 127s).

[224] Cf. Cangh, J.-M., Miracles grecs, rabbiniques et évangéliques, dans : Verheyden (Éd.), Miracles and imagery in Luke and John, 227.

naturels (cf. 1 R 17,1). Ainsi, en plus des prières rituelles pour la pluie en période de séche-resse, on demande aux personnages connus sous le nom de thaumaturges d'exercer leur pou-voir en faveur de la communauté. Dans M Taanit III, 8 (= TB Taanit 23a), on trouve une prière pour la pluie[225] : « *Il est arrivé qu'on demande à Honi Ha-Meaggel de prier pour que tombent les pluies. Il dit : 'Allez rentrer les fours pascaux pour qu'ils ne se dissolvent pas [dans l'eau]'. Il pria, mais la pluie ne tomba pas. Que fit-il ? Il traça un cercle [par terre], se plaça au milieu et dit : 'Maître de l'univers, tes enfants ont mis leur confiance en moi [parce que] je suis devant toi comme un fils de la maison. Je jure par ton Grand Nom que je ne bougerai pas d'ici jusqu'à ce que tu aies pitié de tes enfants'. Des gouttes de pluies commencèrent à tomber. Il dit : 'Ce n'est pas là ce que j'ai demandé, mais de quoi remplir les puits, les citernes et les cavernes'. La pluie tomba alors à torrents. Il dit : 'Ce n'est pas là ce que j'ai demandé, mais une pluie de grâce, de bénédiction et de don'. Il plut alors normalement jusqu'à ce qu'Israël soit obligé de quitter Jérusalem pour le Mont du Temple à cause des eaux [qui montaient]. On lui dit alors : 'De même que tu as prié pour que [les pluies] viennent, supplie pour qu'elles cessent'. Il dit : 'Allez voir si la Pierre des [objets] égarés a disparu sous les eaux'* ».

Bien que la tradition rabbinique dans son ensemble désapprouve sévèrement l'attitude de Choni, notamment en raison de son arrogance envers la divinité, il est vrai que certains passages de la littérature rabbinique lui donnent une image moins contrastée et plus positive. L'historien Flavius Josèphe insiste surtout sur le caractère surnaturel de l'intercession de Choni. Dans les Antiquités judaïques XIV, § 22-24, le passage suivant parle de Choni (Onias)[226] :

« Il y avait un certain Onias, un homme juste et pieux, qui avait une fois en période de sécheresse prié Dieu d'y mettre fin, et dont les prières exaucées, s'était caché en voyant que la rébellion continuait toujours aussi violente. Amené au camp des Judéens, on l'invita, de la même façon qu'il avait autrefois par ses prières fait cesser la sécheresse, à prononcer des im-précations contre Aristobule et ses partisans. Lorsque, en dépit de ses refus et de ses excuses, on l'obligea à parler à la foule, il se dressa au milieu d'elle et dit : 'O Dieu, roi de l'Univers, puisque ces hommes debout à mes côtés font partie de ton peuple, et que les assiégés sont tes prêtres, je te supplie de ne pas les exaucer au sujet de ces hommes, et de ne pas faire advenir ce que ces hommes te demandent de faire aux autres'. Et après qu'il eut dit cela, les plus méchants

---

[225] Cf. Benoit de Sagazan, dans : https://www.mondedelabible.com/quelques-figures-de-guerisseurs-dans-le-monde-judeen-du-ier-siecle (disponible le 10.08.2021).

[226] Benoit de Sagazan, dans : https://www.mondedelabible.com/quelques-figures-de-guerisseurs-dans-le-monde-judeen-du-ier-siecle (disponible le 10.08.2021).

parmi les Judéens le lapidèrent ». Cet Onias, unanimement identifié à Choni, le dessinateur de cercle, est donc présenté par Flavius Josèphe comme un homme admirable et héroïque.

D'une manière générale, le modèle littéraire et théologique des histoires de Choni est bien sûr le prophète Elie, qui dit : « Il n'y aura ni rosée ni pluie en ces années-là, si ce n'est sur ma parole » (cf. 1 R 17,1 ; voir aussi : 1 R 18,41-46 ; Jc 5,17-18). Mais ce qui est encore plus frappant dans ce miracle, c'est l'intimité de Honi avec Dieu, décrite par l'utilisation significative du mot « Abba ». Ce terme araméen familier ne se trouvait nulle part dans les prières juives.[227] Jésus a utilisé ce terme lorsqu'il s'est adressé à Dieu en disant « Abba » : Abba (par exemple Mc 14,36).

5.1.2. La tradition de Chanina ben Dosa

Chanina ben Dosa est également l'une des figures les plus importantes pour la compréhension des phénomènes charismatiques dans le judaïsme du premier siècle. Ce personnage, dont l'origine galiléenne ne fait aucun doute, présente des similitudes remarquables avec Jésus.[228] Dans M Berakhot V, 1 (Ancienne littérature historique de la tradition), où il est dit que les hommes pieux passent une heure entière à tourner leur cœur vers Dieu avant de commencer leur prière, R. Chanina ben Dosa apparaît pour la première fois dans une allusion implicite qui peut très bien se référer à lui[229]: « *On raconte au sujet de R. Hanina ben Dosa qu'un jour, alors qu'il priait un reptile venimeux le mordit mais il ne s'interrompit pas. Ils (les témoins) s'en allèrent et trouvèrent le même serpent mort à l'entrée de son trou, s'écriant 'Malheur à l'homme mordu par un serpent, mais malheur au serpent qui a mordu R. Hanina ben Dosa'… »*

---

[227] Cf. Cangh, J.-M., Miracles grecs, rabbiniques et évangéliques, dans : Verheyden (Éd.), Miracles and imagery in Luke and John, 228.

[228] Vermes a fait valoir que « Jésus de Nazareth, comme Choni et Chanina ben Dosa, appartenait à un mouvement charismatique juif hassidique, principalement implanté en Galilée. Selon lui, ce mouvement mettait davantage l'accent sur la piété pratique que sur l'enseignement de la Torah et le respect des normes de pureté, et laissait une grande place au charisme personnel, qui pouvait notamment se manifester par des miracles » (Zimmermann, Kompendium der frühchristlichen Wundererzählungen I, 108).

[229] Cf. Benoit de Sagazan, dans : https://www.mondedelabible.com/quelques-figures-de-guerisseurs-dans-le-monde-judeen-du-ier-siecle, disponible le 10.08.2021 (On raconte de R. Chanina ben Dosa qu'un jour, alors qu'il priait, il fut mordu par un reptile venimeux, mais il ne s'arrêta pas. Ils (les témoins) s'éloignèrent et trouvèrent le même serpent mort à l'entrée de leur trou et s'écrièrent : « Malheur à l'homme qui a été mordu par un serpent, mais malheur au serpent qui a mordu R. Chanina ben Dosa… »).

Il existe une autre version de l'épisode, bien différente, rapportée dans TB Berakhot 33a : « *Nos maîtres ont enseigné : Il s'est produit qu'il y avait quelque part un serpent qui agressait les êtres humains. On vint en informer R. Hanina ben Dosa. Il leur dit : 'Montrez-moi son repaire'. Ils lui montrèrent son repaire. Il mit son talon sur l'ouverture du repaire. Le serpent sortit, le mordit et en creva. Il le prit sur son épaule et l'emporta à la maison d'étude. Il leur dit : 'Voyez, mes enfants, un serpent ne tue pas, mais le péché tue'. A cette heure, on a dit : Malheur à l'homme sur lequel tombe un serpent et malheur au serpent sur lequel tombe R. Hanina ben Dosa* ».

L'importance du message véhiculé par ces récits est une confiance absolue en Dieu, qui immunise le priant pendant sa prière.[230] L'idéal incarné par R. Chanina ben Dosa peut-être comparé à celui que Jésus présente à ses disciples dans l'évangile de Marc : « *S'ils touchent des serpents ou boivent un poison mortel, cela ne leur fera pas de mal ; et les malades auxquels ils imposeront les mains seront guéris* » (Mc 16,18).

R. Chanina ben Dosa était connu comme guérisseur, à tel point que de nombreuses personnes éminentes de son époque recherchaient son aide, y compris R. Gamaliel l'Ancien. La guérison du fils de R. Gamaliel l'Ancien est très intéressante car elle illustre le pouvoir thaumaturgique de Chanina. L'ancien de la tradition est rapporté dans TB Berakhot 34b[231]: « *Nos maîtres ont enseigné : Lorsqu'il arriva au fils de R. Gamaliel de tomber malade, son père envoya deux disciples auprès de R. Chanina ben Dosa pour qu'il implorât la miséricorde en sa faveur. « Dès qu'il les vit, il monta à l'étage et se mit à prier. En descendant, il leur dit : 'Allez, la fièvre l'a quitté'. Ils lui dirent : 'Es-tu prophète ?'. Il leur dit : 'Je ne suis ni prophète ni fils de prophète (cf. Am 7, 14), mais j'ai reçu cette [tradition] : Si la prière coule de ma bouche, je sais qu'il est sauvé, mais dans le cas contraire je sais qu'il est condamné'. Ils s'assirent, écrivirent et calculèrent l'heure exacte. Quand ils revinrent auprès de R. Gamaliel, il leur dit : 'Le Service ! Vous n'avez rien enlevé ni ajouté. Mais ainsi la chose s'est produite : à cette heure-là, la fièvre l'a quitté et il nous a demandé à boire'* ».

Chanina pouvait offrir une guérison à distance. On raconte que Gamaliel l'Ancien a envoyé deux de ses disciples de Jérusalem en Galilée pour demander à Chanina d'intercéder en faveur de son fils, qui souffrait d'une fièvre mortelle. Après un moment de prière dans la solitude, Chanina annonce aux envoyés que le fils de leur maître est guéri. Ce n'est qu'à leur retour à

---

[230] Cf. Benoit de Sagazan, dans : https://www.mondedelabible.com/quelques-figures-de-guerisseurs-dans-le-monde-judeen-du-ier-siecle (disponible le 10.08.2021).

[231] Benoit de Sagazan, dans : https://www.mondedelabible.com/quelques-figures-de-guerisseurs-dans-le-monde-judeen-du-ier-siecle (disponible le 10.08.2021).

Jérusalem que ceux-ci, quelque peu incrédules, peuvent se rendre compte de la réalité du fait.[232] Grâce à une prière confiante, Chanina a pu obtenir la guérison et l'annoncer aussitôt. Il a ressenti l'efficacité de son action de guérison par la facilité de sa prière.

5.1.3. *Les mouvements égyptiens*

Les mouvements mentionnés par les Égyptiens « ont été mis en jeu par le camp juif et le camp romain, selon le témoignage des Actes des Apôtres, pour servir de point de comparaison avec le mouvement de Jésus ».[233] Theudas s'inscrit ainsi dans la lignée de Judas de Galilée (Actes 5,36), qui avait provoqué la révolte contre le recensement de Quirinius en exigeant le refus des impôts en l'an 6 après Jésus-Christ. En effet, il peut être considéré comme le principal enseignant théologique du mouvement de résistance contre les Romains. Il prêchait que Dieu était prêt à aider les Juifs à retrouver leur liberté s'ils s'opposaient résolument à la loi fiscale romaine et montraient ainsi qu'ils ne reconnaissaient que Dieu seul comme Seigneur. Face à la supériorité militaire des Romains, il comptait sur une intervention miraculeuse de Dieu.[234] Bien sûr, on ne peut ignorer ni les victoires militaires des Israélites lors de la conquête de la Terre promise, obtenues avec l'aide de Dieu, ni les interventions guerrières ultérieures de Dieu en faveur de son peuple dans une situation désespérée. Il faut cependant dire que les signes annoncés par les prophètes des signes messianiques et leur méthode de mobilisation des masses populaires sont placés dans le contexte idéologique du principe formulé pour la première fois par Jude de Galilée, selon lequel une intervention eschatologique de Dieu doit être préparée par une action humaine.

Dans les brèves descriptions des prophètes des signes par Josèphe, le décalage entre cette appréciation extérieure et l'auto-évaluation des prophètes est souvent évident. Theudas est présenté par Josèphe comme un *Góis* (γόης = séducteur, sorcier), mais selon la même source, il se qualifie lui-même de prophète.[235]

---

[232] Cf. Benoit de Sagazan, dans : https://www.mondedelabible.com/quelques-figures-de-guerisseurs-dans-le-monde-judeen-du-ier-siecle (disponible le 10.08.2021).
[233] Cf. Merz, A., Der historische Jesus als Wundertäter im Spektrum antiker Wundertäter, dans : Zimmermann (Éd.), Kompendium, Vol. I, 110.
[234] Cf. idem.
[235] Cf. idem.

Il y avait sans doute des exorcistes et autres faiseurs de miracles dans le judaïsme palestinien (Q 11,19 ; Mc 9,38-41 ; Flav. Jos. Ant. 8,46-48, à ce sujet Duling 1985, Flav. Jos. Ant. 14, 22-24).[236] Selon des sources rabbiniques ultérieures, il est possible d'identifier un certain nombre de faiseurs de miracles qui étaient contemporains de Jésus. Ils sont divisés en deux groupes : les rabbins charismatiques et miraculeux et les prophètes des signes.[237]

5.2. Résumé

Par « guérison », on entend le fait de retrouver la santé. Alors que dans l'Orient ancien, il existait de nombreuses pratiques visant à guérir les malades, à l'époque biblique, on considérait que la « guérison » venait de Dieu (Ex 15,26), les médecins jouant un rôle secondaire. Cependant, dans le monde biblique, les thèmes de la maladie et de la guérison occupent également une place importante. La maladie est soigneusement traitée dans les explications exégétiques de νόσος (nosos), maladie, et de ἀσθενεία (astheneia), faiblesse, infirmité. La recherche montre que dans le judaïsme, la guérison par des pratiques spécifiques n'est pas développée. Les thèmes de la maladie et de la guérison n'ont pas été suffisamment traités. Les guérisons que nous trouvons dans ce contexte font appel à la prière. L'une des principales caractéristiques des anciens juifs pieux, hassidim en hébreu, est qu'ils considèrent que leurs prières sont toutes puissantes et qu'elles peuvent accomplir toutes sortes de miracles. La prière et la confiance totale en Dieu sont donc considérées comme la source des miracles. Les figures charismatiques les plus connues de cette époque, à savoir Choni, le dessinateur de cercle, et Chanina ben Dosa, n'ont eu recours qu'à la prière et ont accompli quelques miracles. Dans les apocryphes, les pseudépigraphes et les textes rabbiniques, l'idée de base reste que la guérison ne vient que de Dieu.

Les auteurs du Nouveau Testament ont donc tous été influencés, à des degrés divers, ouvertement ou subtilement, par l'Ancien Testament et la tradition juive dont le christianisme est issu. Les dimensions de l'héritage juif étaient bien présentes dans la conscience des premiers chrétiens, même s'ils n'imitaient pas simplement toutes les attitudes et pratiques de leurs ancêtres spirituels.

---

[236] Cf. idem, 109.
[237] Cf. idem.

Chapitre II :
LES PRATIQUES DE GUÉRISON DANS LE NOUVEAU TESTAMENT

1. PRATIQUES DE GUÉRISON DANS LA TRADITION SYNOPTIQUE

1.1. Introduction

L'Ancien Testament rapporte que le Dieu vivant, par l'intermédiaire de ses messagers, utilisait une série de méthodes variées pour guérir les malades. En effet, l'Ancien Testament et la tradition juive énumèrent une multitude de méthodes diverses pour guérir les malades et les infirmes. La vie et le ministère de Jésus nous montrent la même chose concernant les méthodes de guérison de Dieu. Jésus est le ἰατρός qui est venu pour guérir les malades (cf. Mc 2,17 par.).[238] Dans les évangiles, il a utilisé différentes pratiques de guérison pour sauver les malades. C'est surtout par une parole puissante qu'il libérait les gens de leurs infirmités (par ex. Mc 1,23-28/Lc 4,33-37 ; Mc 2,1-12/Mt 9,1-8/Lc 5,17-26 ; Mc 3,1-6/Mt 12,9-14/Lc 6,6-11 ; Mc 10,46-52/Mt 20,29-34/Lc 18,35-43). Les récits de guérison nous montrent que Jésus était libre d'utiliser d'autres méthodes pour guérir. Origène a enseigné que le Christ, en tant que médecin[239], utilisait de différents remèdes et appropriés. Il écrit : « *La Parole de Dieu utilise différents remèdes très appropriés, qui conviennent particulièrement aux malades (Com. In Exodum, PG 12, 269ab)* ».[240] Le Christ guérissait par exemple en laissant toucher son vêtement (cf. Mc 5,25-

---

[238] Cf. Lohfink, N., Heilung, dans : BL, 701.

[239] « Dans le Nouveau Testament, il n'y a que sept occurrences du mot ἰατρός *(hiatros)* et une seule d'entre elles porte un jugement positif sur le médecin. En Mt 9,12 (Mc 2,17 ; Lc 5,31), on trouve une expression proverbiale selon laquelle le rôle du médecin est de s'occuper des malades plutôt que des personnes en bonne santé. Les synoptiques justifient ainsi l'attention que Jésus porte aux malades, aux pécheurs et aux marginaux. En Mc 5,26 (Lc 8,43), les médecins ont pris de l'argent à la femme qui avait souffert d'une hémorragie, mais n'ont pas guéri sa maladie. Une autre expression proverbiale en Lc 4,23, 'Médecin, guéris-toi toi-même', est un défi lancé à celui qui signale des problèmes pour qu'il cherche leur solution en lui-même. En Col 4,14, Luc est identifié comme 'le médecin bien-aimé', sans aucune référence à la nature du rôle médical qu'il aurait pu jouer » (Howard Clark Kee, Medicine, Miracle and Magic in New Testament Times, New York, 1986, 65)

[240] Cf. Dumeige, Médecin (le Christ), dans : D.S. Ascétique et mystique doctrine et histoire, Éditions Beauchesne, 1932-1995, tome X, col. 891-901, 20.

34), en imposant les mains (Mc 6,5/ Mt 8,2-4) et par d'autres moyens en usage à son époque (cf. Mc 7,31ss ; 8,22ss/ Jn 9,1ss). Il faut également souligner que dans la tradition chrétienne, l'huile était un remède important (Mc 6,13 ; Jc 5,14). Il est arrivé que Jésus guérisse des malades sans être physiquement présent (Mt 15,21-28 ; Jn 4,46-53). Quelqu'un d'autre s'était adressé à lui au nom d'une personne infirme. Chaque fois, Jésus leur a dit que la personne malade était guérie, et elle a effectivement été guérie. Cela se produisait sans que Jésus ait besoin d'être physiquement présent. La signification des guérisons de Jésus est claire : en répondant par sa guérison à une détresse humaine concrète, Jésus anticipait symboliquement la rédemption de toute la création attendue pour la fin des temps et manifestait ainsi la réalité du Royaume de Dieu qui s'annonçait par son action (cf. Lc 11,20).[241]

Le NT mentionne également une activité miraculeuse des apôtres qui, comme Jésus, ont le « Charisme de la guérison » (cf. Actes 16,8 ; 1 Cor 12,9 ; Jc 5,14). Jésus donne aux disciples la mission d'annoncer la bonne nouvelle du royaume de Dieu et il leur confère le pouvoir de faire des miracles (Mt 10,8 ; 16,17s ; Lc 9,1ss ; 10,1ss).[242] Dans les Actes des Apôtres, cela se manifeste par le fait que les guérisons effectuées par les apôtres apparaissent parfois comme des parallèles aux guérisons de Jésus lui-même (cf. Ac 9,34 et suivants). L'Eglise de Jésus doit annoncer un Sauveur qui n'aime pas seulement « l'âme », mais l'homme tout entier, et qui veut le rendre entièrement sain.

Malgré leur extrême brièveté, les récits des guérisons dans les évangiles synoptiques regorgent de détails concrets sur le sort des malades (qui souffraient généralement de maladies chroniques) et de leurs proches (par exemple, mère syro-phénicienne (Mc 7,24-30), père de l'épileptique (Mc 9,17-27), etc.) Les rencontres avec Jésus, dont sont issus les malades guéris, sont également présentées avec des détails concrets. Des expériences réelles de maladie y sont incluses, tout comme des expériences de la proximité guérissante de Jésus avec le corps malade.

1.2. Sur la compréhension des guérisons de Jésus

À bien des égards, la compréhension de la maladie et de la guérison dans les récits des guérisons de Jésus dépend de la compréhension juive - à l'exception de la possession - qui est attribuée à l'influence de puissances divines adverses.[243] Comme dans le monde antique, la

---

[241] Cf. Koch (Éd.), GBL, 209.
[242] Cf. Erlemann, Wunder, 58.
[243] Cf. Rupprecht, Krankheit/Heilung, dans : TBLNT, 1209.

compréhension juive primitive de l'Ancien Testament souligne le lien entre la maladie et le péché (Mc 2,1-12 ; Jn 5,14) : Les scribes attribuent à Dieu seul, et à juste titre, le pouvoir de pardonner les péchés (Mc 2,7), de sorte que la guérison du paralytique qui s'ensuit révèle la proximité de Dieu en la personne de Jésus. Selon la compréhension juive, cette guérison est une manifestation de l'œuvre de Dieu. Jésus est donc doté d'une force particulière qui vient de Dieu. En agissant de cette manière, il participe donc à la sphère divine et devient un héros envoyé avec l'accessoire de la force divine et capable d'agir avec toutes les possibilités de cette force.[244] Toutes les guérisons doivent donc être comprises comme l'attention que Dieu porte à ses hommes en Jésus. Dans les Actes des Apôtres et certaines épîtres, Jésus continue d'agir dans les apôtres (cf. Pierre dit à Énée paralysé : « Jésus-Christ te guérit » - ἰᾶται Ac 9,34).

Certains récits insistent sur la foi des malades guéris (dans le cas de la femme au sang coulant : « Ta foi t'a sauvée », Mc 5,34 par. ; Mt 15,21 ; Lc 17,19 etc.…). La foi doit être comprise comme un mouvement vers Jésus, actif et exigeant, mais qui n'attend rien d'autre que de recevoir.[245] Dans certains cas, la foi est exprimée indirectement par le geste du suppliant. En Lc 7,50, par exemple, le récit de l'onction de Jésus par la pécheresse se termine par ces mots : « Mais il dit à la femme : Ta foi t'a sauvée ; va en paix ». Ici, comme en Mc 2,17, le péché est métaphoriquement représenté comme une maladie. La guérison comprise comme rédemption (du mot grec σώζω) va au-delà du domaine physique et aussi du domaine spirituel, vers une relation renouvelée avec Dieu et donc vers une nouvelle vie.[246] Dans tous les récits de guérisons de Jésus, il est fait référence au don d'une nouvelle vie par Jésus-Christ (Jésus ressuscite l'épileptique qui était comme mort Mt 9,27, voir aussi Mc 5,41).

1.3. La transmission des miracles dans l'évangile de Marc

D'un point de vue quantitatif, l'évangéliste Marc semble plus intéressé par les miracles que par la proclamation de la parole de Jésus. « Les guérisons de diverses maladies ont chacune une fonction particulière dans l'échafaudage de l'évangile de Marc ».[247] Dans chaque chapitre, d'un à dix, on peut facilement identifier une péricope de guérison ou de miracle. Mais cette première impression est quelque peu corrigée lorsqu'on y regarde de plus près. En principe, il est

---

[244] Cf. Kostka, Der Mensch in Krankheit, 36.
[245] Cf. Rupprecht, Krankheit/Heilung, dans : TBLNT, 1209.
[246] Cf. idem.
[247] Pichler und Heil (Éd.), Heilungen und Wunder, 109.

vrai que, selon Marc, Jésus a le pouvoir d'accomplir des miracles. L'accent est clairement mis sur les guérisons et les expulsions de démons, comme le montrent les récits collectifs (1,32-34 ; 3,7-12 ; 6,53-56[248] : ces textes renforcent l'impression que Jésus est un faiseur de miracles).[249] Mais cela n'enlève rien à l'aspect christologique de l'Évangile.[250] Par exemple, les conclusions des récits de la guérison du possédé de Gérasa en Mc 5,19s et du sourd-muet en Mc 7,37 (deux récits sans le mot θεραπεύω) indiquent que Marc comprend la guérison comme une nouvelle création de Dieu par Jésus.

Marc donne à plusieurs reprises des indications claires sur le fait que les miracles de Jésus doivent être considérés dans le contexte de sa prédication. Le premier exorcisme (Mc 1,21-28), par exemple, introduit d'emblée la loi du silence qui souligne les limites de la connaissance de l'identité de Jésus.[251] Dans la composition de l'évangile de Marc, Jésus apparaît d'abord comme un héros (1,14s) qui appelle les disciples (1,16-20), avant qu'un miracle ne soit raconté. Après une première série de guérisons, Jésus se profile par ses paroles dans les disputes (2,1-3,6).

Il ne faut donc pas voir Jésus exclusivement comme un faiseur de miracles, mais considérer l'ensemble de son parcours - jusqu'à la croix. C'est ce que l'on entend par ce que l'on appelle le « mystère du Messie » : Jésus ne peut être compris correctement que si l'on prend également en compte sa souffrance.[252] Marc y parvient par plusieurs stratégies, et l'une d'entre elles est le contexte des récits de miracles. Cette intention est renforcée par les consignes de silence de Jésus envers les personnes guéries ou les démons : Jésus ne doit pas être connu uniquement comme faiseur de miracles (par ex. Mc 1,34.44 ; 3,12 ; 7,36a).

1.4. La tradition des miracles dans l'évangile de Matthieu

Les deux pôles qui déterminent la compréhension des miracles chez Marc se retrouvent en principe chez Matthieu : d'une part, le pouvoir d'accomplir des miracles est incontestablement attribué à Jésus (cf. Mt 8,5-13.26-32) ; d'autre part, les miracles ne doivent cependant pas être considérés isolément. L'accomplissement de miracles est tout aussi clairement l'expression de

---

[248] Le succès de Jésus est dû à son activité thérapeutique, si bien que les gens affluent vers lui pour le toucher.
[249] Cf. Pichler und Heil (Éd.), Heilungen und Wunder, 106.
[250] Cf. Dormeyer, dans : Zimmermann, Kompendium der frühchristlichen Wundererzählungen, Vol. I,194.
[251] Idem.
[252] Cf. idem, 194-195.

l'attention miséricordieuse de Jésus envers le peuple.[253] Matthieu renforce les deux côtés. Il décrit le pouvoir de Jésus en tant que faiseur de miracles et intègre le thème des miracles dans d'autres contextes théologiques. La note récapitulative de Mt 4,23 montre en particulier l'importance de la présentation de Jésus comme faiseur de miracles[254]: « *Et il parcourut toute la Galilée, enseignant dans leurs synagogues, prêchant l'Évangile de la royauté, et guérissant toute maladie et toute infirmité parmi le peuple* ».

L'intérêt de Matthieu pour le faiseur de miracles qu'est Jésus est confirmé par le fait que ce moment est intégré dans la christologie de l'accomplissement. La polarité décrite entre le pouvoir et l'attention se reflète dans les titres christologiques que l'on rencontre dans l'environnement de l'action miraculeuse.[255] L'œuvre de guérison miraculeuse est interprétée en 8,17[256] comme l'accomplissement de la prophétie d'Esaïe 53,4. Le thème des miracles a donc une fonction structurante pour l'évangile. Jésus accomplit également les promesses par son œuvre de guérison.

Matthieu relie plusieurs fois les récits sommaires à des citations d'accomplissement : Les passages Mt 18,16s ; 12,15s tirés d'Is 53,4 et 42,1-4 permettent de comprendre Jésus comme serviteur de Dieu et de voir les guérisons dans le contexte de sa mission en tant que telle ; Mt 15,31 montre, à l'aide d'Is 35,5-6, que dans les guérisons de Jésus, le temps du salut est arrivé, cf. Mt 11,4-6 : « Les aveugles voient, les boiteux marchent … ».

1.5. La transmission des miracles dans l'évangile de Luc

Pour Luc, les miracles de Jésus font partie intégrante de son ministère. Bien sûr, le Jésus de Luc se présente aussi comme un prédicateur. Mais « dans l'évangile de Luc, on n'a pas le sentiment qu'il faille corriger une compréhension autrement unilatérale de la personne de Jésus, basée sur l'accomplissement de miracles. Chez Luc, Jésus est mis en scène comme un faiseur de miracles, et ce depuis sa première apparition publique dans sa ville natale (Lc 4,16-30) jusqu'à son emprisonnement à Gethsémani (Lc 22,50-51) ».[257] Luc reprend également des élé-

---

[253] Cf. Münch, C., dans : Zimmermann, Kompendium der frühchristlichen Wundererzählungen, Vol. I, 387.

[254] Le *Summarium* des versets 23-25 fait une inclusion en 9,35. L'unité encadre ainsi les chapitres 5-9, qui déploient le double programme annoncé dans les versets 23-25 et répété en 9,35 : Jésus prêche (5-7) et guérit (8-9).

[255] Cf. Münch, C., Zimmermann, Kompendium der frühchristlichen Wundererzählungen, Vol.I, 388.

[256] La section de Mt 8,1-17 commence par trois récits de guérison qui se terminent par un *summarium* et une citation d'accomplissement.

[257] Zimmermann, Kompendium der frühchristlichen Wundererzählungen, Vol. I, 517.

ments du « secret messianique » de l'évangile de Marc, comme l'ordre de se taire que Jésus adresse aux démons (Lc 4,41) et aux personnes guéries (Lc 5,14). L'intérêt de Luc pour la tradition des miracles se reconnaît surtout aux trois caractéristiques évidentes suivantes de son évangile : Il propose cinq récits de miracles qui lui sont propres : la pêche abondante (Lc 5,1-11) ; la résurrection du jeune homme de Naïm (Lc 7,11-17) ; la guérison de la femme courbée (Lc 13,10-17) ; la guérison de l'hydropisie (14,1-6) ; la guérison des dix lépreux (Lc 17,11-19) et la guérison de l'oreille de l'esclave (Lc 22,50s).[258]

En considérant le ministère de Jésus, Luc peut se référer uniquement aux guérisons (Ac 2,22 ; 10,38) ou placer les miracles avant la proclamation de la Parole (Lc 24,19 ; Ac 1,1). Manifestement, il ne craint pas que cela mette trop en avant le ministère de guérison de Jésus. Ces actes de Jésus témoignent que Dieu est avec Jésus (Lc 5,17 ; Ac 10,38). "Cependant, Jésus n'agit pas seulement à partir de la puissance de Dieu comme les prophètes et les apôtres, mais il est lui-même placé à la droite de la puissance dans l'image du Fils de l'homme (Lc 22,69 ; Ac 2,33 ; 7,55s), c'est-à-dire qu'il est directement situé dans le domaine de Dieu".[259] Pour Luc, la signification positive de l'activité miraculeuse de Jésus peut être intégrée dans un concept christologique. Jésus est un prophète eschatologique. Il apporte « l'accomplissement eschatologique ». Cela est particulièrement évident dans le passage programmatique Lc 4,16-30 ainsi qu'en ce qui concerne la tradition des récits de miracles, qui s'appuie sur les prophètes Elie et Elisée. Dans le sermon inaugural, Jésus se réfère à Is 61,1s (en lien avec Is 58,6) et constate que cette parole s'accomplit aujourd'hui.

2. ANALYSE EXÉGÉTIQUE D'UNE SÉLECTION DE TEXTES DU NOUVEAU TESTAMENT

L'analyse se concentrera sur les gestes que Jésus utilise pour guérir les malades. Elle restera sur le plan synchronique. Chaque fois que le nom de Jésus sera mentionné, il s'agira du Jésus raconté dans les textes et non du Jésus historique. Il s'agit de l'analyse cursive des passages suivants : Mc 1,40-45 ; 5,22-34 ; 7,31-37 ; 8,22-26 ; 10,46-52 ; Ac 19,11-12 ; Jc 5,13-16.

---

[258] Idem. 513.
[259] Idem. 524.

2.1. Guérisons par une parole efficace (Mc 10,46-52)

Les quatre évangiles nous rapportent des guérisons qui reposent uniquement sur la parole puissante de Jésus. Il a simplement prononcé cette parole et la personne malade a été immédiatement délivrée de son infirmité. En principe, les guérisons des maladies de possession se produisent par une parole puissante de Jésus (cf. Mc 1,23-28). Mais il a aussi accompli quelques guérisons de maladies physiques uniquement par sa parole (par ex. Mc 2,1-12 ; 3,1-6 ; 10,46-52 et leurs parallèles). De la même manière, ses disciples ont pu guérir certains malades. Les Actes des Apôtres rapportent que les malades sont d'abord attirés par la parole de Dieu, puis certains d'entre eux sont guéris. Au chapitre 14, nous trouvons un exemple de telles guérisons. Un homme, paralysé de naissance, a entendu Paul parler et la foi en la parole de Paul l'a guéri (Ac 14.8-10). C'est une indication que le pouvoir de guérison de la parole ne s'arrête pas à Jésus. L'exemple de la guérison de l'aveugle Bartimée montre comment la puissance de la parole agit (Mc 10,46-52).

2.1.1. Analyse de texte

2.1.1.1. Introduction

L'histoire de la guérison de l'aveugle Bartimée est le dernier récit de l'évangile de Marc qui se réfère à la guérison physique. Ce récit peut être lu comme un contrepoint à la cécité spirituelle des disciples. La guérison de l'aveugle Bartimée se déroule parallèlement à la guérison qui précède la confession de Pierre à Césarée. L'aveugle de Betsaïda y a été guéri en deux étapes (Mc 8,22-26), symbolisant sans doute la difficulté des disciples à surmonter leur cécité en une seule fois : Pierre est certes capable de reconnaître en Jésus le Messie, mais il est incapable d'accepter la perspective que ce Messie puisse souffrir, être rejeté par les autorités religieuses juives et même tué.[260] La guérison de l'aveugle Bartimée est à son tour mise en contraste avec la cécité des disciples qui avaient été instruits sur le chemin de la Passion, et trace symboliquement le chemin du vrai disciple. À sa demande, l'aveugle est sauvé par sa foi, et lorsqu'il recouvre la vue, c'est pour suivre Jésus sur le chemin.[261] La guérison de Bartimée symbolise donc la « cécité spirituelle » des disciples.[262] Sa guérison trace donc symboliquement le chemin vers la vraie vie de disciple : à sa demande, l'aveugle est sauvé par sa foi, et dès qu'il retrouve la vue, il suit Jésus.

---

[260] Cf. Focant, The Gospel according to Mark, 435.
[261] Cf. idem.
[262] Cf. Marshal und Hagner, The new international Greek Testament Commentary, 421.

2.1.1.2. Texte grec[263] et traduction

46 Καὶ ἔρχονται εἰς Ἰεριχώ. καὶ ἐκπορευομένου αὐτοῦ ἀπὸ Ἰεριχὼ καὶ τῶν μαθητῶν αὐτοῦ καὶ ὄχλου ἱκανοῦ ὁ υἱὸς Τιμαίου Βαρτιμαῖος, τυφλὸς προσαίτης, ἐκάθητο παρὰ τὴν ὁδόν.

47 καὶ ἀκούσας ὅτι Ἰησοῦς ὁ Ναζαρηνός ἐστιν ἤρξατο κράζειν καὶ λέγειν· υἱὲ Δαυὶδ Ἰησοῦ, ἐλέησόν με.

48 καὶ ἐπετίμων αὐτῷ πολλοὶ ἵνα σιωπήσῃ· ὁ δὲ πολλῷ μᾶλλον ἔκραζεν· υἱὲ Δαυίδ, ἐλέησόν με.

49 καὶ στὰς ὁ Ἰησοῦς εἶπεν· φωνήσατε αὐτόν. καὶ φωνοῦσιν τὸν τυφλὸν λέγοντες αὐτῷ· θάρσει, ἔγειρε, φωνεῖ σε.

50 ὁ δὲ ἀποβαλὼν τὸ ἱμάτιον αὐτοῦ ἀναπηδήσας ἦλθεν πρὸς τὸν Ἰησοῦν.

51 καὶ ἀποκριθεὶς αὐτῷ ὁ Ἰησοῦς εἶπεν· τί σοι θέλεις ποιήσω; ὁ δὲ τυφλὸς εἶπεν αὐτῷ· ραββουνι, ἵνα ἀναβλέψω.

52 καὶ ὁ Ἰησοῦς εἶπεν αὐτῷ· ὕπαγε, ἡ πίστις σου σέσωκέν σε. καὶ εὐθὺς ἀνέβλεψεν καὶ ἠκολούθει αὐτῷ ἐν τῇ ὁδῷ.

Traduction :

46 Ils arrivèrent à Jéricho. Comme Jésus sortait de cette ville avec ses disciples et une assez grande foule, le fils de Timée, Bartimée l'aveugle, était assis sur le bord du chemin, demandant l'aumône.

47 Ayant entendu dire que c'était Jesus de Nazareth, il se mit à crier : « Jésus, fils de David, ayez pitié de moi. »

48 Et plusieurs le gourmandaient pour le faire taire ; mais lui criait beaucoup plus fort : « Fils de David, ayez pitié de moi. »

49 Alors Jésus s'arrêta, et dit : « Appelez-le. » Et ils l'appelèrent en lui disant : « Aie confiance, lève-toi, il t'appelle. »

50 Celui-ci, jetant son manteau, se leva d'un bond et vint vers Jésus.

51 Jésus lui dit : « Que veux-tu que je te fasse ? – L'aveugle répondit : « Rabbouni, que je voie. »

52 Jesus lui dit : « Va, ta foi t'a sauvée. » Et aussitôt, il vit, et il le suivait dans le chemin.

---

[263] ALAND, Barbara und ALAND, Kurt (Éd.), Novum Testamentum Graece, Stuttgart 2012[28].

2.1.1.3. Le texte dans son contexte

La guérison de l'aveugle Bartimée constitue le pendant des guérisons de l'aveugle de Betsaïda (Mc 8,22-26) et de l'enfant épileptique (Mc 9,14-29). Elle occupe également une place particulière dans l'évangile de Marc.[264] Il s'agit d'une part du dernier récit de miracle chez Marc[265] et d'autre part du "passage vers le but" sur le chemin de Jésus.[266] Jésus est en route pour Jérusalem. Il a voyagé de Césarée de Philippe (Mc 8,27ss) vers le sud, a traversé le Jourdain vers l'est et remonte maintenant vers Jérusalem. La première ville qu'il rencontre lors de la dernière étape de son voyage est Jéricho.[267] Sur le chemin, il tente d'expliquer à ses disciples la Passion qui l'attend, mais ils n'y comprennent rien en raison de leur manque de foi et de leur cécité spirituelle. La guérison de l'aveugle Bartimée (Mc 10,46-52) s'oppose pour sa part à l'aveuglement des disciples qui, à partir de Mc 8,31, sont informés du chemin de la Passion et trace symboliquement le chemin de la véritable « imitation ». À sa demande, l'aveugle est sauvé par sa foi, et lorsqu'il recouvre la vue, il suit Jésus sur son chemin. La guérison de cet aveugle, près de Jéricho, est le point culminant symbolique de la lente et difficile reconnaissance des disciples.[268] Elle constitue donc l'interface décisive entre la deuxième et la troisième partie principale, car elle crée une transition appropriée vers le récit de la Passion de Jésus à Jérusalem

---

[264] Contrairement aux deux derniers récits, ce n'est pas Jésus, mais l'aveugle qui joue le rôle principal dans ce cas. Dans le cas de cette guérison, le miracle n'est pas décrit en détail, mais seulement constaté ; l'environnement reste sombre et discret ; Jésus entend l'appel à l'aide et reconnaît la foi de Bartimée (cf. Thayse, André, Markus : L'Evangile revisité, Éditions Racine (Brussel) 1999, 150-151).

[265] « De 1,14 à 8,26, c'est-à-dire en moins de dix chapitres, il y a dix récits de miracles (Mc 1,23-28 ; 1,29-31 ; 1,40-45 ; 2,1-12 ; 3,1-6 ; 5,1-20 ; 5,21-43 ; 7,24-30 ; 7,31-37 ; 8,22-26), et ils y sont présentés sous une forme très concentrée en ce qui concerne la relation entre le reste du récit et le récit de miracle. Dans la deuxième partie principale, l'enseignement des disciples de 8,27-10,45, la thématique des disciples occupe une place centrale et il n'est donc pas étonnant qu'avec la guérison d'un garçon épileptique en 9,14-29, on ait justement placé un récit de guérison qui aborde explicitement cette thématique » (Eckstein, H.-J., Glaube und Sehen, Markus 10,46-52, 81).

[266] Cf. Syrnik, J. und Ziegler, M., Die Heilung eines Blinden in Jericho, dans : https://www.bibelwissenschaft.de/bibelkommentar/beitraege-im-obk/detailansicht/ch/345422475ae840c9d94901ca11ed3e45/?tx_gbbibelkommentar_main%5Bcomment%5D=42&tx_gbbibelkommentar_main%5Baction%5D=show&tx_gbbibelkommentar_main%5Bcontroller%5D=Comment (disponible le 28.12.2021).

[267] Jéricho se trouvait à environ 30 km au nord-est de Jérusalem, avec une vieille ville plutôt délabrée, mais avec une nouvelle section au sud, où se trouvait le palais d'hiver du roi Hérode. Jésus était en route pour Jérusalem avec une grande foule sur le chemin du pèlerinage. Les mendiants étaient monnaie courante sur le chemin du pèlerinage. Marc nomme notre mendiant en particulier : Bartimée, fils de Timée. Les noms des personnes guéries ne sont que rarement mentionnés dans les évangiles (cf. http://www.lectionarystudies.com/studyg/studyn/sunday30bgn.html).

[268] Cf. Focant, Analyse littéraire et exégèse biblique, 50.

(Mc 11,1-16,8), en se concentrant sur les motifs de la foi, du chemin et de l'imitation. Avec cette péricope, Marc parvient à intégrer une histoire de guérison originale dans le récit de la Passion, d'autant plus que la confession du Messie a été prononcée en Mc 8,29 et que les trois annonces de la Passion ont été faites en conséquence.

2.1.1.4. Délimitation

Le passage Mc 10,46-52 se distingue nettement du récit précédent, car il y a ici, outre un changement de temps, un changement de lieu et de thème. Le v 45 met fin à la question des fils de Zébédée et à l'indignation des autres disciples. Le v 46 change de perspective et se concentre sur Jésus et ses disciples, qui sont arrivés à Jéricho. Cependant, seul le pronom personnel « elle » nous est parvenu, de sorte qu'il est difficile de savoir de qui il s'agit réellement.[269] Tout comme le début, la fin de la péricope peut être délimitée assez clairement par un changement de thème (cf. Mc 11,1) ainsi que par un changement de lieu. Certes, en Mc 10,52, la composition des acteurs se limite à Jésus et Bartimée, mais en Mc 11,1, on peut néanmoins supposer que le pronom personnel "ils" désigne notamment Jésus et ses disciples. Un saut temporel clair n'est cependant pas visible, ni au début ni à la fin de la péricope. Cela est probablement dû au fait qu'il s'agit ici de représenter le parcours sans transition de Jésus vers la Passion.[270] C'est pourquoi Marc saute une partie du chemin pour souligner la succession soudaine des événements.

2.1.1.5. Structure

A) Exposition (v 46)

    B) L'aveugle prend contact avec Jésus en surmontant sa résistance (v 47-48)

        C) Prise de contact de Jésus avec l'aveugle par l'intermédiaire d'autres personnes (vv 49-50)

    B') Contact direct entre Jésus et le malade (v 50-52a)

A') Situation finale (v 52b)

---

[269] Cf. Syrnik, J., Ziegler, M., Die Heilung eines Blinden in Jericho, dans : https://www.bibelwissenschaft.de/bibelkommentar/beitraege-im-obk/detailansicht/ch/345422475ae840c9d94901ca11ed3e45/?tx_gbbibelkommentar_main%5Bcomment%5D=42&tx_gbbibelkommentar_main%5Baction%5D=show&tx_gbbibelkommentar_main%5Bcontroller%5D=Comment (disponible le 28.12.2021).

[270] Cf. idem.

98

A - v 46 :	Situation initiale : Jésus / disciples / essaim et Bartimée ;
B - vv 47-48 :	Bartimée et foule ;
C - v 49 :	Jésus / foule ;
B' - v 50-52 :	Bartimée / Jésus ;
A' - v 52c :	Situation finale : Bartimée et Jésus.

Le texte est structuré par deux changements : - un homme est d'abord aveugle et finit par voir - un homme est d'abord assis au bord de la route, immobile, puis il se précipite au centre.[271] Le texte comporte cinq sections, chacune avec deux sous-sections. C'est un chef-d'œuvre de composition. A (v 46) décrit la situation initiale : Jésus/disciples/foule et Bartimée. B (vv 47et 48) présente Bartimée et la foule ; C (v 49) décrit la réaction de Jésus face à la foule et le comportement de la foule envers Bartimée ; B' (vv 50-52) relate la rencontre de Bartimée avec Jésus ; A' (v 52c) est la situation finale : Bartimée peut à nouveau voir et suit Jésus.

2.1.1.6. *Interprétation*

Au niveau de l'analyse littéraire, on peut faire quelques observations intéressantes sur la péricope de la guérison de l'aveugle Bartimée en Mc 10,46-52. Selon Gernegroß, il ne s'agit pas d'un récit de guérison miraculeuse typique.[272] On remarque que l'acte miraculeux proprement dit n'est traité que brièvement (vv 51-52).[273] En revanche, l'homme qui a besoin d'aide est présenté de manière plus détaillée dans ses rapports avec la foule et se trouve donc au centre du récit (vv 47-49). Il y a bien un faiseur de miracles et un sauveur tout-puissant, mais il ne rencontre l'aveugle qu'à la fin de l'histoire et ne représente pas le personnage le plus important. Cela est confirmé par le fait que les motifs d'introduction sont très larges, alors que les motifs centraux et finaux sont plus courts.[274] L'acte de guérison lui-même ne semble donc pas revêtir une importance capitale. Il n'y a même pas de geste de guérison, comme cela serait typique pour les récits de miracles de guérison. Comme le récit se concentre sur la personne de Bartimée, Mc 10,46-52 ne dit rien sur les pratiques de guérison, contrairement à Mc 8,22-26/Jn 9,1-7.[275] Le guérisseur ne prononce qu'un seul mot : « Va-t'en, ta foi t'a sauvé » (v 52).

---

[271] Cf. Gernegroß, (2004) Exegese von Markus 10,46-52, dans :
https://www.grin.com/document/108462 (disponible le 28.12.2021).

[272] L'histoire de la guérison proprement dite passe au second plan et n'est mentionnée que brièvement au v. 52c. Mc 10,46-52 ne peut donc pas être caractérisé comme un récit traditionnel de miracle, mais comme un récit de foi qui appelle à suivre.

[273] Cf. Gernegroß, Exegese von Mk 10,46-52.

[274] Cf. idem.

[275] Cf. Kollmann, Jesus und die Christen als Wundertäter, 239.

Une autre particularité réside dans le fait que l'ordre de se taire qui apparaît dans le récit n'émane pas de Jésus, mais de la foule (v 48). Au lieu de jouer un rôle d'aide et d'amener le malade à Jésus, la foule représente dans cette péricope un obstacle. C'est le contraire de ce qui est raconté dans les autres récits de guérison. Jésus ne s'approche pas de l'aveugle comme il l'avait fait avec Jaïre (Mc 5,24), ce ne sont pas non plus d'autres personnes qui l'amènent, comme cela avait été le cas avec le paralytique (Mc 2,3-4) ou l'aveugle de Betsaïda (Mc 8,22).[276] Jésus se contente de s'arrêter et de demander que Bartimée soit appelé (Mc 10,49). Pour Grundmann, l'aveugle semble être attiré par Jésus. Bartimée se lève d'un bond, se débarrasse de son manteau et ne se laisse pas déconcerter par la foule qui l'accompagne. L'aveugle arrive comme à travers une haie jusqu'à Jésus, qui l'attire comme un aimant.[277] Comme il n'a pas besoin d'aide extérieure, mais seulement de l'aide de Jésus, c'est comme si l'appel (v 49) lui avait déjà rendu la vue. Dans l'espoir d'une guérison rapide, Bartimée jette tous ses biens, y compris son manteau. Ce geste doit être compris comme un acte de foi.

Au niveau de l'analyse du texte, il est particulièrement clair que l'évangéliste a voulu mettre en évidence la grande foi du mendiant aveugle, qui conduit finalement à l'imitation de Jésus, et sa confession de Jésus comme Messie incarné, conformément à la tradition des promesses de l'Ancien Testament (cf. Is 42,1-3.6-7). Ce qui caractérise notre histoire, c'est la persévérance de Bartimée, qui ne se laisse pas intimider, mais qui invoque Jésus à plusieurs reprises et avec encore plus de force. Lorsque Jésus le convoque et lui demande ce qu'il veut, l'aveugle répond avec assurance qu'il veut retrouver la vue. Il s'oppose ainsi clairement au père de l'enfant possédé du chapitre précédent (Mc 9,14-27), qui demande en doutant : « Mais si tu peux quelque chose, aie pitié de nous et aide-nous ! » et qui est ensuite réprimandé par Jésus :

« Toutes choses sont possibles à celui qui croit ». Au début de cette partie principale de l'évangile de Marc (8,27-10,52) se trouve également la confession de Pierre au Messie, qui est encore renforcée à la fin par la confession de Bartimée sur la descendance de Jésus par David. L'évangéliste dessine ainsi un net contraste avec l'incompréhension des disciples et replace délibérément la deuxième guérison de l'aveugle Bartimée à la fin, comme auparavant la guérison en deux phases d'un aveugle sans nom en Mc 8,22-26, afin de souligner « qu'il faut ouvrir les yeux des compagnons de Jésus pour qu'ils puissent vraiment le reconnaître et le suivre sur le chemin de la souffrance ».[278] Le motif de la foi est également exprimé dans la formule de libération : « Va, ta foi t'a sauvé ». La

---

[276] Cf. Focant, Analyse littéraire et exégèse biblique, 48.
[277] Cf. Grundmann, Das Evangelium nach Markus, 298.
[278] Cf. Dschulnigg, Das Markusevangelium, 288.

fixation sur la foi et non sur le miraculé se manifeste également dans le fait qu'aucune réaction de la foule au miracle n'est rapportée, bien que la guérison ait été accomplie en public.

Pour ce même motif de la foi, Müller reconnaît la cohérence de ce récit. Il est cohérent en soi, car il souligne à tous les niveaux la foi de l'aveugle et met en évidence le motif d'une imitation radicale, surmontant tous les obstacles.[279] Sur le plan du contenu, l'évangéliste maintient l'accent sur la foi, mais l'enrichit du motif de l'imitation. Après avoir placé tout le passage principal (Mc 8,34-10,45) sous le signe de l'annonce de la souffrance et de l'enseignement de l'imitation, il présente à ses lecteurs, en la personne de Bartimée, un exemple et un modèle positifs qui contrastent avec l'incompréhension des disciples.[280]

Dans l'ensemble, les commentaires s'accordent à dire que la péricope est étroitement liée à la marche de Jésus vers Jérusalem et qu'elle est en rapport avec l'histoire de l'emménagement qui suit. Pour Gnilka, Marc utilise l'histoire et son lien avec Jéricho pour établir une transition entre la marche de Jésus et sa destination, Jérusalem.[281] Cette histoire représente donc une position importante sur la ligne qui va de la Galilée à Jérusalem et qui traverse tout l'Évangile.

Le texte insiste également sur l'identité de Jésus. En effet, à partir du chapitre quatre (Mc 4,35-8,26), on se demande tout le temps qui est vraiment ce Jésus. Une réponse à cette question est finalement donnée en Mc 8,27-10,52, mais on trouve au moins encore une fois une allusion à travers les trois saluts de Jésus qui apparaissent, à savoir $Ναζαρηνός$ (v 47b), $υἱὲ Δαυὶδ$ (v 47d/48c) et $ραββουνι$ (v 51d).[282] Par deux fois, Bartimée s'adresse à Jésus en disant « fils de David » au v 47 et au v 48, avant d'utiliser finalement le mot « *Rabbouni* » au v 51.

Ce prédicat 'fils de David'[283] ne peut être abordé ni comme une préoccupation marcienne, ni comme une préparation à la péricope de l'emménagement[284], car c'est précisément ce qui manque dans Mc 11,10. Grundmann fait toutefois remarquer que le titre de fils de David « fait partie du mystère du Messie de Marc ».[285] Cela est d'autant plus vrai que cette adresse apparaît pour la première et unique fois dans l'évangile de Marc. Cela caractérise l'importance de cette péricope pour l'ensemble du récit de Marc.

---

[279] Cf. Müller, Wer ist dieser? Jesus im Markusevangelium, 115.
[280] Cf. idem, 126.
[281] Cf. Gnilka, Das Evangelium nach Markus, 111.
[282] Cf. idem.
[283] Le fils de David est le roi messianique promis depuis l'AT, qui établira le royaume de la fin des temps et régnera en roi sur son peuple (cf. Jes 11,1ss ; Jn 7,42 ; Ac 1,6 ; Röm 1,3 ; Ap 5,5 ; 22,16 ; cf. Guthrie und Motyer (Éd.), Kommentar zur Bibel, 85).
[284] Cf. Gnilka, Das Evangelium nach Markus, 108.
[285] Cf. Grundmann, Das Evangelium nach Markus, 296

2.1.1.7. Contexte historique et religieux (Mc 10,51-52)

La maladie dont il est question dans ce passage est l'aveuglement qui a conduit à la mendicité. Dans l'AT, la mendicité était un geste honteux (Sir 40,28-30) qui résultait d'une punition de Dieu (Job 20,10 ; Ps 109,10).[286] Dans la compréhension de l'AT et du judaïsme primitif, la cécité était causée par des démons. La cécité était également une métaphore de l'incrédulité ou d'une foi faible (Es 59,9s). Dans le Nouveau Testament, cette métaphore se poursuit, notamment dans les paroles de Jésus sur les dirigeants aveugles (Mt 23,24) et dans ses reproches à ses disciples qui tardent à comprendre (Mc 8,17.21). Dieu seul a le pouvoir de faire disparaître la cécité (Ps 146,8). Ainsi, lorsque Jésus parvient à guérir l'aveugle de Jéricho par la puissance de sa parole, cela indique que l'Esprit de Dieu repose sur lui (cf. Mc 3,22-30 / Mt 12,22-32) et que le temps eschatologique a commencé avec les guérisons qu'il a accomplies (Is 35,5s). L'acte de guérison n'est pas très souligné dans Marc. Au lieu de cela, Jésus répond à la demande de l'aveugle par ces mots : « Va-t'en ! Ta foi t'a sauvé » (Mc 10,52).[287] Mais même si le mot pouvoir n'apparaît pas ici, ce miracle est un autre exemple de l'utilisation par Jésus du pouvoir de la parole pour accomplir un miracle. Ainsi, Jésus renforce le message de l'Ancien Testament sur la sollicitude de Dieu envers les aveugles, les pauvres et les mendiants par la pauvreté qu'il a choisie, par ses guérisons miraculeuses sur des mendiants aveugles.[288] Pour les auditeurs hellénistes, Jésus rivalise avec le dieu de la guérison, Asclépios, et avec l'empereur Vespasien, dans la guérison des aveugles.[289] On rapporte qu'Asclépios a réussi à guérir de nombreux aveugles, par exemple à Epidaure. Cependant, il ne s'agissait là que de troubles visuels guérissables. Les guérisons attribuées à Vespasien sont également une manipulation visant à légitimer sa proclamation en tant que princeps et nouveau César. Pendant la suite de son règne, Vespasien n'exerce cependant plus aucune activité miraculeuse. Jésus est direct, plein d'autorité et efficace dans le traitement des maladies et son activité miraculeuse se poursuit. Comme je l'ai dit, c'est fait ! « Va-t'en signifie pour Jésus : « Continue à vivre, suis ton chemin, j'ai fait ma part ». Ce n'est que lorsque les yeux de Bartimée sont ouverts par le miracle qu'il peut voir ce qui se passe en Jésus et le suivre sur le chemin, le chemin du Fils de l'homme à travers la souffrance. Pour les chrétiens, Asclépios et Vespasien sont

---

[286] Cf. Dormeyer, D., Bedingungslose Nachfolge heilt Blindheit Mk 10,46-52, dans : Zimmermann (Éd.), Kompendium I, 364.

[287] Luc, en revanche, fait dire à Jésus : « Regarde encore ! Ta foi t'a sauvé » (Lc 18,42). Ici, c'est davantage le pouvoir de guérison de Jésus qui est mis en avant que la foi de l'homme.

[288] Cf. Dormeyer, D., Bedingungslose Nachfolge heilt Blindheit Mk 10,46-52, dans : Zimmermann (Éd.), Kompendium I, 364.

[289] Cf. idem.

donc dépassés par Jésus, dont le pouvoir miraculeux permet déjà à la nouvelle création de se manifester sans restriction pour tous les malades.

2.1.2. Comparaison synoptique de Mc 10,46-52

Mc 10,46-52	Mt 20,29-34	Lc 18,35-43
46 Ils arrivèrent à Jéricho. Comme Jésus sortait de cette ville avec ses disciples et une assez grande foule, le fils de Timée, Bartimée l'aveugle, était assis sur le bord du chemin, demandant l'aumône.	29 Comme ils sortaient de Jéricho, une grande foule le suivit.	35 Comme Jésus approchait de Jéricho, il arriva qu'un aveugle était assis sur le bord du chemin, demandant l'aumône.
47 Ayant entendu dire que c'était Jesus de Nazareth, il se mit à crier : « Jésus, fils de David, ayez pitié de moi. »	30 Et voilà que deux aveugles, qui étaient assis sur le bord du chemin, entendant dire que Jesus passait, se mirent à crier : « Seigneur, fils de David, ayez pitié de nous. »	36 Entendant passer beaucoup de gens, il demanda ce que c'était.
48 Et plusieurs le gourmandaient pour le faire taire ; mais lui criait beaucoup plus fort : Fils de David, ayez pitié de moi. »	31 La foule les gourmandait pour les faire taire ; mais ils criaient plus fort : « Seigneur, fils de David, ayez pitié de nous. »	37 On lui dit : « C'est Jesus de Nazareth qui passe. »
49 Alors Jésus s'arrêta, et dit : « Appelez-le. » Et ils l'appelèrent en lui disant : « Aie confiance, lève-toi, il t'appelle. »	32 Jesus, s'étant arrêté, les appela et dit : « Que voulez-vous que je vous fasse ? »	38 Aussitôt il s'écria : « Jesus, fils de David, ayez pitié de moi ! »
50 Celui-ci, jetant son manteau, se leva d'un bond et vint vers Jésus.	33 Seigneur, lui dirent-ils, que nos yeux s'ouvrent.	39 Ceux qui marchaient devant le réprimandaient pour le faire taire ; mais il criait beaucoup plus fort : « Fils de David, ayez pitié de moi ! »
51 Jésus lui dit : « Que veux-tu que je te fasse ? — L'aveugle répondit : « Rabbouni, que je voie. »	34 Emu de compassion, Jesus touchant leurs yeux, et aussitôt ils recouvrèrent la vue et le suivirent.	40 Alors Jesus s'arrêtant, commanda qu'on le lui amenât, et quand l'aveugle se fut approché, il lui demanda :
52 Jesus lui dit : « Va, ta foi t'a sauvée. » Et aussitôt, il vit, et il le suivait dans le chemin.		41 « Que veux-tu que je te fasse ? » Il dit : « Que je voie. »
		42 Et Jesus lui dit : « Vois ! Ta foi t'a sauvé. »
		43 A l'instant il vit, et il le suivait en glorifiant Dieu. Et tout le peuple, voyant cela, donnant louange à Dieu.

L'histoire de la guérison de l'aveugle de Jéricho se trouve également en Mt 20,29-34 et en Lc 18,35-43. Nous allons maintenant nous demander dans quelle mesure la péricope Mc 10,46-52 se trouve également chez Matthieu et Luc. Les trois récits de cet événement présentent des similitudes, mais diffèrent également sur certains détails. Matthieu parle de deux aveugles (Mt 20,30), ce qui s'explique facilement par le fait que l'un d'eux s'est peut-être particulièrement distingué comme orateur.[290] Chez Luc, l'incident s'est produit lorsque Jésus s'est approché de Jéricho (Lc 18,35), et non lorsqu'il a quitté la ville.[291]

Il est maintenant important de comparer ces passages et d'examiner leur dépendance littéraire respective. Pour ce faire, nous nous appuierons sur la théorie des deux sources.[292] Dans une forme plus libre, Matthieu raconte à partir de 9,27-31 la guérison de deux aveugles. En Mt 20,29-34, il reste plus proche du texte de Marc, bien que là aussi des différences significatives sautent aux yeux. Contrairement à Marc, Matthieu parle de deux aveugles au lieu d'un seul, Bartimée. Dans ce contexte, Matthieu omet également le nom de Bartimée, qui ne lui dit plus rien et qui, déjà chez Marc, est interprété de manière secondaire dans le sens de 'fils de Timée'.[293] Une autre différence notable par rapport à Marc est le geste de guérison de Jésus qui, chez Matthieu, se fait par le toucher et non par une simple parole de puissance de Jésus. Cela rappelle la guérison d'un aveugle à Betsaïda, rapportée en Mc 8,22-26. Ce récit de la guérison à Betsaïda est cependant absent de Matthieu, de sorte que l'on pourrait supposer que Matthieu a lié les deux guérisons d'aveugles dans Marc. De plus, certains détails narratifs ont été omis dans Matthieu (20,32s) par rapport à Marc. Par exemple, l'appel des aveugles se fait directement par Jésus, sans l'intermédiaire de la foule comme en Mc 10,49s. De plus, Matthieu simplifie les indications géographiques peu claires de Marc et fait en sorte que la guérison des deux aveugles ait lieu au départ de Jéricho, alors que Marc parle d'abord de l'entrée (v 46a) puis du départ de Jéricho (v 46b). Ce faisant, Matthieu élimine en même temps la tension littéraire qui permet de s'interroger sur une insertion rédactionnelle de la localisation de Jéricho par Marc. Dans son commentaire, Ulrich Luz aborde également les différences entre Marc

---

[290] C'est la tendance de Matthieu de toujours doubler lorsqu'il rapporte un événement. En Mt 9,27, il est également question de deux aveugles.

[291] Cf. Guthrie und Motyer (Éd.), Kommentar zur Bibel, 85.

[292] Dans l'exégèse du Nouveau Testament, la théorie des deux sources est une tentative de résoudre le problème synoptique. Elle analyse les similitudes et les dissemblances entre les trois évangiles synoptiques : Matthieu (Mt), Marc (Mc) et Luc (Lc) (Broer, Einleitung in das NT, 44-50).

[293] Cf. Gnilka, Das Evangelium nach Markus, 108.

et Matthieu sur le plan de l'histoire des formes. Il souligne que dans Mt 20,29-34, la raison de la foi de Mc 10,52 est supprimée et que l'histoire culmine dans la guérison par le toucher.[294] Matthieu ne raconte donc pas l'histoire comme une histoire de foi. Selon lui, la catégorisation en tant qu'histoire de guérison peut donc se faire plus facilement en Mt 20,29-34 qu'en Mc 10,46-52. Néanmoins, le motif de l'imitation reste aussi présent chez Matthieu, même si c'est sous une forme un peu moins prononcée (cf. v 34).[295] La péricope (Mt 20,29-34) se distingue encore de la péricope de Marc sur un autre point. Si l'on considère les verbes grecs respectifs à l'endroit où l'aveugle ou les aveugles peuvent à nouveau voir, on remarque une accentuation de différents aspects. Alors que Matthieu utilise le verbe ἀνοιγῶ (Mt 20,33), qui peut être traduit par « ouvrir », Marc utilise le verbe ἀναβλέπω (Mc 10,51), qui peut être traduit littéralement par « pouvoir voir à nouveau ». Ainsi, Marc laisse aux destinataires la possibilité d'interpréter la péricope en se demandant si Bartimée est réellement guérie de sa cécité physique ou si la guérison est plutôt de nature spirituelle et conduit à une prise de conscience qui incite à son tour à l'imitation. Chez Matthieu, en revanche, il est question « d'ouvrir les yeux ».

Luc est plus proche de Marc que de Matthieu sur des points essentiels. Par exemple, Luc ne parle que d'un aveugle, dont le nom n'est pas non plus mentionné chez Luc. Comme chez Marc, et à nouveau contrairement à Matthieu, le processus de guérison n'est pas décrit. Chez Luc, Jésus dit à l'aveugle : « Retrouve la vue, ta foi t'a sauvé » (Lc 18,42), alors que chez Marc, il dit seulement : « Va, ta foi t'a sauvé » (Mc 10,52). Luc prononce une parole de guérison et souligne également l'aspect de la foi (v 42). Après la guérison, Luc écrit : « Et il le suivit en glorifiant Dieu. Et tout le peuple qui le voyait louait Dieu ». Il fait donc allusion à la réaction de la foule. Luc reprend ainsi, tout comme Marc et Matthieu, le motif de l'imitation et conclut l'histoire par une « harmonisation chorale des témoins oculaires ».[296]

Malgré de grandes similitudes avec l'évangile de Marc, la péricope de Luc présente quelques différences avec le modèle de Marc. Il s'agit de « la modification de l'indication du lieu (probablement en vue de l'histoire de Zachée qui suit), de l'omission du nom de Bartimée ainsi que de la description de la course joyeuse vers Jésus et de l'explication supplémentaire concernant la louange de Dieu ».[297] Au v 40, Luc a éliminé une importante incohérence chez Marc.

---

[294] Cf. Luz, Das Evangelium nach Matthäus, 168.
[295] Cf. idem, 169.
[296] Cf. Kremer, Lukasevangelium, 356.
[297] Cf. idem.

L'aveugle ne vient pas de lui-même vers Jésus, mais il est conduit vers lui par la foule qui l'entoure. Il a donc besoin de l'aide des gens.

Cette péricope illustre le problème des synoptiques.[298] La plupart affirment que Marc a tiré cette histoire de guérison soit de la tradition orale, soit d'un document déjà existant. Il a ensuite adapté le récit à ses propres fins. Les ajouts rédactionnels de Marc peuvent être les suivants : « ils vinrent à Jéricho » ; « avec ses disciples et une grande foule » ; « il le suivit sur le chemin ». La plupart des commentateurs estiment que Luc a ensuite utilisé Marc comme base pour son évangile et que Matthieu a suivi soit Marc, soit Luc, soit les deux.[299] Matthieu et Marc rapportent tous deux cette histoire dans un contexte similaire, le récit de Luc étant le plus proche de celui de Marc, bien qu'il soit plutôt étrange qu'un historien comme Luc laisse tomber le nom de l'aveugle. Le récit de Matthieu est étrangement différent dans la mesure où nous avons deux aveugles. Il est également assez étrange, puisque l'aveugle avait un nom, que Matthieu passe outre un fait aussi établi dans ce récit, ignore le nom et ajoute un autre aveugle, et tout cela après avoir déjà raconté l'histoire d'une guérison de deux aveugles, Mt 9,27-31.

2.1.3. Conclusion

Le récit de la guérison de l'aveugle Bartimée est la dernière histoire de guérison dans l'évangile de Marc. Ce récit peut être lu comme un contrepoint à la cécité spirituelle des disciples, qui sont instruits sur le chemin de la Passion. Il montre symboliquement le chemin de la véritable imitation : à sa demande, l'aveugle est sauvé par sa foi ; lorsqu'il recouvre la vue, il suit Jésus sur son chemin. Bartimée a manifestement compris ce que les lecteurs de l'évangile de Marc doivent également comprendre pour pouvoir suivre Jésus. La libération de Bartimée n'est pas seulement physique, mais aussi spirituelle et sociale. Sa foi le sauve physiquement et, sur le plan social, il devient un être connecté, capable de suivre Jésus sur son chemin de souffrance. Dans l'acte de guérison, Jésus n'a pas posé de geste. La guérison se fait par une parole simple mais puissante. Pas de spectacle, pas un seul geste comme tendre la main, humecter les yeux d'un aveugle, mais plein de compassion, il dit : « Va, ta foi t'a sauvé » (Mc 10,52). Cela indique que la puissante parole de Jésus est toujours capable de libérer et de guérir ceux qui l'écoutent avec foi. Jésus fait ce que la foi de l'AT attribue à la seule puissance de Dieu.

---

[298] Cf. Broer, Einleitung in das NT, 44-50.
[299] Cf. Kremer, Lukasevangelium, 356.

2.2. Guérisons par le toucher et l'imposition des mains

L'idée que le contact (ἅπτομαι) avec un être ou un objet sacré purifie et guérit était courante dans l'Antiquité orientale.[300] Dans les récits des guérisons de Jésus, il y a celles où la guérison se fait par une parole puissante, d'autres où la guérison se fait par le toucher, et d'autres encore où les deux (geste et parole) sont utilisés. Dans le cas des touchers guérisseurs, il s'agit surtout de lésions physiques clairement identifiables, souvent chroniques (peau, yeux, oreilles). Surtout lorsque ces maladies sont considérées comme des impuretés (lèpre, écoulement de sang, mort), elles provoquent une exclusion sociale et cultuelle que Jésus surmonte par le toucher. Dans tous les textes, le toucher renvoie à une brève proximité entre le malade et Jésus, dans laquelle le don de Jésus au malade devient tangible dans sa chair.[301] Le toucher (le verbe ἅπτομαι) étant l'un des principaux symboles pour communiquer des qualités ou des pouvoirs, il n'est pas surprenant qu'il soit utilisé dans les guérisons miraculeuses du NT. Parfois, ce sont les malades qui touchent ou tentent de toucher Jésus (par ex. Mc 3,10 ; 5,27.28.30.31 ; 6,56, etc.), parfois Jésus les touche (par ex. Mc 1,41 ; 7,33 ; 8,22 ; 10,13, etc.).

2.2.1. Excursus : la différence entre le toucher et l'imposition des mains

Le toucher (ἅπτομαι), en tant que moyen d'établir un lien et de transmettre un pouvoir, revêt souvent une grande importance dans les guérisons. Mais dans l'AT, le toucher a des significations différentes selon le contexte. Le toucher est parfois utilisé dans le cadre d'ordonnances cultuelles : D'une part, ces injonctions font référence au fait de toucher des objets sacrés, d'autre part, au fait de toucher des objets impurs pour un sacrifice expiatoire. Toucher les lieux saints est mortel pour le commun des mortels (Ex 19,12s ; Nb 17,13) ; quiconque touche l'autel du sanctuaire ou des objets sacrés commet un sacrilège contre le sanctuaire (Ex 29,37 ; 30,29 ; Lv 6,27). Toute personne qui touchait des objets impurs était tenue de faire expiation (cf. Lv 5 ; 15 ; 15 et Nb 19). Dans d'autres contextes, ἅπτομαι est cependant utilisé dans un sens positif comme geste de transmission de la vie.[302] Le toucher d'Elie (1 R 19,5.7 ; voir aussi Dan 8,18) doit être compris comme un toucher qui donne la vie. La bouche de Jérémie est touchée par la main de Dieu lors de sa vocation (Jr 1,9) ; les lèvres impures d'Isaïe sont

---

[300] Cf. Hutter, Ein altorientalischer Bittgestus, 133-135.
[301] Cf. Rupprecht, Krankheit/Heilung, dans : TBLNT, 1198.
[302] Cf. idem.

purifiées par des charbons ardents (Is 6,7). En touchant les os d'Elisée, un mort revient miraculeusement à la vie (2 R 13,21). Les récits d'attouchements guérisseurs ne jouent cependant aucun rôle. Dans le NT, la plupart des utilisations de ἅπτομαι (toucher) sont spécifiquement liées aux guérisons de Jésus : Soit Jésus touche les malades (Mc 1,41 ; 7,33 ; 8,22 ; Mt 8,15 ; 9,29 ; Lc 7,14 ; 22,5)[303] , soit les malades touchent Jésus (Mc 5,4/Mt 9,2/Lc 8,4). Plusieurs sommaires disent que les malades voient leur espoir quand ils touchent Jésus : Mc 3,10 ; 6,56 ; Lc 6,19. En outre, il y a le toucher bénéfique de Jésus sur des enfants en Mc 10,13 (Lc 18,15).

En ce qui concerne l'imposition des mains, elle repose sur la croyance selon laquelle, par le contact matériel entre deux personnes en présence de la divinité, les forces, les qualités ou les défauts, bons ou mauvais, de l'une sont transmis à l'autre, dans une sorte d'identification. L'imposition des mains entraînait une relation particulière entre celui qui imposait les mains et celui qui recevait l'imposition des mains. Il s'agit de transfert de propriété (Ps 139,5 ; Ex 29,10.15 ; Nb 8,12), de culpabilité (Lv 16), de responsabilité (24,14) ou de violence spirituelle (Nb 27,18-23 ; Dt 34,9).[304] Dans la loi sur les sacrifices, l'adorateur, et plus souvent encore le prêtre au nom de l'adorateur, pose sa main ou ses mains sur la tête de l'animal à sacrifier (Lv 1,4 ; 3,2 ; Lv 4,4 ; Ex 29,10 etc.), et une identification est établie entre l'auteur du sacrifice et l'objet de ce sacrifice : l'adorateur qui offre le sacrifice appartient à Dieu, tout comme l'animal qui doit être sacrifié. Il s'agirait donc d'un rite de communion. La relation entre l'adorateur et le sacrifice est encore plus claire dans la cérémonie de la fête annuelle des expiations : le prêtre pose ses mains sur la tête d'un bouc vivant, confesse au-dessus de l'animal les péchés d'Israël et les place « sur la tête du bouc », après quoi le bouc est conduit dans le désert, où il emporte tous les péchés dont il vient d'être chargé (Lv 16,20 ; 16,22).[305] L'imposition des mains est également un rite de transmission du pouvoir. Moïse consacre Josué comme son successeur en lui imposant les mains ; par cette cérémonie, le grand législateur communique à Josué sa dignité et sa sagesse (Nb 27,18 ; 27,23 ; Dt 34,9). Alors que les bénédictions sont transmises par l'imposition des mains, il n'en va pas de même pour les malédictions, par

---

[303] Dans le contexte des règles cultuelles de l'ancien Israël, il est frappant de constater que Jésus n'hésitait pas à toucher les impurs (lèpre, morts ; cf. Lv 5 ; 15 ; 15 et Nb 19). Cela inclut également la remarque des pharisiens selon laquelle Jésus a été touché par un pécheur (Lc 7,39).

[304] Cf. Haag, BL, 663.

[305] Cf. Dictionnaire Biblique Westphal / Lettre I / Définition de l'Imposition des mains, dans : https://www.levangile.com/Dictionnaire-Biblique/Definition-Westphal-2497-Imposition-des-mains.htm (disponible le 10.12.2021).

exemple lors de la punition des blasphémateurs (Lv 24,14). Dans le Nouveau Testament, l'imposition des mains est toujours accompagnée d'une bénédiction. Les guérisons de Jésus sont souvent (pas toujours) accomplies avec ce geste (Mt 9,18 ; Mc 5,23 ; 6,5 ; 8,23 ; 8,25 ; Lc 13,12ss). Jésus impose les mains pour bénir les enfants qui lui sont présentés (Mc 10,16). Les Actes des Apôtres contiennent plusieurs exemples de guérisons par imposition des mains (Ac 9,12 ; 9,17 ; 28,8).[306] Avant tout, dans le NT, l'imposition des mains est un rite sacramentel pour la transmission du Saint-Esprit aux baptisés (Ac 8,17-19 ; 9,12.17 ; 19,6 ; He 6,2) et du pouvoir ministériel aux différents niveaux de la hiérarchie (Ac 6,6 ; 13,3 ; 1 Tm 4,14 ; 5,22 ; 2 Tm 1,6).

2.2.2. Guérison d'un lépreux (Mc 1,40-45 / Mt 8,1-4 / Lc 5,12-16)

2.2.2.1. Analyse de texte

a. Texte grec[307] et traduction (à partir de la traduction de Munich) :

40 Καὶ ἔρχεται πρὸς αὐτὸν λεπρὸς παρακαλῶν αὐτὸν [καὶ γονυπετῶν] καὶ λέγων αὐτῷ ὅτι ἐὰν θέλῃς δύνασαί με καθαρίσαι.

41 καὶ σπλαγχνισθεὶς ἐκτείνας τὴν χεῖρα αὐτοῦ ἥψατο καὶ λέγει αὐτῷ θέλω, καθαρίσθητι·

42 καὶ εὐθὺς ἀπῆλθεν ἀπ' αὐτοῦ ἡ λέπρα, καὶ ἐκαθαρίσθη.

43 καὶ ἐμβριμησάμενος αὐτῷ εὐθὺς ἐξέβαλεν αὐτὸν

44 καὶ λέγει αὐτῷ· ὅρα μηδενὶ μηδὲν εἴπῃς, ἀλλ' ὕπαγε σεαυτὸν δεῖξον τῷ ἱερεῖ καὶ προσένεγκε περὶ τοῦ καθαρισμοῦ σου ἃ προσέταξεν Μωϋσῆς, εἰς μαρτύριον αὐτοῖς.

45 Ὁ δὲ ἐξελθὼν ἤρξατο κηρύσσειν πολλὰ καὶ διαφημίζειν τὸν λόγον, ὥστε μηκέτι αὐτὸν δύνασθαι φανερῶς εἰς πόλιν εἰσελθεῖν, ἀλλ' ἔξω ἐπ' ἐρήμοις τόποις ἦν· καὶ ἤρχοντο πρὸς αὐτὸν πάντοθεν.

---

[306] Cf. idem.
[307] ALAND, Barbara und ALAND, Kurt (Éd.), Novum Testamentum Graece, Stuttgart 2012[28].

Traduction :

40 Un lépreux vint à lui, et se jetant à ses genoux, il lui dit d'un ton suppliant : « Si vous voulez, vous pouvez me guérir. ».

41 Emu de compassion, Jesus étendit la main, et le toucha, et le toucha, en disant : « Je le veux, sois guéri ! »

42 Et dès qu'il eut parlé, la lèpre quitta cet homme, et il fut guéri.

43 Aussitôt Jesus le renvoya, en lui disant d'un ton sévère :

44 « Garde-toi d'en parler à personne ; mais va te montrer au prêtre, et offre pour ta guérison ce que Moïse a ordonné pour l'attester au peuple. ».

45 Mais cet homme étant parti, se mit à raconter et à publier partout ce qui s'était passé : de sorte que Jesus ne pouvait plus entrer publiquement dans une ville ; il se tenait dehors, dans des lieux solitaires, et l'on venait à lui de tous côtés.

b. Le texte dans son contexte :

« Dans le contexte de l'évangile de Marc, la guérison du lépreux (Mc 1,40-45) clôt la première partie du double cycle de Capharnaüm (Mc 1,14-3,6) ».[308] Cette partie de Mc 1,16-45 raconte en particulier le travail de Jésus en Galilée, son activité intense marquée par la prédication de l'Évangile et diverses guérisons. En lisant Mc 1,40-45, on remarque que ce récit n'est pas directement lié à la section précédente, car les deux remarques finales 1,39 et 1,45 se concurrencent d'une certaine manière.[309] Au verset 39, il est dit « qu'il parcourait toute la Galilée et enseignait dans les synagogues, tandis qu'au verset 45, il ne pouvait pas entrer dans une ville et y enseigner ouvertement. Avec Mc 2,1 commence une nouvelle phase du ministère de Jésus (Mc 2,1-3,6), en outre, les cinq sections marquées par le schéma littéraire de la dispute rassemblent, ce qui n'est pas le cas de Mc 1,40-45 ».[310] Ce n'est plus la prédication et les miracles de Jésus qui sont au centre de l'histoire, mais les conflits de plus en plus intenses avec différents adversaires, surtout avec les scribes et les pharisiens.

Néanmoins, le passage Mc 1,40-45 est proche à la fois du contexte précédent et du contexte suivant par d'autres motifs et caractéristiques différents. Le motif de la popularité de Jésus demeure : « Tous te cherchent » (v 37), et les gens viennent « du monde entier » (v 45).[311] Dès

---

[308] Kostka, Der Mensch in Krankheit, 171.
[309] Cf. Schenke, Das Markusevangelium, 225-226.
[310] Idem.
[311] Cf. Wojciechowski, The Touching of the Leper (Mc 1,40-45), dans : https://www.researchgate.net/publication/273458768_Symbolic_Acts_of_Jesus/link/550341950cf2 4cee39fd6e08/download (disponible le 02.06.2021).

le v 28, il est fait mention de la région dans laquelle sa renommée s'est répandue par le biais d'expulsions de démons et de diverses guérisons. Au v 39, il est dit que son activité s'étend à toute la Galilée. Le contexte précédent permet également de reconnaître le motif de la mission de prédication de Jésus (vv 38-39), qui est combinée, comme aux vv 22-34, avec des guérisons et des exorcismes. Le motif du pouvoir et de l'autorité de Jésus a également été légèrement varié, comme en témoigne l'annonce de la colère de Jésus contre tout mal, v 41a, et le dialogue, « Si tu veux » - « Je veux » (vv 41-42).

Cette histoire de guérison constitue donc un ensemble autonome. Mais il faut aussi souligner que son contenu est étroitement lié au contexte précédant et suivant : « L'avènement du règne de Dieu » annoncé par Jésus (cf. 1,14s) est concrétisé par sa parole plein d'autorité (1,21s) et son action de guérison (1,23-39). La phrase 1,39 est « apparentée » à 1,38 du point de vue du contenu et de la langue. L'événement raconté en Mc 1,40-45 se produit directement, sans autre indication de lieu ou de temps. Cette guérison se présente donc comme une conclusion appropriée du premier chapitre de Marc. La fin de la péricope a de nouveau un caractère récapitulatif et décrit comment le peuple se précipite vers Jésus (Mc 1,45).

c. Structure :

Le texte peut être divisé en quatre parties :
1. V 40 Exposition : apparition d'un lépreux demandant la guérison au discours direct.
2. VV 41-42 Centre : Guérison par le toucher et la parole en discours direct (v 41) et constatation de la guérison.
3. VV 43-44 Conclusion : réaction vive de Jésus (v 43), ordre de se taire et de se montrer aux prêtres avec un large discours direct (v 44).
4. V 45 conclusion élargie : l'homme guéri annonce quand même, Jésus ne peut plus entrer dans les villes, mais reste dans des lieux isolés, afflux de peuple.

d. Interprétation :

Alors que Jésus prêchait dans « toute la Galilée » (Mc 1,39), un lépreux s'est approché de lui et a demandé à être purifié. L'histoire ne commence pas par un changement de lieu de Jésus, mais par le fait qu'un malade vient à Jésus, comme c'est le cas dans de nombreux récits de guérison.[312] Les versets 40-42 sont uniformément bien construits. La demande de la personne malade et la réponse du guérisseur sont soigneusement coordonnées. Mais la rencontre de Jésus

---

[312] Cf. Gnilka, J., Das Evangelium nach Markus, 90.

avec un lépreux ne soulève pas seulement le problème de la maladie, mais aussi celui de la loi de pureté lévitique.[313] Il est surprenant qu'un lépreux s'approche de Jésus alors que cela était interdit (cf. Lv 13,45-46). La lèpre était l'une des maladies les plus redoutées et était considérée comme pratiquement incurable (d'où l'importance de l'élément surnaturel dans les récits de l'Ancien Testament sur son traitement et ses soins : Ex 4,6-8 ; Nb 12,9-15 ; 2 R, 5,1-27 ; 2 Chr 26,16-21).[314] Le lépreux, dans sa ferme conviction, transgresse l'interdiction et dit à Jésus : « Si tu le veux, tu peux me rendre pur ». Il demande la guérison, pas la déclaration rituelle de sa pureté, que seul un prêtre peut déclarer. On peut supposer que l'homme avait déjà consulté un prêtre une ou plusieurs fois.[315] Il est également certain que ce lépreux avait vu de loin les œuvres puissantes de Jésus ou en avait entendu parler. C'est peut-être pour cela qu'il a demandé à Jésus de faire ce que l'on pensait impossible avec des moyens humains, à savoir le guérir de sa maladie. Il n'est pas clair s'il considérait Jésus comme un guérisseur itinérant ou s'il le percevait plus profondément comme quelqu'un à travers qui la puissance de Dieu agissait. La puissance de la volonté de Jésus de guérir le lépreux est indiquée avec une brièveté impressionnante : « Je veux, sois purifié ». Cet ordre est accompagné d'un geste simple qui le rattache pour ainsi dire à la personne visée : Jésus le touche. L'empressement de Jésus à toucher l'homme indique un manque d'intérêt pour la pureté rituelle, ou du moins une préférence délibérée pour la satisfaction des besoins plutôt que pour la précision rituelle, ce qui renvoie à la controverse sur son implication dans τελῶναι καὶ ἁμαρτωλοί en 2,16-17 (*Les scribes des pharisiens, voyant qu'il mangeait avec les pécheurs et les publicains, dirent à ses disciples : Il mange avec les publicains et les pécheurs ? Jésus l'entendit et leur dit : Ce ne sont pas les forts qui ont besoin d'un médecin, mais ceux qui sont mal en point. Je ne suis pas venu appeler des justes, mais des pécheurs*).[316]

Aux v 43 et v 44, la personne guérie est directement libérée et reçoit deux ordres : l'ordre de se taire et l'autre d'aller voir le prêtre pour faire confirmer la guérison, comme le prescrit

---

[313] Tant chez les Juifs que chez les Gentils, ce type de maladie empêchait la personne infectée de participer au culte commun, d'offrir des sacrifices, de pénétrer dans des lieux saints, etc. Ce type d'impureté signifiait également que la personne impure devait se tenir à l'écart des autres, ce qui avait des conséquences sociales radicales pour les lépreux (cf. Hartman, Mark for the Nations, 81).

[314] Cf. Marshall und Hagner, The Gospel of Mark, 116.

[315] Cf. Myers, Binding the Strong Man: A Political Reading of Mark's Story of Jesus. Orbis, 2008, dans : https://www.movement.org.uk/resources/jesus-heals-man-leprosy-mark-140-45 (disponible le 04.06.2021).

[315] Cf. Schenke, Das Markusevangelium, 225-226.

[316] Cf. Schenke, Das Markusevangelium, 225-226.

la loi. Le deuxième ordre semble être en contradiction avec l'ordre de se taire. Gnilka explique cette difficulté par le fait que Marc veut attirer l'attention du lecteur sur une problématique liée au respect des prescriptions de la Torah.[317]

Le lépreux demande de l'aide à Jésus en s'agenouillant. Dans sa demande, il exprime sa foi. La volonté de Jésus, qui n'est mentionnée qu'ici dans une histoire de guérison chez Marc, est l'expression de son autorité et doit donc être interprétée de manière christologique.[318] Il est intéressant de noter que de cette volonté de Jésus découle soit la compassion, soit la colère. Selon Gnilka, sa compassion est dirigée vers la détresse humaine (6,34 ; 8,2 ; 9,22), sa colère vers le mal (3,5). Il ajoute que la colère et l'excitation sont également des manifestations de la puissance miraculeuse qui est mise en œuvre (cf. Mc 7,34).[319] Gnilka tente de relier également cette réaction de Jésus à la loi du silence. Après la guérison, la personne guérie est immédiatement repoussée. Lorsque Jésus le bouscule - ἐμβριμάομαι est une expression de colère et de mécontentement -, il ne s'agit pas d'une réprimande dirigée contre la personne guérie, qui aurait magiquement mal interprété les pouvoirs miraculeux de Jésus, mais d'un geste qui donne du poids à la consigne de silence qui suit.[320]

Certains commentateurs pensent que la lecture « colère » est apparue en premier et a été modifiée par la suite par des copistes chrétiens qui ne supportaient pas la colère de Jésus. Bart D. Ehrman[321] argumente que Marc a décrit Jésus comme étant en colère et que les copistes ont trouvé cela désagréable. C'est pour cette raison qu'ils auraient remplacé « colère » par « compassion ». La difficulté à laquelle l'interprète est confrontée lors de la mention de la colère au v. 41 se répète au v. 43. Le langage est très fort et semble plus correspondre à un discours adressé à un démon qu'à un homme que Jésus vient de guérir : « Jésus le renvoya, le réprimanda sévèrement » (v. 43). Bien que les termes utilisés puissent être traduits de manière plus souple, il faut comprendre cette déclaration comme l'expression de la contrariété anticipée de Jésus face à la désobéissance ultérieure de l'homme. Au v 45, il est explicitement dit que Jésus a été empêché d'entrer dans d'autres villes parce que l'homme n'avait pas tenu compte de l'invitation

---

[317] Cf. Gnilka, J., Das Evangelium nach Markus, 90.

[318] Cf. idem, 92.

[319] Cf. idem.

[320] Cf. idem, 93.

[321] Cf. Ehrman, "A Leper in the Hands of an Angry Jesus" in Studies in the Textual Criticism of the New Testament. Leiden: Brill, 2006, dans : https://www.movement.org.uk/resources/jesus-heals-man-leprosy-mark-140-45 (disponible le 04.06.2021).

de Jésus. En conséquence, la mission de prédication du v 39 n'a pas pu être poursuivie dans les synagogues de Galilée.

Les grandes éditions du Nouveau Testament grec s'en tiennent toutefois à la « compassion ». D'autres commentateurs supposent « colère » et interprètent en conséquence. Assez souvent, mais sans grand enthousiasme, les exégètes suggèrent que la colère de Jésus était dirigée contre la puissance du mal, dont la maladie était le signe.[322] Morna Hooker[323] suggère que Jésus peut exprimer sa colère contre Satan, qui est la source du mal et cause la souffrance dans le monde (conflit avec Satan chez Marc voir par exemple 1,13 ; 8,33). Pendant un certain temps, Marc a montré comment Jésus manifestait son pouvoir et son autorité en tant que représentant du règne de Dieu, voire de la puissance de Dieu (Mc 1,14-15). Marc l'a discrètement souligné à plusieurs reprises en faisant des remarques sur la manière dont Jésus contraint les démons. Ici, dans ce passage, il indique comment Jésus, qui se consacre radicalement au désir que Dieu puisse régner pleinement et entièrement, est saisi par la colère contre l'action des forces anti-divines dont l'effet, pour l'homme, est l'impossibilité d'adorer son Dieu.[324] Ched Myers[325] argumente que le lépreux s'est déjà présenté devant les autorités sacerdotales et a été rejeté par elles. Le lépreux dit donc effectivement à Jésus : « Si tu veux, tu peux me purifier ! » Jésus, furieux contre le système d'injustice qui a rejeté le lépreux, déclare le lépreux pur face à ce système et le renvoie aux prêtres en témoignage contre leur attitude (Mc 1,44). Selon cette lecture, Jésus exprime la colère de Dieu contre le péché et l'injustice humaine, qui est une caractéristique de la Bible hébraïque (par ex. Ex 32,13 ; Jr 4,26). La colère n'est donc pas absente du portrait de Jésus proposé dans les évangiles. Par exemple, Jésus regarde les gens dans la synagogue avec une colère incrédule (Mc 3,5) avant de guérir l'homme à la main des-séchée. Cela suggère que Hooker, Myers et d'autres pourraient être sur la bonne piste lorsqu'ils suggèrent que la colère contre des systèmes, des situations et des comportements injustes fai-sait partie de la personnalité et du ministère de Jésus.

---

[322] Cf. Hartman, Mark for the Nations, 83.

[323] Cf. Hooker, The Message of Mark. London: Epworth, 1983, dans : https://www.movement.org.uk/resources/jesus-heals-man-leprosy-mark-140-45 (disponible le 04.06.2021).

[324] Cf. Hartman, Mark for the Nations, 84.

[325] Cf. Myers, Binding the Strong Man: A Political Reading of Mark's Story of Jesus. Orbis, 2008, dans : https://www.movement.org.uk/resources/jesus-heals-man-leprosy-mark-140-45 (disponible le 04.06. 2021).

114

Certains commentateurs affirment que le fait de renvoyer l'homme guéri aux prêtres souligne la fidélité de Jésus à la Torah (Lv 14,2-32). Pour Schenke, Jésus veut absolument que
l'homme guéri fasse constater sa pureté de manière légale et que la guérison miraculeuse soit
ainsi confirmée. C'est pourquoi il le presse avec véhémence de se présenter devant les prêtres
à Jérusalem et d'offrir les sacrifices prescrits.[326] Selon Schenke, Jésus veut que la loi prescrite
par Moïse soit respectée. Pour d'autres, cependant, le comportement de Jésus ne vise que
l'intégration sociale de l'homme guéri. Le renvoi courroucé vise à rendre au lépreux purifié sa
place perdue dans la société, raison pour laquelle il doit se montrer aux prêtres pour obtenir
la reconnaissance institutionnelle de sa guérison.[327] Cependant, l'hostilité des prêtres envers
Jésus pourrait indiquer que le fait que Jésus ait envoyé cet homme aux prêtres est une preuve
supplémentaire de la méchanceté des autorités de Jérusalem.[328] Dans ce contexte, ce renvoi
chez les prêtres peut être interprété dans le récit comme la proclamation de l'autorité de Jésus
auprès des représentants de la religion. L'invitation de Jésus à offrir le sacrifice de purification
et à se présenter devant les prêtres contient donc deux aspects, comme le dit Kostka : l'aspect
de la réintégration religieuse visible et la démonstration de l'autorité de Jésus sur les chefs
religieux de Jérusalem.[329] C'est pourquoi l'ajout « en témoignage pour eux » (v 44).

e. Guérison par le toucher :

Le traitement de Jésus consiste en un geste et une déclaration. Le toucher est significatif de
deux points de vue. Du point de vue du lépreux, ce « geste d'attouchement » est un incroyable
acte de compassion qui doit l'émouvoir profondément et renforcer sa conviction qu'il n'a pas
demandé de l'aide en vain. Du point de vue de la relation de Jésus avec le système cultuel et
rituel, cela indique qu'il n'hésite pas à aller à l'encontre de ses prescriptions si la situation
l'exige.

Contrairement à l'imposition des mains, ce toucher est essentiellement thérapeutique et implique que la personne qui touche ou qui est touchée a un pouvoir bénéfique sur la santé ou le
bien-être de ceux qui entrent en contact avec elle. Le toucher et la parole de Jésus sont suivis
d'une guérison radicale et instantanée, visible pour tous ceux qui rencontrent désormais le
lépreux.

---

[326] Cf. Schenke, Das Markusevangelium, 225-226.
[327] Cf. Focant, Évangile selon Marc, dans : Le Nouveau Testament commenté, 164.
[328] Cf. Hartman, Mark for the Nations, 85.
[329] Cf. Kostka, Der Mensch in Krankheit, 177.

En touchant le lépreux, Jésus fait un geste qui touche celui qui est intouchable aux yeux du monde. Même le prophète Elisée n'a pas eu de contact physique avec Naaman le lépreux (2 R 5). Contrairement à celui (Elisée) qui se contentait de guérir le lépreux à distance par des instructions verbales, Jésus fait quelque chose d'inouï : il s'empare du lépreux et le touche pour le guérir. Ici, Jésus franchit une barrière, comme s'il voulait atteindre l'homme dans sa zone d'exclusion et le faire revenir. Une fois de plus, sa parole guérit et restaure.[330]

L'extension de la main symbolise la transmission du pouvoir de guérison au malade. Ce geste est l'expression de la volonté de puissance divine de Jésus.[331] Pour E. Schweizer, la main tendue a une signification symbolique : « *La force de Dieu vit, presque sacramentellement, dans la corporéité de Jésus et veut donc aussi s'emparer de la corporéité de l'homme* ».[332] Mais la parole souveraine « Je le ferai, sois purifié ! », qui souligne l'autorité de Jésus, joue un rôle important, bien qu'elle ne soit mentionnée qu'en deuxième lieu. La correspondance exacte entre la demande (v 40) et la réponse n'a pas seulement une signification linguistique et stylistique. En accordant la purification demandée, Jésus confirme la parole du lépreux, qui est une confession adressée au messager de Dieu.[333]

L'ajout « et il fut purifié » met en évidence le pouvoir de guérison de Jésus. Ce qui vaut pour la parole de YAHVE vaut aussi pour la parole de Jésus : elle accomplit ce qu'elle dit (cf. Is 55,9-11). Le geste d'étendre la main pourrait être compris comme un explétif (= utilisation d'un mot ou d'une expression qui n'est pas nécessaire au sens de la phrase, mais qui sert parfois à lui donner plus de force) : C'est souvent le cas dans la Bible (Gn 8,9 ; 48,14 ; Ex 3,20 ; 4,4 ; 25,11, etc.), mais pas toujours, car ce geste est aussi le symbole d'un pouvoir qui doit être exercé.[334] Ici, il est certes exigé que Jésus puisse toucher le malade à tout moment, mais une certaine autonomie lui est accordée par rapport à ce contexte biblique.

Le geste de Jésus et la déclaration qui l'accompagne sont extraordinaires. Il n'y a pas de formules répétitives de type magique, mais deux paroles, l'une manifestant la volonté de guérir (cf. Mc 2,11 ; 5,41 - je te le dis), l'autre provoquant la guérison (sois purifié). Jésus ne parle ni n'agit au nom de personne, notamment parce qu'il est lui-même Dieu, ce qui le distingue des prophètes qui l'ont précédé. L'ordre est donné dans les mêmes termes que le discours

---

[330] Cf. Fiederlein, Die Wunder Jesu, 96.
[331] Cf. idem.
[332] Cf. Ernst, Das Evangelium nach Markus, 77.
[333] Cf. idem.
[334] Cf. Legasse, L´Evangile de Marc, 152.

d'Elisée à Naaman (cf. 2 R 5,10 – « Va te laver sept fois dans le Jourdain ! Alors ton corps sera guéri et tu seras purifié »), mais avec un effet plus direct et immédiat. Marc souligne ce fait dans la phrase (v 42) : « Aussitôt la lèpre le quitta, et il fut purifié ».

f. Contexte historique et religieux (Mc 1,40-45) :

La lèpre était une maladie qui rendait la personne qui en était atteinte, impure. L'impureté ou la souillure était considérée comme un trouble de l'ordre religieux et social. Ainsi, dans l'AT, le lépreux était exclu à la fois de la communauté religieuse et de la communauté sociale (cf. Lv 14). La pureté cultuelle joue également un rôle important dans les pays voisins d'Israël. En Égypte, une grande attention était accordée à la pureté cultuelle, notamment à la pureté des prêtres. En Grèce également, des rituels de purification avaient lieu avant l'entrée dans les temples, les sacrifices et les prières.[335] La pureté a été fortement soulignée en Israël. Contrairement aux idées sur la pureté de l'environnement, Israël a placé l'opposition pur/impur au centre de son interprétation du monde. Le temple, lieu de résidence de la sainteté de Dieu, est le point de départ de l'idée de pureté.[336] La pureté extérieure devient le symbole de la pureté du cœur. Dans ce contexte, l'isolement des lépreux peut être justifié moralement. L'impureté et le péché sont aussi largement utilisés comme synonymes à Qumran (1 QH 11,11 ; 16,10s ; 1 QM 13,2.5).[337] Pour ces raisons, il était interdit de toucher le lépreux.

Toucher volontairement un lépreux était quelque chose de totalement inédit. Cela aurait dû rendre Jésus impur[338], mais paradoxalement, cela semblait avoir un effet purificateur. Pour Jésus, le toucher n'est pas une violation de la règle de pureté juive, mais une transmission du pouvoir de guérison.[339] Pour la même raison, il est souvent dit que les malades touchent Jésus (Mc 3,10 ; 5,25-31 ; 6,56 ; 8,22). Dans les évangiles, le geste du toucher a le pouvoir de rendre pur, pouvoir que l'AT attribue à Dieu et aux choses qu'il sanctifie (par ex. Lv 12,6-8 ; 14,1-7 ; Ps 51,9.12). Cela souligne à la fois le pouvoir de Jésus et la conscience qu'il a de lui-même.

L'extension de la main évoque le pouvoir de guérison du thaumaturge, qui est transmis au malade par le toucher. La très courte parole de guérison au discours direct est mise en valeur

---

[335] Cf. Müller, P., Art.: Die Wundererzählungen im Markusevangelium, dans : Zimmermann (Éd.), Kompendium I, 227.

[336] Cf. idem.

[337] Cf. idem.

[338] Dans le contexte des règles cultuelles de l'ancien Israël, il est frappant de constater que Jésus n'hésitait pas à toucher les impurs (lépreux et morts, cf. Lv 5 ; 15 ; 15 et Nb 19).

[339] Gnilka, J., Das Evangelium nach Markus, 93.

à la fin et reprend la demande du malade (v 40). « Je veux que tu sois purifié » est un concentré de pouvoir qui exprime l'autorité et la participation de Jésus à la puissance divine.[340] Par une double expression, le v 42 constate le succès immédiat de la guérison.

Dans la guérison du lépreux par le toucher, la proximité du royaume de Dieu est remarquable. Le message de la proximité de Dieu est confirmé de manière impressionnante dans le geste du toucher et approfondi dans le christologique et dans la parole majestueuse de Jésus « Je serai pur ». Pour Marc, le miracle est l'acte du Fils de Dieu (cf. Mc 1,1). Jésus, dans son histoire humaine, dans ses grandes actions en Galilée, s'est révélé à ses contemporains comme le seul homme de Dieu qui accomplit de plus grandes actions que les hommes de Dieu de l'Ancien Testament (par exemple, Moïse et Élisée).[341] Des parallèles peuvent être établis entre la guérison du lépreux par Jésus et les guérisons de Miriam (Num 12,14-16) et Naaman (2 Rois 5,8-14). Cependant, la guérison par Jésus (Mc 1,40-45) diffère à bien des égards des deux récits de l'Ancien Testament sur la guérison de la lèpre. Moïse guérit Miriam en suppliant Dieu haut et fort, et la guérison se produit après sept jours (Num 12,14-16). Élisée accorde la guérison au syrien Naaman, qui doit se baigner sept fois dans le Jourdain (2 R 5,8-14). Avec Jésus, la guérison se produit immédiatement. Ce qui est important dans ces histoires de l'AT, c'est que la guérison est présentée comme un acte de Dieu (2 R 5,15) et qu'elle révèle à Naaman qu'il y a un prophète en Israël (2 R 5,8). On peut supposer que notre péricope (Mc 1,40-45) est placée dans le contexte de la tradition d'Élisée. Jésus est dépeint comme un prophète de la fin des temps qui possède le pouvoir charismatique de guérison.[342] Cette compréhension nous donne la clé pour lire les récits de miracles avec la révélation de Jésus qu'ils contiennent. L'annonce de l'Église à notre époque doit saisir les nombreuses actions et paroles de Jésus dans le miroir de la foi pascale afin de la présenter et de l'approfondir dans une perspective nouvelle.[343] Les actions de Jésus visent toujours l'aide humanitaire. Dans le même contexte, une personne victime de discrimination physique ou sociale (comme un lépreux) mérite également de l'aide. Le système médical ne doit donc pas être complètement séparé du système social et rituel[344], mais ils doivent se compléter afin de sauver la vie de la personne. Pour notre présent, la médecine scientifique, la religion et la culture peuvent travailler ensemble pour le bénéfice de l'homme.

---

[340] Cf. Dschulnigg, Theologischer Kommentar zum Neuen Testament, 89.
[341] Cf. Ernst, Das Evangelium nach Markus, 78.
[342] Gnilka, J., Das Evangelium nach Markus, 93.
[343] Cf. Toaspern, Art.: Hermeneutische Überlegungen, dans : TBLNT, 1216-1217.
[344] Cf. idem.

Dans l'antiquité païenne, il n'y avait pas de remèdes pour traiter l'inflammation comme la lèpre. On croit généralement que la lèpre était connue en Mésopotamie dès le deuxième millénaire av. J.C. On la trouve dans un texte de divination babylonien : « Si la peau d'une personne a des taches blanches ou est jonchée de nodules, une telle personne est rejetée par son Dieu et doit être rejetée par la société. »[345] La recherche n'a pas trouvé de cas de guérison de la lèpre comparable à celui de Mc 1,40-45.

2.2.2.2. Comparaison synoptique de Mc 1,40-45

Mc 1,40-45	Mt 8,1-4	Lk 5,12-16
40 Un lépreux vint à lui, et se jetant à ses genoux, il lui dit d'un ton suppliant : « Si vous voulez, vous pouvez me guérir. »	1 Jésus ayant descendu de la Montagne, une grande multitude le suivit.	12 Comme il était dans une ville, voici qu'un homme tout couvert de lèpre, apercevant Jésus, se prosterna la face contre terre, et le pria en disant : « Seigneur si vous le voulez, vous pouvez me guérir. »
41 Emu de compassion, Jesus étendit la main, et le toucha, en disant : « Je le veux, sois guéri. »	2 Et un lépreux s'étant approché, se prosterna devant lui, en disant : « Seigneur, si vous voulez, vous pouvez me guérir. »	13 Jésus, étendant la main, le toucha et lui dit : « Je le veux, sois guéri » ; et à l'instant sa lèpre disparut.
42 Et dès qu'il eut parlé, la lèpre quitta cet homme, et il fut guéri.	3 Jesus étendit la main, le toucha et dit : « Je le veux, sois guéri. » Et à l'instant sa lèpre fut guérie. Alors Jesus lui dit :	14 Et il lui défendit d'en parler à personne ; mais : « Va, dit-il, te montrer au prêtre, et offre pour ta guérison ce qu'a prescrit Moïse, pour l'attester au peuple. »
43 Aussitôt Jesus le renvoya, en lui disant d'un ton sévère :		
44 « Garde-toi d'en parler à personne ; mais va te montrer au prêtre, et offre pour ta guérison ce que Moïse a ordonné pour l'attester au peuple. »	4 « Garde-toi d'en parler à personne ; mais va te montrer au prêtre, et offre le don prescrit par Moïse pour attester au peuple la guérison. »	15 Sa renommée se répendait de plus en plus, et l'on venait par troupes nombreuses pour l'entendre et pour être guéri de ses maladies.
45 Mais cet homme étant parti, se mit à raconter et à publier partout ce qui s'était passé : de sorte que Jesus ne pouvait plus entrer publiquement dans une ville ; il se tenait dehors, dans des lieux solitaires, et l'on venait à lui de tous côtés.		16 Pour lui, il se retirait dans les déserts et priait.

---

[345] P. Berche, Histoire de la lèpre, dans : Revue de Biologie Médicale/N° 351 – Novembre-Décembre 2019, p. 52.

La comparaison synoptique consiste à comparer la péricope de Marc dont il est question ici (Mc 1,40-45) avec ses passages parallèles dans les évangiles de Matthieu (Mt 8,1-4) et de Luc (Lc 5,12-16). L'objectif de cette comparaison est avant tout d'examiner la structure et le vocabulaire. Dès le début, on remarque que Marc et Luc n'utilisent pas d'introduction comme Matthieu. De son côté, Matthieu renonce à une conclusion que l'on retrouve également chez Marc et Luc. Il commence son récit par une indication indirecte du lieu. L'action commence directement par « Mais quand il fut descendu de la montagne » (cf. Mt 8,1). On peut ainsi situer où Jésus était auparavant et ce qu'il a fait, puisqu'il a prononcé son sermon sur la montagne.[346] Cette indication manque aussi bien chez Marc que chez Luc. Pour Lohmeyer, l'absence de cette indication chez Marc et Luc laisse supposer que chez Matthieu, Jésus se trouve souvent dans un grand public et que beaucoup le suivaient.[347] Le verset 41 de Marc est presque identique à ses passages parallèles (Mt 8,3 ; Lc 5,13). Mais Mc 1,43 contient une certaine différence « avec des paroles menaçantes, il le renvoya aussitôt ». Cela n'apparaît pas dans les autres. De plus, la structure de la description de la guérison est différente. Matthieu et Luc n'utilisent qu'un seul verset (cf. Mt 8,3 et Lc 5,13), tandis que Marc le divise en trois versets (cf. Mc 1,41-43).

La partie qui suit est similaire chez tous les synoptiques à une exception près. Seul Luc ajoute un détail qui n'apparaît que chez lui : « Et il arriva, comme il était dans l'une des villes » (cf. Lc 5,12). Cet ajout donne au lecteur une information sur le lieu et une marge d'interprétation lorsqu'il considère la péricope suivante. La ville de Capharnaüm y est mentionnée, on peut donc en déduire qu'il s'y trouve peut-être. En outre, dans la première partie, que l'on retrouve chez tous, on remarque que Marc et Luc décrivent différemment le « geste » du lépreux. Marc et Luc ajoutent un mot qui n'apparaît pas chez Matthieu. Marc écrit : « *et tomba à genoux* » (cf. Mc 1,40), Luc « *tomba sur sa face* » (cf. Lc 5,12) et Matthieu « *se prosterna devant lui* » (cf. Mt 8,2). Marc et Luc mentionnent les parties du corps sur lesquelles le lépreux est tombé (en le suppliant et en tombant à genoux (Mc 1,40) ; prosterné sur sa face (Lc 5,12), il le suppliait), tandis que Matthieu dit seulement qu'il est tombé (*prosterné devant lui* - Mt 8,2). Une autre chose intéressante à propos de ce passage est que Marc écrit précisément cette déclaration entre crochets. Les parenthèses indiquent normalement une omission ou l'ajout d'une note de bas de

---

[346] Cf. Grilli und Langner (Éd.), Das Matthäusevangelium, 120.
[347] Cf. Lohmeyer, Das Evangelium des Matthäus, 154.

page. Néanmoins, il est possible d'omettre la note entre crochets.[348] Dans le même verset, il y a une correspondance entre Luc et Matthieu. Les deux évangélistes y intitulent Jésus « Seigneur » (Kyrios[349] - Mt 8,1 et Lc 5,12). Ce titre souligne l'expression de la confiance qui réside dans la demande du lépreux. Il ne s'agit pas seulement d'une formule de politesse, mais d'un titre de souveraineté qui prépare également la dimension christologique : Tout dépend de la volonté souveraine de Jésus, qui apparaît lui-même comme le Seigneur qui tient son autorité de Dieu.[350]

Le vocabulaire n'est pas très différent pour tous. Ils utilisent le mot « aussitôt » (cf. Mc 1,42 : « Et aussitôt la lèpre disparut de lui » ; Mt 8,3 : « et aussitôt, en se purifiant, sa lèpre disparut » ; et Lc 5,13 : « et aussitôt la lèpre disparut de lui ») ; ce mot a un effet plus calme et plus sensuel. Les mots « et il fut purifié » (cf. Mc 1,42) ou « aussitôt sa lèpre fut purifiée » (cf. Mt 8,3) sont omis chez Luc. Marc et Matthieu utilisent deux fois le mot « purifié » dans ce bloc de contenu, Luc seulement une fois.

Après la guérison de la lèpre, la consigne de silence est la même chez les trois (Mc 1,44 ; Mt 8,4 ; Lc 5,14). Seul le début de la consigne de silence est différent chez Luc. Il utilise le mot « commandement » (cf. Lc 5,14), qui peut être compris comme un ordre dans le contexte du commandement de se taire. Il y a une autre différence de vocabulaire entre Matthieu, qui utilise le mot « don », et « purification », utilisé par Marc et Luc.

Dans le sens du reste du verset, les deux mots signifient la même chose. La personne guérie doit présenter au prêtre l'offrande prescrite par Moïse et consignée dans Lv 13 et suivants. Marc et Luc ont encore une conclusion, tandis que la péricope de Matthieu se termine par le commandement de se taire. Chez Marc et Luc, le lépreux guéri annonce effectivement sa guérison et donc l'action de Jésus. Dans les deux cas, Jésus se retire ensuite dans un endroit isolé. En quelques mots, les trois péricopes ne diffèrent pas fondamentalement les unes des autres. Le cœur de la péricope et les déclarations sont presque identiques chez les trois évangélistes. La guérison et la loi du silence sont au premier plan dans chacun d'entre eux. L'introduction et la conclusion sont toutefois différentes. Luc embellit un peu sa version dans quelques versets et ajoute quelques détails.

---

[348] Cf. Müller, Kompendium der frühchristlichen Wundererzählung, 231.
[349] Dans le Nouveau Testament, le titre « Kyrios » (κύριος, gr. Seigneur) fait souvent référence à Dieu. Cet usage de Kyrios est également attesté dans le judaïsme primitif, remplaçant le nom de Dieu (YHWH) par le titre « (le) Seigneur » (cf. 1 QGenApoc 20,12s ; TestLevi 18,2).
[350] Cf. Luz, Das Evangelium nach Matthäus, 9.

2.2.2.3. *Références à l'Ancien Testament en Mc 1,40-45*

Dans leur forme et leur genre, les récits de miracles de Marc montrent clairement des contacts avec des parallèles de l'Ancien Testament.[351] Comme le montrent les nombreuses références à l'AT, Mc 1,40-45 est historiquement enraciné dans le judéo-christianisme. Cela indique une influence importante du récit de la guérison des lépreux en 2 R 5,1-19 (guérison de la lèpre de Naaman). Les concordances littérales entre Mc 1,41s et 2 R 5,13s (*καθαρίσθητι καὶ ἐκαθαρίσθη*) indiquent une influence des LXX et donc une formulation a priori grecque de la matière.[352] Le texte oppose Jésus, prophète eschatologique ou « homme de Dieu », au prophète Elisée concernant la guérison de Naaman. Hormis le fait qu'il étende la main et touche le lépreux, comme semble le présupposer 2 R 5,11 comme geste habituel de guérison de la lèpre, aucune autre technique de guérison par Jésus n'est mentionnée, à part les mots *θέλω* et *καθαρίσθητι*.[353] Bien qu'il y ait un lien avec ce qu'Elisée a fait dans 2 R 5, il est important de se rappeler que dans le judaïsme ancien, la guérison de la lèpre impliquait le pouvoir miraculeux de Dieu lui-même. C'était comme une résurrection. Ce que Jésus fait en guérissant le lépreux va donc au-delà de la simple purification. Il y a clairement une adaptation et un dépassement christologiques de 2 R 5. L'agenouillement, un geste de respect et d'humilité, souligne l'urgence de la demande. Le discours direct exprime la confiance que Jésus dispose du pouvoir que Dieu lui a conféré pour rendre le lépreux pur. Selon la conception de l'Ancien Testament, Dieu possède toute la puissance et commande tout, si cela correspond à sa volonté (cf. Is 55,11 ; Qo 8,3 ; Jb 42,2 ; Sg 12,18).[354] Ainsi, si Jésus possède cette puissance qui est propre à Dieu, c'est la preuve qu'il est le Fils de Dieu (Mc 1,1).

2.2.2.4. *Conclusion*

La guérison de la lèpre par le toucher est quelque chose d'inimaginable. Le lépreux et Jésus enfreignent les règles habituelles. Le lépreux s'approche de Jésus, bien que cela soit interdit par la loi. Il sait cependant qui peut le sauver et franchit donc les frontières. Il

---

[351] Cf. Ernst, Das Evangelium nach Markus, 80-82.
[352] Cf. Kollmann, Neutestamentliche Wundergeschichten, 225.
[353] Cf. idem.
[354] Cf. Dschulnigg, Theologischer Kommentar zum Neuem Testament, 89.

attribue à Jésus une compétence divine : il le supplie, tombe à genoux et dit : « Si tu le veux, tu peux me purifier ». La génuflexion est un geste de foi. La réaction de Jésus est également étrange ; il touche l'intouchable. Toucher délibérément un lépreux était quelque chose de totalement nouveau. Cela aurait dû rendre Jésus impur, mais paradoxalement, cela semblait avoir un effet purificateur. Dans le contexte de cet épisode, il s'agit du thème de la puissance de Jésus, qui transcende toutes les barrières. Dans le cas de Marc, il s'agit de la lutte du Fils tout-puissant contre les forces du mal. Le geste d'étendre sa main symbolise la transmission du pouvoir de guérison au malade. Ce geste est l'expression de la volonté de Jésus d'accéder à la puissance divine. Il est accompagné d'une parole puissante : « Je le veux, sois purifié » (Mc 1,41). L'ajout « aussitôt la lèpre disparut et l'homme fut pur » souligne ce pouvoir de guérison de Jésus. Cette force est en lui ; il ne l'emprunte pas à quelqu'un d'autre. C'est ce qui le distingue des autres guérisseurs du monde antique. Ce qui vaut pour la parole de YAHVE (dans l'AT) vaut également pour la parole de Jésus (cf. Is 55,9-11). La guérison du lépreux est donc une expression de la compétence divine de Jésus. Ce qui ressort de l'expérience de la compétence de Dieu à travers son prophète Elisée (2 R 5,1-14) se réalise chez Jésus sans aucune médiation. Cela est attesté par la survenue immédiate de la guérison. Le texte souligne également la proximité de la souveraineté de Dieu. Le destinataire de ce récit est la communauté des lecteurs qui se trouvent dans une situation d'exclusion. Le lecteur doit savoir immédiatement que rien ne peut l'arrêter, puisqu'il s'approche de Jésus.

2.2.3. Guérison d'une femme malade avec écoulement de sang (Mc 5,25-34/Mt 9,20-22/Lc 8,43-48)

Il nous est rapporté à plusieurs reprises qu'une personne est guérie en touchant le bord du vêtement de Jésus. Même sans que Jésus ait l'intention de guérir cette personne, par le simple contact de son manteau, comme si le manteau avait en soi un pouvoir particulier (Mt 14,35-36 ; Mc 5,25-34// Mt 9,20-2 ; Nb 15,37-41 ; Zach 8,23). Nous analysons ci-dessous un tel cas de guérison : Mc 5,25-34.

2.2.3.1. Analyse du texte

a. Texte grec[355] et traduction[356] :

25 Καὶ γυνὴ οὖσα ἐν ῥύσει αἵματος δώδεκα ἔτη

26 καὶ πολλὰ παθοῦσα ὑπὸ πολλῶν ἰατρῶν καὶ δαπανήσασα τὰ παρ' αὐτῆς πάντα καὶ μηδὲν ὠφεληθεῖσα ἀλλὰ μᾶλλον εἰς τὸ χεῖρον ἐλθοῦσα,

27 ἀκούσασα περὶ τοῦ Ἰησοῦ, ἐλθοῦσα ἐν τῷ ὄχλῳ ὄπισθεν ἥψατο τοῦ ἱματίου αὐτοῦ·

28 ἔλεγεν γὰρ ὅτι ἐὰν ἅψωμαι κἂν τῶν ἱματίων αὐτοῦ σωθήσομαι.

29 καὶ εὐθὺς ἐξηράνθη ἡ πηγὴ τοῦ αἵματος αὐτῆς καὶ ἔγνω τῷ σώματι ὅτι ἴαται ἀπὸ τῆς μάστιγος.

30 καὶ εὐθὺς ὁ Ἰησοῦς ἐπιγνοὺς ἐν ἑαυτῷ τὴν ἐξ αὐτοῦ δύναμιν ἐξελθοῦσαν ἐπιστραφεὶς ἐν τῷ ὄχλῳ ἔλεγεν· τίς μου ἥψατο τῶν ἱματίων;

31 καὶ ἔλεγον αὐτῷ οἱ μαθηταὶ αὐτοῦ· βλέπεις τὸν ὄχλον συνθλίβοντά σε καὶ λέγεις· τίς μου ἥψατο;

32 καὶ περιεβλέπετο ἰδεῖν τὴν τοῦτο ποιήσασαν.

33 ἡ δὲ γυνὴ φοβηθεῖσα καὶ τρέμουσα, εἰδυῖα ὃ γέγονεν αὐτῇ, ἦλθεν καὶ προσέπεσεν αὐτῷ καὶ εἶπεν αὐτῷ πᾶσαν τὴν ἀλήθειαν.

34 ὁ δὲ εἶπεν αὐτῇ· θυγάτηρ, ἡ πίστις σου σέσωκέν σε· ὕπαγε εἰς εἰρήνην καὶ ἴσθι ὑγιὴς ἀπὸ τῆς μάστιγός σου.

Traduction :

25 Et une femme qui était dans le flux de sang douze ans

26 et souffrant beaucoup de beaucoup de médecins et dépensant tout d'elle et n'ayant aucun bénéfice, mais (beaucoup)plus venant au pire,

27 entendant parler de Jésus, venant dans la foule, touchant son vêtement par derrière ;

28 car elle disait : Si je touche ne serait-ce que ses vêtements, je serai sauvée.

29 Et aussitôt la source de son sang se tarit, et elle reconnut dans son corps qu'elle était guérie de son tourment.

30 Et aussitôt, reconnaissant en lui la force qui sortait de lui, se retournant dans la foule, Jésus dit : Qui m'a touché aux vêtements ?

31 Et ses disciples lui dirent : Tu vois la foule qui te presse, et tu dis : Qui m'a touché ?

32 Et il regarda autour de lui pour voir qui avait fait cela.

33 La femme, effrayée et tremblante, sachant ce qui lui était arrivé, vint se prosterner devant lui et lui dit toute la vérité.

34 Celui-ci lui dit : Ma fille, ta foi t'a sauvée ; va en paix et sois guérie de ton mal !

---

[355] ALAND, Barbara und ALAND, Kurt (Éd.), Novum Testamentum Graece, Stuttgart 2012[28]
[356] Traduction libre du texte de „Münchener Neues Testament", Patmos 2016[11].

b. Le texte dans son contexte :

« La guérison de la femme ensanglantée et le réveil de la fille de Jaïre ont lieu au début du ministère de Jésus en Galilée ».[357] Ces deux guérisons (Mc 5,21-34 et 35-43) sont précédées du récit de la guérison du possédé à Gérasa (Mc 5,1-20). La fin de ce double passage est marquée par un changement de lieu pour Jésus et ses disciples. Ils quittent le territoire païen et retournent à Nazareth. Le v 18 suggère que Jésus monte dans la barque pour se rendre dans un lieu habité par des Juifs. L'apparition de Jaïrus, le chef de la synagogue, est une indication qu'ils ne se trouvent plus dans la Décapole des païens. Le v 21 rapporte qu'il se trouvait encore au bord de la mer lorsque Jaïrus l'a rejoint. Ce verset indique également un changement de personne, car « une grande foule » s'était rassemblée auprès de Jésus. La foule est indispensable pour l'histoire de la femme avec les hémorragies, mais pas pour la résurrection de la fille de Jaïrus. Le narrateur s'intéresse soudain à une femme au milieu de cette foule et nous décrit en détail son destin douloureux.[358] Cette femme sans nom souffre d'une maladie invalidante qui la rend impure et l'exclut d'une vie de couple normale ; elle s'est ruinée en frais médicaux et semble seule dans la vie. Ayant entendu ce qui a été dit sur Jésus, elle décide de venir à lui. Elle ne cherche pas de nouveaux soins de la part d'un professionnel, mais la rédemption (v 28).[359] Elle trouve un moyen d'atteindre Jésus sans le déranger et sans lui demander explicitement. Le contact de son vêtement devrait lui suffire. Son raisonnement semble découler d'une croyance antique très répandue selon laquelle les vêtements peuvent transmettre le pouvoir d'un faiseur de miracles.[360] Et elle réussit, car la perte de sang s'arrête immédiatement.

c. Délimitation du texte :

Le passage Mc 5,25-34 se trouve dans la partie de l'évangile de Marc qui décrit les activités de Jésus dans les environs du lac de Galilée (chapitres 4 à 8). Il est suivi de son activité sur le chemin de Jérusalem ainsi qu'à Jérusalem même (chapitres 8 à 13).[361] Cette guérison de la femme ensanglantée s'insère dans la scène de la résurrection de la fille de Jaïre. Les deux for-

---

[357] Cf. https://www.bibelwissenschaft.de/bibelkommentar/beitraege-im-obk/detailansicht/ch/fdec8434ea7bf95b226b361cd0c677f1/?tx_gbbibelkommentar_main%5Bcomme nt%5D=55&tx_gbbibelkommentar_main%5Baction%5D=show&tx_gbbibelkommentar_main%5Bcon troller%5D=Comment (disponible le 21.05.2021).

[358] Cf. Focant, Evangile selon Marc, dans : Le Nouveau Testament commenté, 180.

[359] Cf. idem.

[360] Cf. idem.

[361] Bienert, Bibelkunde des NTs, 65.

ment ensemble le passage Mc 5,21-43. « La scène de Mc 5,25-34 est cependant cohérente en soi et représente donc une seule guérison. Le début et la fin de l'action sont rapidement identifiables : le début de l'apparition de la femme est clairement mentionné au verset 25 ».[362] La fin de la scène est également clairement définie ; le v 34 montre comment l'histoire se termine : La femme a été sauvée et Jésus la congédie en disant : « Ma fille, ta foi t'a sauvée ; va en paix et sois guérie de ton mal ». Avec le v 35, l'histoire du départ de Jésus chez Jaïre se poursuit, mais cette fois avec la mauvaise nouvelle de la mort de la jeune fille.

d. Structure :

Dans sa disposition actuelle, la péricope peut être divisée en quatre sections qui s'adaptent au schéma de l'itinéraire donné par l'histoire de la guérison.

Mc 5,25-26 : Présentation de la femme qui a du sang et de
son expérience avec les médecins.
Mc 5,27-29 : Toucher le vêtement de Jésus et guérison immédiate.
Mc 5,30-32 : Réaction et question de Jésus à ses disciples.
Mc 5,33-34 : Le dialogue de Jésus avec la femme guérie.

Les versets 25 et 26 servent à décrire la maladie dont souffre la femme. Il est expliqué qu'elle lutte contre cette maladie depuis douze ans et que même les médecins n'ont pas pu l'aider, ce qui lui a fait perdre ses biens et a même aggravé la maladie. L'action proprement dite ne commence qu'au verset 27. Il y est décrit que la femme avait entendu parler de la venue de Jésus et comment elle a touché son vêtement par derrière. Le verset 28 montre clairement à quel point la femme a confiance en Jésus et en son pouvoir de guérison. Elle est ainsi convaincue que le seul fait de toucher le vêtement de Jésus la guérira. Au verset suivant (29), elle est guérie de son infirmité. Ensuite - au verset 30 - Jésus ressent « la force qui émane de lui ». Il demande ensuite à ses disciples, en langage direct, qui l'a touché. Au verset 31, les disciples sont déconcertés par la question, car il est très improbable d'être touché par une seule personne dans une foule. Au verset 32, Jésus regarde autour de lui pour voir la femme. La femme s'avance alors et se prosterne (verset 33a) et lui dit toute la vérité (verset 33b). Au dernier verset (34), Jésus s'adresse à elle en termes directs et - au lieu de la critiquer - il utilise le mot « fille » pour l'encourager. Il lui explique que c'est sa foi qui l'a sauvée et lui fait la promesse de guérison « sois guérie de ta plaie ».

---

[362] Gnilka, Das Evangelium nach Markus I, 209.

e. Interprétation :

L'histoire de la guérison de la femme ensanglantée s'intègre dans l'histoire de la guérison de la fille de Jaïrus. Contrairement aux autres récits de guérison, la femme ne s'approche pas directement de Jésus pour lui demander de l'aide. Elle n'entre pas du tout en contact avec lui. Le contact est presque imperceptible.[363] Elle s'approche de lui par derrière et touche son vêtement[364] (v 27). La femme ne regarde pas Jésus en face et ne cherche pas à lui parler. Gnilka suppose que son intention de le toucher sans qu'il s'en aperçoive est liée à sa réticence à parler publiquement de sa maladie.[365] Après des années où aucun médecin n'a pu soulager sa souffrance avec ses pratiques de guérison[366], elle a confiance et espoir que Jésus pourra l'aider, car elle se dit : « Si je touche au moins ses vêtements, je serai sauvée » (v 28). Le projet de la femme est motivé par la réputation de faiseur de miracles dont jouit Jésus (cf. Mc 1,33.36s; 2,1-4 ; 3,8.10 ; 6,56 ; 7,25 ; 10,47).[367] Ce qu'elle a entendu à son sujet est ce qui la pousse à toucher ses vêtements. Elle pense que ce contact suffira à la guérir. Après avoir touché le vêtement, la guérison est immédiate et Jésus lui-même témoigne de ce qui s'est passé : il est conscient de la force qui est sortie de lui (v 30). Le fait que le guérisseur remarque sur lui-même que la force émane de lui confirme que la force s'est transmise à la personne malade par le contact avec son vêtement, dont la femme ressent à son tour les effets dans son corps (cf. *ἐν ἑαυτῷ* avec *τῷ σώματι* v 29).[368] La force (*δύναμις*) qui émane de Jésus passe par son vêtement. Cette force qui remplit Jésus n'est cependant pas quelque chose de physique, mais doit être pensée comme une *dynamis*[369] spirituelle donnée par Dieu, qui se communique à l'autre comme

---

[363] Le narrateur parle dans la terminologie de Lv 15,19ss (cf. v 25 : *καὶ γυνὴ οὖσα ἐν ῥύσει αἵματος* = et une femme qui était dans le flux de sang) et présuppose certainement que le contact avec une personne qui a du sang rend impur. Cela pourrait aussi expliquer pourquoi la femme s'est approchée de Jésus par derrière dans la foule.

[364] Dans l'AT, le fait de toucher un liquide sanguin (cf. Lv 15,25), comme un flux de sang impur, était pris comme image du péché.

[365] Cf. Gnilka, Das Evangelium nach Marks I, 215.

[366] Rappelons que seules les personnes riches pouvaient s'offrir des médecins (cf. Gnilka, Das Evangelium nach Markus I, 215). Il est probable que la femme serait devenue pauvre si elle avait consulté plusieurs médecins. C'est pour cette raison qu'elle s'adresse à Jésus, qui ne lui demande pas un centime.

[367] Cf. Pesch, Das Markusevangelium I, 301.

[368] L'idée sous-jacente de la personne chargée de force (*δύναμις*) est largement répandue dans l'Antiquité. Le pouvoir de guérison est transmis au malade par le toucher (cf. Focant, Évangile selon Marc, dans : Le NT commenté, 180).

[369] « Dans l'évangile de Marc, le mot *dynamis* est utilisé 10 fois en tout (Mc 5,30 ; 6,2.5.14 ; 9,1.39 ; 12,24 ; 13,25.26 ; 14,62). Dans l'évangile de Marc, lorsqu'il est question de *dynamis*, il s'agit généralement d'une force qui « émane de Dieu » (Metternich, 202).

un fluide.[370] Au verset 31, les disciples de Jésus sont brusquement introduits dans le récit. Ils avancent l'objection sceptique qu'il est impossible de déterminer dans la foule qui a touché Jésus. Si l'on ne sait rien de la transmission invisible de la force, on peut comprendre la remarque des disciples de Jésus, qui peut facilement être interprétée comme sarcastique.[371] Le narrateur rappelle la situation de Jésus dans la foule (cf. v 24 et surtout v 27 : ἐν τῷ ὄχλῳ) afin de préparer la réponse des disciples (v 31). L'opinion des disciples est que beaucoup d'autres personnes l'ont touché avec des intentions similaires à celles de la femme (par ex. Mc 3,10). Il devient donc urgent de se demander ce qui distingue la femme des autres, à savoir que la guérison lui a été accordée.[372] La foi simple de la femme peut être mise en relation avec des éléments de la pratique antique. Cette foi naïve, dans laquelle elle espère être guérie en touchant le vêtement de Jésus, appartient à un mode de représentation occulte du monde antique.[373] La conversation entre Jésus et la femme est un renforcement pour elle. Les déclarations de la femme montrent qu'elle a confiance en la capacité de Jésus à guérir sa maladie. Le fait que la femme ait enfreint les règles de pureté juives (Lv 12-15), qu'elle ait eu honte de sa maladie, qu'elle ait dérobé des forces illégitimes, ne peut expliquer que partiellement sa peur. Elle était probablement consciente de l'ambiguïté de son geste : le toucher pouvait aussi être compris comme une tentative de se débarrasser de la maladie en la transmettant.[374] La femme s'est échappée des limites taboues qui lui avaient été imposées (cf. Lv 15,19-27).[375] La foi est d'abord l'espoir d'une guérison de toute expérience de la mortalité, mais aussi une percée vers la confession de la vérité, ce qui a dû être difficile pour la femme : Sa foi est une foi éprouvée par les difficultés, selon Theißen.[376] Les paroles de libération de Jésus interprètent l'action de la femme comme de la foi (v 34). Cette foi, reconnue comme pleinement valable mais non développée, était le fondement sur lequel le salut et la santé lui étaient offerts : « Ma fille, ta foi t'a sauvée ; va en paix et sois guérie de ton infirmité » (v 34). La conclusion de Jésus établit une communion plus profonde entre la femme et lui ; il s'adresse à elle en tant que « fille » (cf. 2,5), c'est-à-

---

[370] Cf. Gnilka, Das Evangelium nach Marks I, 215.

[371] Cf. Bayer, das Evangelium des Markus, 231.

[372] Cf. Gnilka, Das Evangelium nach Markus I, 216.

[373] Cf. Focant, Évangile selon Marc, dans : Le NT commenté, 180; voir aussi Metternich, Sie sagte ihm die ganze Wahrheit, 54.

[374] Cf. Epidaurus W 7, wo die Krankheit auf ein Tuch übertragen werden sollte.

[375] Cf. Metternich, Sie sagte ihm die ganze Wahrheit, 80-83.

[376] Cf. Theissen, Urchristliche Wundergeschichten, 137.

dire qu'il utilise une formule de politesse (cf. Rt 2,8 ; 3,10 ; Ps 45,11). Ce que la femme a fait n'est pas oublié. Mais il est désormais clair qu'elle n'a pas agi en se fiant aveuglément à des forces magiques, mais par la foi ; elle devient ainsi un exemple pour ceux qui entendent.[377] La foi des personnes guéries dans la tradition synoptique est liée à Jésus, à sa qualité de porteur de la révélation. Il s'agit d'une confiance dans le faiseur de miracles (et, en tant que telle, d'une réceptivité psychique et curative à la force charismatique qui émane de lui), mais qui est mise au défi par celui-ci de manière particulière comme une confiance en Dieu qui offre le salut à travers lui. Sur la base de ce motif, Pesch affirme que ce récit joue un rôle important dans l'ensemble de l'évangile de Marc : il témoigne 1. de la réputation de Jésus en tant que thérapeute charismatique (v 27 ; cf. Mc 1,35-39) ; 2. du lien entre le fait miraculeux et de l'offre de foi dans le ministère de Jésus (v 33s) ; 3. de la relation ininterrompue, bien que purifiée, de Jésus, aboli dans la foi, avec la pratique thaumaturgique et thérapeutique de l'époque ; 4. de la valorisation de la femme par Jésus dans le public de l'époque, en protestation contre les craintes démoniaques.[378] Il est également clair que la transmission du récit sert des objectifs missionnaires : Jésus peut être montré comme étant si puissant que le contact de son vêtement suffit à guérir une maladie de douze ans, jusque-là incurable - d'autant plus que la souveraineté de Jésus dans la découverte de la femme et l'accent mis sur sa foi soustrait le récit à des interprétations ambiguës.[379] La première communauté a pu facilement inclure ce récit dans sa collection d'histoires de miracles, car il enrichit l'image de celui en qui Dieu agit pour le salut des hommes et qui offre à tous le salut par la foi.

f. Contexte historique et religieux (Mc 5,25-34) :

Le point central du récit est le toucher de la femme. Le verbe « toucher » (ἅπτομαί) apparaît quatre fois dans ce récit (Mc 5,27.28.30.31). Par le toucher, elle obtient la guérison ; en même temps, le toucher est l'occasion et le sujet de la conversation qui suit la guérison.[380] L'interprétation de ce comportement, rapporté par tous les synoptiques, se trouve généralement dans le domaine des pratiques médicales de l'Antiquité, souvent qualifiées de magie.[381] Du point de vue du processus, on peut parler d'une représentation populaire du monde antique.

---

[377] Cf. Bayer, das Evangelium des Markus, 231
[378] Pesch, Das Markusevangelium I, 306.
[379] Cf. idem.
[380] Cf. Metternich, Sie sagte ihm die ganze Wahrheit, 55.
[381] Cf. Hutter, Ein altorientalischer Bittgestus, 133.

Cependant, selon la foi juive, le fait de toucher la femme ensanglantée va à l'encontre des prescriptions de la Torah pour les femmes ayant des saignements génitaux réguliers ou irréguliers (cf. Lv 12 et 15). Ni la femme qui a des pertes de sang ni Jésus ne respectent ces prescriptions. Marc ne mentionne pas que la femme s'est lavé les mains avant de le toucher et qu'elle a transmis les offrandes prescrites au prêtre après sa guérison.[382] Les conventions de la société religieuse sont ainsi remises en question.

La fin de notre texte montre que cette femme a été poussée par sa foi en Jésus. Elle était motivée par la conviction que le simple fait de toucher les vêtements de Jésus pourrait l'aider. Elle a entendu parler de la capacité de Jésus à guérir (cf. Mc 3,8.10 ; 6,2.56). Elle sait certainement qu'en touchant Jésus, elle le rend cultuellement impur (Lv 15,19-23). Mais sa détresse est plus grande que la disposition de Lv 15.[383] Elle se permet de braver cette interdiction (se moquer). Si le simple fait de toucher les vêtements d'une personne la rend impure (Lv 15,28), la femme en arrive à la conclusion, dans son dialogue avec elle-même, que le fait de toucher les vêtements de Jésus contient déjà en soi la possibilité de guérison : Si je touche seulement son vêtement, je serai guérie. Cette conviction n'est pas corrigée par le guérisseur Jésus, mais trouve sa confirmation dans les événements. Les vv 27.28.30.31 prouvent qu'effectivement, en touchant avec foi le vêtement de Jésus, la puissance de Jésus est transmise à la femme.[384] La guérison est immédiate. Lorsque la femme touche secrètement le vêtement de Jésus, elle est guérie et Jésus confirme la guérison en disant : « Ma fille, ta foi t'a sauvée ; va en paix et sois guérie de ton infirmité » (v 34).

Hutter souligne que cette conviction se trouvait déjà dans les pratiques de l'Orient ancien : « Tant en Mésopotamie que dans la région de l'ouest sémitique, on trouve des témoignages qui parlent de toucher l'ourlet de la robe. Pour 'toucher', on utilise les termes ṣabātu, kullu, pour 'ourlet de la robe', sissiktu, qannu ou כנף ».[385] Le geste de toucher l'ourlet du vêtement pouvait avoir différentes significations selon le contexte. Dans le langage politique, il désigne un acte par lequel un souverain se soumet à un autre, entre dans un rapport de dépendance ou de protection avec lui, devient son vassal[386] ; toucher le bord de la robe était un acte de revendi-

---

[382] Cf. Kahl, W., Glauben lässt Jesu Wunderkraft heilsam überfließen Mk 5,25-34, dans : Zimmermann (Éd.), Kompendium I, 286.

[383] Cf. Bayer, Das Evangelium des Markus, 230.

[384] Cf. Pesch, Das Markusevangelium I, 303.

[385] Hutter, Ein altorientalischer Bittgestus, 133.

[386] Cf. idem.

cation juridique, et dans le domaine religieux, c'était un geste de supplication à l'égard de Dieu ou des hommes.

2.2.3.2. *Comparaison synoptique*

Mc 5,25-34	Mt 9,20-22	Lc 8,43-48
25 Or il y avait une femme affligée d'un flux de sang depuis douze années ; 26 elle avait beaucoup souffert de plusieurs médecins, et dépensé tout son bien, et loin d'avoir éprouvé quelque soulagement, avait vu son mal empirer. 27 Ayant entendu parler de Jesus, elle vint dans la foule et toucha par derrière son manteau. 28 Car elle disait : « Si je touche seulement ses vêtements, je serai guérie. » 29 Aussitôt le flux de sang s'arrêta et elle sentit en son corps qu'elle était guérie de son infirmité. 30 Au même moment, Jesus connut en lui-même qu'une vertu était sortie de lui, et, se retourna au milieu de la foule, il dit : 31 « Qui a touché mes vêtements ? » Ses disciples lui dirent : « Vous voyez la foule qui vous presse de tous côtés, et vous demandez : Qui m'a touché ? » 32 Et il regardait au tour de lui pour voir celle qui l'avait touché. 33 Cette femme, tremblante de crainte, sachant ce qui s'était passé en elle, vint se jeter à ses pieds, et lui dit toute la vérité. 34 Jésus lui dit : « Ma fille, ta foi t'a sauvée ; va en paix et sois guérie de ton infirmité.	20 Et voilà qu'une femme, affligée d'un flux de sang depuis douze années, s'approcha par derrière, et toucha la houppe de son manteau. 21 Car elle disait en elle-même : « Si je touche seulement son manteau, je serais guérie. » 22 Jesus se retourna, et la voyant, il lui dit : « Ayez confiance, ma fille, votre foi vous a guérie. » Et cette femme fut guérie à l'heure même.	43 Comme Jésus y allait, et qu'était pressé par la foule, une femme affligée d'un flux de sang depuis douze ans, et qui avait dépensé tout son bien en médecins, sans qu'aucun eut pu la guérir, 44 s'approcha de lui par derrière et toucha la houppe de son manteau. A l'instant son flux de sang s'arrêta. 45 Et Jésus dit : « Qui m'a touché ? » Tous s'en défendant, Pierre et tous ceux qui étaient avec lui dirent : « Maitre, la foule vous entoure et vous presse, et vous demandez : Qui m'a touché ? » 46 Mais Jésus dit : « Quelqu'un m'a touché, car j'ai senti qu'une force était sortie de moi ». 47 Se voyant découverte, la femme vint toute tremblante se jeter à ses pieds, et raconta devant tout le peuple pourquoi elle l'avait touché, et comment elle avait été guérie à l'instant. 48 Et Jésus lui dit : « Ma fille, t'a foi t'a sauvé ; va en paix. »

Si l'on compare les trois textes synoptiques entre eux, on ne peut pas ignorer certaines différences entre eux. « Alors que chez Marc et Luc, la δύναμις *(dynamis)* ressort clairement (cf. Mc 5,30/Lc 8,46), la péricope de Mt présente cependant une conception très différente. Matthieu a raccourci le récit par rapport à Marc et a développé un récit dont le thème est la foi qui sauve. Et dans ce nouveau contexte, le geste de la femme a aussi une autre signification que chez Marc et Luc ».[387] Chez Marc, l'événement est présenté de manière plus détaillée : La femme avait beaucoup souffert du traitement de nombreux médecins et avait dépensé tout ce qu'elle avait, mais au lieu d'aller mieux, son état s'était aggravé. Lorsqu'elle entendit parler de Jésus, elle se plaça derrière lui dans la foule et toucha ses vêtements, pensant : « *Si je touche seulement ses vêtements, je serai guérie* ». Immédiatement, son hémorragie s'est arrêtée et elle a senti dans son corps qu'elle était libérée de sa souffrance. La version de Matthieu est beaucoup plus concise et présente de nettes différences, voire des divergences, avec les récits de Marc et de Luc. Matthieu ne dit pas que la femme n'a trouvé personne pour la soigner (comme Marc et Luc), et encore moins qu'elle a dépensé toutes ses économies en médecins, mais que son mal n'a fait qu'empirer (comme Marc). Dans le récit de Matthieu, il n'y a pas de foule. Jésus remarque immédiatement que la femme l'a touché, au lieu de demander et de regarder d'abord qui, dans la foule, l'a touché. La femme ne tremble pas non plus de peur et lui dit pourquoi elle a fait cela. Selon Matthieu, Jésus ne doit pas ressentir de perte de pouvoir. La femme n'est guérie qu'après que Jésus lui a parlé, et non pas immédiatement lorsqu'elle touche la houppe de son manteau. Tous ces détails disparaissent pour laisser à Jésus la possibilité de se mettre en avant. Contrairement à Marc, Matthieu et Luc ajoutent une référence à la houppe sur le vêtement de Jésus. Mc 27 indique que la femme a touché le manteau de Jésus (*το ἱματίον*). Il n'y a donc pas de description plus précise de la partie du vêtement qui a été touchée par la femme. En revanche, Mt 9,20 et Lc 8,44 précisent le lieu de l'attouchement : la femme a touché la frange (*κράσπεδον*) du vêtement de Jésus. Marc 6,56 (Là où il entrait dans des villages, des villes ou des fermes, on étendait les malades sur les places publiques et on le priait de leur permettre de toucher au moins le bord de son vêtement ; et tous ceux qui le touchaient étaient guéris) est ainsi anticipé. Cet ajout implique que Jésus a accompli la loi qui exigeait de telles houppes (Nb 15,38-39 ; Dn 22,12 ; cf. Mt 5,17-20).[388] Plus tard, Matthieu insère son adverbe dans une référence similaire au contact d'une houppe sur le vêtement de Jésus (voir Mt 14,

---

[387] Hutter, Ein altorientalischer Bittgestus, 133.
[388] Cf. Gundry, Commentary on His Literary and Theological Art, 173.

36).[389] Outre l'omission de l'assèchement du flux sanguin de la femme, l'élimination systématique des notations spécifiquement physiques dans la description de la guérison et le maintien et l'ajout de différentes formes du verbe général « sauver » font de la délivrance de la femme un symbole du fait que Jésus sauve son peuple de ses péchés (cf. Mt 1,21 : *Mais elle enfantera un fils, et tu appelleras son nom Jésus, car il sauvera son peuple de ses péchés*).[390] Pour souligner l'immédiateté et la permanence du salut dans l'exercice de la foi, Matthieu insère l'expression typiquement rabbinique « dès cette heure » (qui n'apparaît ni chez Marc ni chez Luc, mais qui est comparable à « immédiatement » en Marc 5,29 ; cf. Lc 8,44.47). En ce qui concerne les guérisons, la même phrase réapparaîtra sous forme d'insert en Mt 15,28 ; 17,18.[391] Bien que les omissions de Matthieu placent l'affirmation du salut par la foi au centre du récit, l'action de la femme qui touche le vêtement de Jésus est également importante. L'implication du parfait de σέσωκεν σε (t'a sauvé) est qu'au moment où Jésus s'est adressé à elle de cette manière, la femme était déjà sauvée.

2.2.3.3. *Références à l'Ancien Testament dans Mc 5,25-34*

Le motif du contact avec le manteau peut également être reconnu dans les deux passages de l'AT (1 S 15, 27-28 ; Za 8, 23) où il est question de saisir le pan du vêtement.[392] En 1 S 15,27-28, Saül saisit le bord du manteau du prophète Samuel pour obtenir peut-être le pardon après son rejet par Yahvé. Mais l'ourlet du vêtement est arraché. Les deux actions symboliques du v 27 trouvent leur explication dans le contexte : Samuel interprète l'arrachage de la frange du vêtement comme le fait que Yahvé a arraché la royauté à Saül (v 28). L'interprétation de l'action de Saül est à chercher dans les versets précédents, dans lesquels il reconnaît son péché (1 S 15,24-26). En saisissant le pan de son manteau, il veut demander l'annulation de la sentence de réprobation. La demande de Saül est donc ici très bien habillée en mots et en gestes, tout comme son refus final apparaît également en mots et en gestes. En Za 8,23, il est dit que dix

---

[389] « Et (on) lui demanda de leur faire toucher au moins le bord de son vêtement. Et tous ceux qui le touchèrent furent guéris » (Mt 14,36).

[390] Cf. Gundry, Commentary on His Literary and Theological Art, 174.

[391] Cf. idem.

[392] Lorsque Samuel se retourna pour s'en aller, Saül saisit le pan de son manteau, mais celui-ci se déchira. Samuel lui dit : « C'est ainsi que l'Éternel t'arrache aujourd'hui la domination d'Israël et la donne à un autre, qui est meilleur que toi » (1 S 15,27-28).

étrangers saisiront un Judéen par le bord de son vêtement pour avoir part au salut final. Dans ce passage également, il ne s'agit pas d'un acte de saisie, mais on peut y voir un geste de supplication, par lequel on implore aide et salut. Cet aspect est surtout mis en évidence chez Matthieu (cf. Mt 9,20-22).

2.2.3.4. Conclusion

En considérant le motif de toucher les vêtements, tout l'intérêt se porte sur la signification de Jésus en tant que guérisseur et sauveur de vie, rempli d'une force divine. Jésus se révèle être porteur d'une force (δύναμις) qui permet d'attirer sur soi la possibilité de sauver sa vie et de guérir, pour peu qu'on le touche. La force qui l'habite lui permet d'accomplir des actes de puissance et de guérison.[393] Il ressort de Mc 5,25-34 une évaluation claire de la force de Dieu qui agit entre la femme et Jésus. Selon Marc, la δύναμις *(dynamis)* est une force efficace qui se fait sentir dans le présent. Lorsque la femme touche Jésus, celui-ci ressent la *dynamis*. La femme la ressent également et l'expérimente comme une force de guérison.[394] Il est intéressant de noter que dans l'évangile de Marc, *Dynamis* apparaît pour la première fois dans l'histoire de la femme qui a un flux de sang. On peut supposer que Mc 5,25-34 devient ainsi un récit prototypique de l'efficacité de la *dynamis* de Jésus. Mais il ne faut pas minimiser le rôle de la foi qui sauve dans ce récit. Plusieurs personnes ont touché Jésus comme la femme qui avait du sang (v 31) ; mais elle seule a été guérie parce que son action était motivée par la foi en celui qui la guérissait. La conversation de Jésus avec la femme guérie en est la preuve. Dans le discours de Jésus sur la foi qui sauve la vie et dans la libération de la femme avec une confirmation de la guérison, Marc conclut cette scène.

2.2.4. Guérisons par le contact des suaires ou des ceintures (Ac 19,11-12)

Depuis la Pentecôte, selon le récit des Actes, de nombreux signes et miracles se sont produits parmi le peuple par les mains des apôtres. Les apôtres accomplissaient des guérisons selon le genre littéraire « récits de miracles »[395] , c'est-à-dire par la parole et les gestes. Le chapitre

---

393 Cf. Metternich, Sie sagte ihm die ganze Wahrheit, 202.
394 Cf. idem.
395 Cf. Erlemann, Wunder, 58.

5 des Actes des Apôtres rapporte que des guérisons ont eu lieu par l'ombre de Pierre (Ac 5,12-16). Paul a également fait une expérience parallèle : ses suaires ou ses bandelettes pouvaient transmettre sa force (Ac 19,11-12). Cette expérience est plus proche de la guérison miraculeuse de la femme ensanglantée qui a touché le vêtement de Jésus (Lc 8,42-48 / Mc 5,25-34 / Mt 9,20-22) que de la guérison par l'ombre de Pierre.

2.2.4.1. Texte grec[396] et traduction (Ac 19,11-12)

11 Δυνάμεις τε οὐ τὰς τυχούσας ὁ θεὸς ἐποίει διὰ τῶν χειρῶν Παύλου,

12 ὥστε καὶ ἐπὶ τοὺς ἀσθενοῦντας ἀποφέρεσθαι ἀπὸ τοῦ χρωτὸς αὐτοῦ σουδάρια ἢ σιμικίνθια καὶ ἀπαλλάσσεσθαι ἀπ' αὐτῶν τὰς νόσους, τά τε πνεύματα τὰ πονηρὰ ἐκπορεύεσθαι.

Traduction :

11 Et Dieu n'a pas fait de miracles ordinaires par les mains de Paulus,

12 de sorte qu'on apportait aussi aux malades des suaires ou des bandelettes de sa peau, et les maladies se retiraient d'eux, et les esprits mauvais sortaient.

2.2.4.2. Le texte dans son contexte

La péricope Ac 19,11-12 constitue un récit collectif.[397] Après avoir traité de l'enseignement et de la prédication en Ac 19,1-10[398], l'auteur des Actes des Apôtres aborde maintenant les événements miraculeux. Ceux-ci accompagnent donc l'activité d'enseignement et de prédication. Le v 8 reproduit les mots (εἰσελθὼν εἰς τὴν συναγωγήν = entré dans la synagogue) utilisés en Ac 18,19.[399] Paul enseignait dans les synagogues, mais beaucoup s'entêtaient, refusaient de croire et se moquaient de la voie du Seigneur devant l'assemblée. Cela a poussé Paul à les

---

[396] ALAND, Barbara und ALAND, Kurt (Éd.), Novum Testamentum Graece, Stuttgart 2012[28].

[397] Dormeyer, Detlev / Galindo, Florencio, Die Apostelgeschichte, 76.

[398] Paul avait enseigné trois mois dans la synagogue d'Éphèse et deux ans dans la salle d'enseignement d'un tyran, raconte Luc. Tous les habitants de la province d'Asie, Juifs et Grecs, avaient entendu la parole (Ac 19,10). Beaucoup avaient renoncé à la sorcellerie, s'étaient tournés vers la nouvelle voie et avaient brûlé leurs livres de magie. Et c'est ainsi que la parole du Seigneur grandissait avec puissance et se renforçait (Ac 19,20).

[399] Cf. Barrett, Acts of the Apostles, 901.

quitter et à former un groupe de disciples qu'il enseignait jour après jour à l'école d'un certain Tyrannus. Les miracles que Dieu a accomplis par les mains de Paul étaient comme une confirmation de sa mission et ont conduit à la conversion de nombreuses personnes (Ac 19,18-20). Il n'est pas clair si ces miracles de guérison ont eu lieu pendant que Paul enseignait et prêchait, ou s'ils se sont produits entre les périodes d'enseignement et de prédication. La réponse à cette question est rendue difficile par le fait que l'activité d'enseignement et de prédication de Paul ne se limitait probablement pas à la maison d'enseignement ou à l'amphithéâtre de Tyrannus, mais se déroulait également en dehors.

2.2.4.3. Analyse du texte

Ces versets (Ac 19,11-12) constituent un passage tout à fait inhabituel dans les Actes des Apôtres. L'auteur introduit même ce point en parlant de « miracles extraordinaires » (δυνάμεις τε τὰς τυχούσας). Ils indiquent que les vêtements de Paul transmettaient le pouvoir de guérir les malades et de chasser les démons. Ces guérisons sont extraordinaires, car Dieu utilise des objets inanimés pour transmettre le pouvoir de guérison de Paul aux malades. Cela ne sert pas seulement à guérir, mais aussi à chasser les mauvais esprits.

La proclamation de la parole du Seigneur (v 10) a été accompagnée, comme souvent dans les Actes (voir par exemple Ac 4,29), de miracles (ici δυνάμεις ; les mots σημῆιον et τέρας ne sont pas utilisés dans ce contexte, ni nulle part après Ac 15,12). Le substantif « dynamis » (v 11) est habituellement traduit par « puissance » ou « force ». Le pluriel « dynameis » désigne une multitude de « manières d'agir », c'est-à-dire des « actes de puissance » ou des « actes de force ». Ces actes puissants ou de force ne se sont pas produits simplement, par hasard (ou τὰς τυχούσας), et ils n'ont pas été accomplis par Paul, mais par Dieu, plus précisément par le Dieu vénéré par Paul et les Juifs. Dieu lui-même a accompli les œuvres puissantes, διὰ τῶν χειρῶν Παύλου (par les mains de Paul).[400] Paul n'est donc pas un homme capable d'accomplir des miracles, mais il est un instrument de Dieu – concrètement, ses mains le sont. Ces œuvres puissantes sont οὐ τὰς τυχούσας (on ne les trouve pas habituellement ; elles sont exceptionnelles), pas des œuvres quelconques qui pourraient arriver à n'importe quel homme à n'importe quel moment, mais des œuvres particulières, des miracles inhabituels. On peut supposer que le verset 11 dresse le portrait du premier pneumatisme chrétien. En revanche, Luc présuppose

---

[400] Cf. Barrett, Acts of the Apostles, 906.

bien sûr que c'est une foi authentique qui a agi ainsi, non pas la foi dans le faiseur de miracles[401], mais dans son Dieu. C'est Dieu qui agit, mais à travers l'homme.

Le contact physique entre le guérisseur et le malade est une caractéristique commune aux récits de miracles (v 12). Le miracle est ici d'autant plus grand que le contact est indirect.[402] La vision traditionnelle des σουδάρια καὶ σιμικίνθια portés par Paul selon Ac 19,12 est qu'ils ont été utilisés par Paul dans son atelier.[403] Leary fait valoir que Paul portait de tels vêtements lorsqu'il travaillait le cuir : des manchons de sueur qui devaient être noués autour de sa tête et des tabliers qui devaient être noués autour de sa taille. Mais on se demande alors comment il aurait pu les porter à même la peau, alors qu'il portait probablement un vêtement de dessous et un vêtement de dessus. Leary explique et ajoute que le σιμικίνθιον (simikinthion) était probablement un vêtement porté non seulement par les travailleurs du cuir, mais aussi par d'autres personnes, et qu'il était porté en combinaison avec la tunique.[404] Comme l'ont montré Leary et d'autres, ces deux vêtements (σουδάρια καὶ σιμικίνθια) ont été utilisés dans différents contextes. Par exemple, σουδάρια étaient utilisés lors des funérailles, comme le montre Jn 20,7, où il est dit que Jésus mort en avait une autour de la tête.

Strelan soutient la probabilité que le σιμικίνθιον était généralement porté, comme l'explique Leary. Strelan estime cependant que Leary ne tient pas compte du contexte dans lequel Paul se trouvait.[405] Ac 19,9-10 indique que Paul a parlé quotidiennement pendant deux ans dans l'école normale de Tyrannus. Strelan veut mettre en évidence le lien entre σουδάρια et σιμικίνθια. Pour lui, σουδάρια serait probablement un foulard qui faisait partie du costume des orateurs et qui était noué autour du cou plus pour des raisons d'effet que pour des raisons pratiques.[406] En ce qui concerne σιμικίνθια, il s'agirait d'une forme plus fine de « cinctium », la ceinture. De telles ceintures étaient portées aussi bien par les hommes que par les femmes. La ceinture aurait été perçue par certaines personnes comme étant dotée d'une certaine force ou comme un symbole de vitalité. Si l'identification de ces vêtements de Paul est intéressante, la

---

[401] Cette conception se retrouve également dans le judaïsme primitif (voir l'exemple du charismatique Chanina ben Dosa, dans : Erlemann, Wunder, 32).

[402] Cf. Barrett, Acts of the Apostles, 906.

[403] Leary, T J., The 'Aprons' of St. Paul-Acts 19:12, dans : Journal of Theological Studies; London, Vol. 41, (Jan 1, 1990), 527-528, 527.

[404] Cf. idem, 528.

[405] Cf. Strelan, Richard, Acts 19,12: Paul's 'Aprons', dans : Journal of Theological Studies, 2003-04, Vol. 54 (1), P. 154-157, 156.

[406] Cf. idem.

décision des Éphésiens de vouloir prendre ces vêtements et de les mettre sur les malades et les possédés l'est tout autant (Ac 19,12). *Sudarium* était porté autour du cou et était donc en contact avec la force de la voix ; *Semicinctium* était porté autour de l'estomac et des organes génitaux et était donc en contact avec la force de cette partie du corps.[407] Que les vêtements d'un saint homme comme Paul aient été utilisés de cette manière et aient eu un tel impact n'aurait surpris personne parmi l'auditoire de Luc. Paul portait le *sudarium* et le *semicinctium* dans la salle de Tyrannus, où il débattait, dialoguait et enseignait. Il portait ces vêtements parce que c'était la tenue acceptée pour un orateur. Les gens voulaient avoir accès à ces vêtements spéciaux parce que la voix et la zone abdominale/génitale d'un saint homme étaient considérées comme des zones du corps dotées d'un pouvoir particulier.[408]

Il est difficile de se positionner sur le type de vêtement dont il s'agit. Leur signification reste inexpliquée. Ce qui est sûr, c'est que ces suaires ou tabliers étaient en contact avec la peau de Paul. Le fait qu'ils aient été apportés aux malades montre que l'on supposait que les suaires ou les tabliers avaient un pouvoir de guérison en raison du contact avec Paul. Il est tout à fait possible que les gens aient vénéré Paul comme un saint capable d'accomplir des miracles. Il n'y a pas de mot sur la manière dont les gens ont obtenu les suaires et peut-être aussi le pagne de Paul. Le texte dit seulement que les malades avaient touché les suaires ou les ceintures. En touchant un suaire qui avait touché la peau de Paul, on espérait la guérison, on croyait donc à la transmission du pouvoir miraculeux. Rappelons qu'à l'époque de Paul, les maladies étaient attribuées aux mauvais esprits. Le départ des maladies et le départ des esprits ne sont pas deux événements indépendants l'un de l'autre, mais deux événements liés. Les maladies sont parties des malades parce que les mauvais esprits sont sortis.

Le lecteur sait, grâce aux récits précédents, comment Paul manie l'arme de la parole, Luc le fait maintenant passer à un niveau supérieur. Sa parole est accompagnée d'actes de guérison extraordinaires. Ce qui préoccupe Luc, c'est la puissance de Dieu qui se trouve en Paul. C'est Dieu lui-même qui, par les mains de Paul, a accompli ces actes merveilleux pour attirer la conversion. On peut supposer que ce rapport a eu lieu dans le contexte de la lutte contre les signes de magie païenne, si répandus dans la ville. Il était nécessaire de maîtriser les actes magiques par la véritable puissance de Dieu. Cela se concrétise dans le miracle du châtiment des

---

[407] Cf. idem, 157.
[408] Cf. idem.

138

sept fils de Skeua doués de magie (Actes 19,13-17).[409] Ces miracles avaient manifestement quelque chose d'inhabituel et d'extraordinaire. Ils avaient probablement pour but d'imiter le pouvoir de guérison des vêtements du Seigneur (Mc 5,25-34) et de mettre en parallèle l'influence de l'ombre de Pierre (Ac 5,12-16), ainsi que de renforcer l'autorité des efforts d'évangélisation de Paul à Éphèse (Ac 19,8-20). Luc nous dit que Dieu a accompli les miracles par les mains de Paul. Ce n'était pas l'œuvre de Paul, mais l'œuvre de Dieu à travers Paul. Paul a fait face à une opposition intense, et il avait besoin d'une force intense. C'est ce qui va se passer à la fin de ce passage : Beaucoup de ceux qui étaient devenus croyants sont venus con- fesser et dévoiler leurs pratiques. Beaucoup de ceux qui s'étaient adonnés à la magie apportè- rent leurs livres et les brûlèrent devant tout le monde… C'est ainsi que la parole du Seigneur grandissait et s'affermissait puissamment (Ac 19,18-20). Les linges qui ont touché le corps du prédicateur et du faiseur de miracles sont apportés aux malades pour les aider ; Luc présuppose bien sûr que c'est une foi authentique qui a agi ainsi, non pas la foi dans le faiseur de miracles, mais dans son Dieu. Et il se réjouit de pouvoir dire que Dieu a donné sa bénédiction à ces petits moyens.

2.2.4.4. Conclusion

Les guérisons qui ont eu lieu à Ephèse devaient confirmer la proclamation de la bonne nou- velle. Dans cette ville où l'opposition des Juifs était très forte (Ac 19,8-9), au milieu des té- nèbres de l'idolâtrie (Ac 19,13-16), Dieu a accompli des miracles inhabituels par les mains de Paul. Il montrait ainsi que le pouvoir lui appartenait et ne relevait pas de la magie, largement pratiquée à Éphèse. Ainsi, le pouvoir miraculeux ouvrait la voie à l'Évangile. Mais c'est la Parole de Dieu qui, en pénétrant dans les cœurs et les consciences, a accompli l'œuvre divine (Ac 19,10). Ces gestes contiennent indirectement une autre idée : lorsqu'un miracle est raconté, il y a souvent là un encouragement pour le lecteur chrétien. Pour l'auteur, le v 11 est plus im- portant que le v 12 : on voit que l'origine des guérisons miraculeuses était l'Esprit de Dieu, qui reposait sur l'apôtre Paul et sur ceux qui, par la foi, entraient en contact avec ces linges et obtenaient la guérison.

---

[409] Cf. Erlemann, Wunder, 37.

2.3. Guérisons par des remèdes

L'utilisation de la salive (Mc 7,31-37 ; 8,22-26) ou d'une pâte faite de terre et de salive (Jn 9,1-7) et d'huile (Mc 6,13) qualifie Jésus de guérisseur de son temps. Lors de ces guérisons, il est décrit comme un guérisseur typique de l'Antiquité, avec tous ses procédés et son comportement souvent spectaculaire.

2.3.1. Guérisons par la salive : La guérison d'un aveugle à Betsaïda (Mc 8,22-26)

Dans la Bible, la salive est un signe qui a plusieurs significations : Laisser couler sa salive indique la folie (1 S 21,14) ; cracher contre quelqu'un révèle le mépris (Is 50,6 ; Jb 30,10 ; Mc 14,65 ; 15,19). Mais la salive transmet aussi l'impureté (Lv 15,8).[410] Plus tard, cependant, les premières communautés chrétiennes ont reconnu le pouvoir de guérison de la salive (Mc 7,33 ; 8,23 ; Jn 9,6). La péricope Mc 8,22-26 traite de la guérison d'un aveugle par Jésus à Betsaïda. Les acteurs explicitement présents dans cette scène sont d'une part Jésus, d'autre part ses disciples (Mc 8,22), puis un « aveugle » (Mc 8,22-23 : τυφλός) et enfin des villageois (Mc 8,22), que l'homme restauré reconnaît certes comme des « hommes » (Mc 8,24), mais de manière floue, et qu'il compare donc à des « arbres » (Mc 8,24).

2.3.1.1. Analyse du Texte

a. Texte grec[411] et traduction :

22 Καὶ ἔρχονται εἰς Βηθσαϊδάν. Καὶ φέρουσιν αὐτῷ τυφλὸν καὶ παρακαλοῦσιν αὐτὸν ἵνα αὐτοῦ ἅψηται.

23 καὶ ἐπιλαβόμενος τῆς χειρὸς τοῦ τυφλοῦ ἐξήνεγκεν αὐτὸν ἔξω τῆς κώμης καὶ πτύσας εἰς τὰ ὄμματα αὐτοῦ, ἐπιθεὶς τὰς χεῖρας αὐτῷ ἐπηρώτα αὐτόν·εἴ τι βλέπεις;

24 καὶ ἀναβλέψας ἔλεγεν·βλέπω τοὺς ἀνθρώπους ὅτι ὡς δένδρα ὁρῶ περιπατοῦντας.

25 εἶτα πάλιν ἐπέθηκεν τὰς χεῖρας ἐπὶ τοὺς ὀφθαλμοὺς αὐτοῦ, καὶ διέβλεψεν καὶ ἀπεκατέστη καὶ ἐνέβλεπεν τηλαυγῶς ἅπαντα.

26 καὶ ἀπέστειλεν αὐτὸν εἰς οἶκον αὐτοῦ λέγων· μηδὲ εἰς τὴν κώμην εἰσέλθῃς.

---

[410] Cf. Bourgeois, "Mark 8,22-26: Jesus and the Use of Spittle", 15-16.
[411] ALAND, Barbara und ALAND, Kurt (Éd.), Novum Testamentum Graece, Stuttgart 2012[28].

Traduction :

22 Et ils arrivent à Bethsaïda. Et ils lui amenèrent un aveugle, et ils le prièrent de le toucher.

23 Prenant la main de l'aveugle, il l'emmena en dehors du village et, crachant dans ses yeux et lui imposant les mains, il l'interrogea : « Vois-tu quelque chose » ?

24 Et, levant les yeux, il dit : « Je vois les hommes : Comme des arbres je vois des gens qui circulent ».

25 Puis il imposa de nouveau les mains sur ses yeux, et il vit clairement et fut rétabli, et il regarda tout exactement.

26 Et il le renvoya dans sa maison, en disant : Mais n'entre pas dans le village !

b. Le texte dans son contexte :

Le miracle de guérison à Betsaïda (Mc 8,22-26) et celui de Bartimée (Mc 10,46-52) abordent le même thème de l'incompréhension des disciples de Jésus.[412] Les disciples ont certes des oreilles et des yeux, mais ils ne peuvent ni entendre ni voir : « Et il leur dit : Vous ne comprenez pas encore ? » (Mc 8,21). Dans les récits précédents, « Jésus nourrit quatre mille personnes (Mc 8,1-10), est interrogé par les pharisiens (Mc 8,11-13) et réprimande ses disciples pour leur manque de compréhension (Mc 8,14-21). Alors qu'il réprimande ses disciples, Jésus utilise l'image de l'aveuglement pour décrire leur manque de foi ».[413] Il cite les prophètes Jérémie (Jr 5,21) et Ézéchiel (Ez 12,2) : « Vous avez des yeux, mais vous ne voyez pas » (Mc 8,18). Au chapitre 6, les disciples ne comprennent pas l'affaire des pains parce que leurs cœurs sont endurcis (Mc 6,52). De même, lors de la transfiguration, ils ne savent pas quoi dire ou quoi faire parce qu'ils sont saisis de crainte (Mc 9,6). Ils ne comprennent pas les paroles de Jésus et se demandent entre eux ce que Jésus veut dire par « ressusciter d'entre les morts » (Mc 9,10). Lorsque Jésus annonce pour la deuxième fois sa passion, ils ne comprennent rien, mais ont peur de lui poser des questions (Mc 9,32), et tout de suite après, ils discutent entre eux pour savoir qui est le plus grand parmi eux. Après la troisième annonce de sa passion, ce sont Jacques et Jean qui osent lui demander des places d'honneur lorsqu'il sera dans sa gloire (Mc 10,35-45). Toutes leurs réactions montrent à quel point ils sont embarrassés dans leur compréhension.

---

[412] Cf. Metzner, R., Der Mensch lebt nicht vom Brot allein, dans : Zimmermann, Kompendium der frühchristlichen Wundererzählungen, Vol. I, 337.

[413] Bourquin Yvan, Point de vue et vision floue chez Marc, dans : https://www.cairn.info/revue-etudes-theologiques-et-religieuses-2008-3-page-405.htm (disponible le 04.05.2021).

Si l'on examine la structure de l'évangile de Marc, on constate que le passage de Mc 8,22-26 est le dernier sous-chapitre de la première partie principale de l'évangile, qui traite de l'action puissante de Jésus.[414] Vient ensuite la deuxième partie, la souffrance du Fils de Dieu, qui apparaît clairement à partir de Mc 8,31. Ainsi, Mc 8,22-26 peut être considéré comme la dernière guérison miraculeuse de Jésus dans la première partie de l'évangile. Elle constitue en même temps une péricope à part entière. Le récit de la guérison de l'aveugle de Betsaïda fonctionne donc comme une plaque tournante dans la foi des disciples. Elle montre les efforts que Jésus doit faire pour ouvrir les yeux de ses disciples afin qu'ils voient clairement et comprennent qui Il est. Tout au long de l'évangile de Marc, Jésus enseigne et accomplit de nombreux miracles, mais il est difficile pour ceux qui voient les miracles et entendent son enseignement de comprendre pleinement qui est Jésus et pourquoi il est venu. Ce miracle (Mc 8,22-26) doit cependant provoquer une percée dans la compréhension des disciples et dans leur relation avec Jésus.

c. Délimitation du texte :

Le passage Mc 8,22-26 est caractérisé par un changement de lieu au début et à la fin. Les récits précédents racontent qu'après la multiplication des pains, Jésus monte dans la barque avec ses disciples et arrive dans la région de Dalmanoutha (Mc 8,10). La guérison de l'aveugle a lieu dans la région de Betsaïda.[415] Avec la troisième péricope, un changement de lieu est clairement visible. Le V 8,27 indique le début d'un nouvel épisode. Jésus quitte Betsaïda avec ses disciples et se rend dans les villages proches de Césarée de Philippe. En chemin, une discussion s'engage avec ses disciples et Pierre exprime sa confession (Mc 8,27-30). La conversation se termine par l'obligation d'observer le silence (8,30).[416] Les derniers versets (31-33) contiennent l'annonce de la passion et de la résurrection. Pierre s'y oppose et Jésus lui fait de violents reproches : « *Va-t'en, derrière Satan, car tu ne penses pas à ce qui vient de Dieu, mais à ce qui vient des hommes* » *(V 33).*

---

[414] Cf. idem.

[415] « La ville de Betsaïda est située en face de Capharnaüm, qui se trouve sur la rive occidentale du lac de Galilée. Betsaïda se trouve à l'est de l'endroit où le Jourdain se jette dans le lac. Jésus se trouve donc encore dans la zone d'action de la Galilée. Le regard est déjà dirigé vers Jérusalem par l'annonce suivante de la Passion » (Kostka, Der Mensch in Krankheit, 79, Note de bas de page 33).

[416] Cf. Kostka, Der Mensch in Krankheit, 79.

Les péricopes Mc 8,14-21, Mc 8,22-26 et Mc 8,27-30 se distinguent entre elles par un changement de personne. Dans Mc 8,14-21, Jésus apparaît avec ses disciples. Ceux-ci ne sont appelés que « eux », mais au vu du contenu et des péricopes précédentes, nous pouvons voir qu'ils doivent être les disciples de Jésus.[417] Dans Mc 8,22-26, le « ils » du verset 22a représente la foule qui amène l'aveugle. Dans cette péricope, il est donc question de Jésus, de l'aveugle, qui reste anonyme, et de la foule, qui n'est pas non plus abordée en détail.[418] Bien que les disciples ne soient pas du tout mentionnés, Jésus est de nouveau avec eux en Mc 8,27-30. Pierre est mentionné nommément lorsqu'il répond à une question de Jésus (v 29). Si l'on lit attentivement ces trois péricopes, on remarque un changement de genre entre elles. Mc 8,14-21 est une instruction donnée par Jésus aux disciples, mais Mc 8,22-26 est un récit de miracle, dans lequel il est question d'une guérison miraculeuse ou de la thérapie d'un aveugle. Ce récit de guérison est suivi, en Mc 8,27-30, d'une autre conversation entre Jésus et les disciples. Il s'agit donc, tant dans la première que dans la troisième péricope, d'une conversation entre Jésus et les disciples. Indépendamment du contenu, un changement de genre a lieu d'abord avant et après Mc 8,22-26. La conversation de Mc 8,14-21 montre l'incompréhension des disciples en ce qu'ils s'inquiètent du pain manquant. Cette conversation contient clairement des reproches que Jésus adresse à ses disciples. Mc 8,22-26 raconte une histoire de miracle typique : la guérison d'un aveugle en territoire païen et donc en même temps une mission parmi les païens.

d. Structure :

Notre texte suit une structure en chiasme :

A : Mc 8,22-23a : Les villageois amènent l'aveugle à Jésus (le village)

   B : Mc 8,23b-24 : Première et deuxième phase de guérison (salive sur les yeux, imposition des mains, mauvaise vision)

   B′ : Mc 8,25 : Troisième phase de guérison (imposer les mains, voir clairement)

A′ : Mc 8,26 : Jésus renvoie la personne guérie (le village)

Le traitement thérapeutique entrepris par Jésus se compose de trois phases[419]: (1) Prendre ses distances avec le village et ceux qui ont guidé l'aveugle ; (2) Application de salive sur les

[417] Cf. Zimmermann (Éd.), Kompendium der frühchristlichen Wundererzählungen I, 341.
[418] Cf. idem.
[419] Cf. Bourquin, Vision floue chez Marc, dans : Etudes théologiques et religieuses 2008/3, 409.

yeux et imposition des mains ; (3) nouvelle imposition des mains sur les yeux. La deuxième phase est suivie d'un dialogue entre Jésus et l'aveugle : « *Tu vois quelque chose ?* » *Après que celui-ci ait ouvert les yeux, il dit :* « *Je vois les gens, car je vois quelque chose qui ressemble à des arbres et qui se déplace* ». Vient ensuite la deuxième imposition des mains.

e. Interprétation :

L'acte de guérison a lieu à Betsaïda (Mc 8,22). On demande à Jésus de toucher un aveugle pour qu'il retrouve la vue. Apparemment, on attend de lui qu'il guérisse cet aveugle sans nom. Il est probablement connu que le toucher de Jésus entraîne des guérisons. Il prend le patient par la main et le fait sortir de son milieu social. Jésus saisit la main de l'aveugle, établit ainsi une relation de confiance et l'emmène hors du village, dans un lieu très éloigné de son ancien cadre de vie.[420] On peut se demander pourquoi Jésus le fait sortir de la foule. Ne veut-il pas que ses pratiques de guérison soient connues, ou veut-il rester discret dans cette Décapole païenne ? On pourrait penser, comme le dit Gnilka, que le guérisseur ne veut pas que ses pratiques de guérison soient connues, mais cela apparaît comme quelque chose de nouveau chez Marc.[421] Pour répondre à cette question, nous devons donc d'abord essayer de comprendre ce qui a pu provoquer sa cécité. Le fait qu'il soit amené hors du village pour le libérer constitue un indice. Dans les évangiles, ce village a une connotation tout à fait négative : il s'agit d'une Décapole de Galilée où Jésus a accompli des miracles, mais les gens qui y vivaient ne semblent pas pouvoir en tirer profit, ils refusent d'y voir un signe de la gloire de Dieu.[422] Betsaïda représente les non-croyants, ceux qui doutent de tout, qui refusent de voir la grandeur de Dieu. Ces habitants de Betsaïda sont donc en quelque sorte des aveugles qui refusent de voir la gloire et l'amour de Dieu. Et c'est dommage, car ils se privent des miracles qui pourraient changer leur vie. Ce que fait Jésus n'est donc rien d'autre que de soustraire l'homme aux influences néfastes de son environnement, afin qu'il ne soit plus dépendant du regard négatif, voire destructeur, des autres, mais qu'il puisse voir lui-même avec ses propres yeux. L'aveugle est celui qui n'est pas capable de voir par lui-même de ses propres yeux, de se faire sa propre

---

[420] Cf. Kollmann, Neutestamentliche Wundergeschichten, 80.

[421] Cf. Gnilka, Das Evangelium nach Markus I, 314.

[422] Dans Matthieu, Jésus prononce la fameuse et terrible imprécation : « Malheur à toi, Chorazin, malheur à toi, Betsaïda ! Car si les miracles qui ont eu lieu parmi vous avaient eu lieu à Tyr et à Sidon, il y a longtemps qu'elles se seraient repenties et auraient pris le sac et la cendre » (Mt 11,21).

opinion ; il est à la traîne et est influençable. Jésus fait de lui un homme libre, autodéterminé, libéré de l'influence des autres. Il le libère de cette pression de conformité néfaste, et c'est d'ailleurs pour cela qu'il lui dit à la fin de ne pas retourner à la ville (v 26), mais seulement de rentrer chez lui. « Grâce à la guérison, il ne récupère pas seulement sa vue, mais une nouvelle vision du monde », explique Kostka.[423]

Le récit rapporte que la guérison se fait en deux étapes (v 23.25). C'est le seul passage où Jésus guérit une personne en deux étapes.[424] Le fait de guérir en deux temps et d'imposer doublement les mains est unique dans les récits de guérison. On suppose qu'une transmission de force et une guérison miraculeuse ont lieu grâce à ces gestes. Le premier acte de guérison utilise la salive, comme dans Mc 7,33 : Jésus crache d'abord directement dans les yeux de l'aveugle. Pesch souligne que l'utilisation de la salive pour guérir la cécité est très répandue (avec référence à des preuves extrabibliques).[425] Cependant, la guérison d'un aveugle est toujours considérée comme un miracle. Avec la salive et la première imposition des mains, l'aveugle peut à nouveau voir (v 24), mais pas encore avec acuité : il voit des gens et il les voit marcher comme des arbres qui se déplacent. La question de Jésus sur l'état du patient est unique dans l'ensemble des récits de miracles des quatre évangiles canoniques. La réponse « Je vois des gens qui se déplacent de telle manière qu'ils ressemblent à des arbres » permet de conclure que le patient n'était peut-être pas aveugle de naissance.[426] Suite à l'information de l'homme à moitié guéri, Jésus complète sa méthode de guérison par le geste de l'imposition des mains, mais pour la deuxième fois (v 25). La guérison complète peut alors devenir visible. Dès que Jésus pose pour la deuxième fois ses mains sur les yeux du patient ($\pi \acute{\alpha} \lambda \iota \nu \, \dot{\epsilon} \pi \acute{\epsilon} \theta \eta \kappa \epsilon \nu \, \tau \grave{\alpha} \varsigma \, \chi \epsilon \tilde{\iota} \rho \alpha \varsigma$), celui-ci peut voir nettement. Le récit veut attirer l'attention du lecteur sur le fait que le processus de guérison pour retrouver une vision correcte est difficile.[427] Cela nous ramène à la question de savoir pourquoi Jésus doit s'y prendre à deux fois. Dans l'ensemble de l'évangile de Marc, ces deux étapes ont une signification symbolique : la répétition soulignée et croissante des « termes de la vision » ainsi que l'acte de guérison en deux étapes se dépassent et s'inscrivent

---

[423] Kostka, Der Mensch in Krankheit, 110.

[424] La guérison de l'aveugle en Jean 9 n'est pas une guérison en deux étapes. Jésus a mis de la boue sur les yeux de l'homme et celui-ci n'a été guéri que lorsqu'il s'est lavé. Cependant, la guérison s'est faite en une seule fois et non en plusieurs étapes.

[425] Cf. Pesch, Das Markusevangelium I, 218; voir aussi Zimmermann I, 345.

[426] Cf. Bayer, Das Evangelium des Markus, 305.

[427] Cf. idem.

dans le contexte précédent de l'aveuglement spirituel des disciples (cf. en particulier Mc 8,17-21). Comme pour la guérison du sourd, l'ouverture des yeux de l'aveugle a donc une signification imagée. Il faut s'accrocher à Jésus si l'on veut avoir des yeux qui voient, c'est-à-dire acquérir une compréhension croyante de sa parole. Peu de temps auparavant, on avait reproché aux disciples d'avoir les yeux aveugles (Mc 8,18).[428] En y regardant de plus près, il apparaît que la guérison du sourd-muet (Mc 7,31-35) et la guérison en deux temps de l'aveugle (Mc 8,22-26) constituent une inclusion thématique pour la mise en garde de Jésus contre le levain de l'endurcissement intérieur à son égard.[429] Depuis plusieurs chapitres, le récit montre que les disciples ne comprennent toujours pas l'enseignement de Jésus et ses actions. C'est précisément dans ce contexte difficile qu'intervient la guérison de l'aveugle de Betsaïda, dont la dimension symbolique doit être soulignée.[430] Lorsque, dans ce cadre, Jésus demande exceptionnellement à l'aveugle qui doit être guéri de dire personnellement ce qu'il voit, la perspective de cette personne prend une dimension toute particulière : elle est invitée par Jésus à dire quelque chose qui ne doit pas nous échapper. Les deux phases de la thérapie créent un cadre narratif interne dans lequel le dialogue avec l'aveugle est mis en route (Mc 8,23c.24).[431] Jésus interroge le patient sur son état de santé. Il demande explicitement à l'aveugle ce qu'il voit. De cette manière, Jésus s'enquiert, comme un médecin, de l'effet de sa thérapie.[432] Le contenu de la réponse de l'aveugle mérite également une attention particulière. L'aveugle partiellement guéri, qui « regarde sans voir », rappelle le père de l'enfant souffrant d'épilepsie dans Mc 9,21-24. Celui-ci est amené à reconnaître à la fois sa foi et ses doutes : « Je crois, aide-moi, car j'ai du mal à croire ! »[433] L'aveugle pourrait très bien choisir une formulation similaire : « Je vois, aide-moi, car j'ai du mal à voir clair ! » Et les disciples encore plus : « Nous comprenons, aide-nous, car nous avons du mal à comprendre ! » (Mc 8,17-18.21) Nous pourrions même émettre

---

[428] Cf. Gnilka, Das Evangelium nach Markus I, 314.

[429] Cf. Bayer, Das Evangelium des Markus, 303.

[430] Cf. Bourquin Yvan, Point de vue et vision floue chez Marc, dans : https://www.cairn.info/revue-etudes-theologiques-et-religieuses-2008-3-page-405.htm (disponible le 04.05.2021).

[431] Zimmermann (Éd.), Kompendium der frühchristlichen Wundererzählungen I, 341.

[432] « Ce qui caractérise Mc 8,22-26, c'est la guérison progressive, séparée par le dialogue (vv 23-24) qui sert à la première exploration du succès de la guérison. Ainsi, la guérison est davantage présentée comme une thérapie, le narrateur envisage aussi « un acte médical », contrairement aux guérisons soudaines » (Pesch, Das Evangelium des Markus 1. Teil, 418). Cela explique la proximité avec les miracles d'Epidaure, dont la représentation est généralement soulignée de manière centrale lorsque l'on s'intéresse à la « guérison ».

[433] Cf. Bourquin Yvan, Point de vue et vision floue chez Marc, dans : https://www.cairn.info/revue-etudes-theologiques-et-religieuses-2008-3-page-405.htm (disponible le 04.05.2021).

une hypothèse encore plus audacieuse : Le récit de Marc vise à aider le lecteur de manière à ce qu'il parvienne à la même conclusion et prenne conscience de sa lenteur à croire et de sa fragilité. L'épisode de l'aveugle de Betsaïda fonctionnerait alors en miroir et nous révélerait en un seul épisode la véritable portée du macro-récit.[434] Cette péricope devient ainsi un point fort dans le récit de Marc. Les miracles de Jésus dans Mc 7-8 doivent donc être compris en plus comme des actes d'enseignement à caractère de signe, comme par exemple l'action des anciens prophètes Jonas et Osée. La guérison en deux étapes n'est donc en aucun cas une expression de la « faiblesse » de Jésus, mais a exclusivement une raison heuristique.[435] En ce qui concerne une compréhension adéquate de Jésus et de son message, les disciples sont comme des sourds-muets et des aveugles. Seul Jésus peut les sauver de la « surdité » et de la « cécité » à son égard (et donc aussi à l'égard de la volonté de Dieu). Le fait que la péricope se situe avant la profession de foi de Pierre en faveur du Messie et l'enseignement qui s'ensuit pour les disciples sur la nécessité de la souffrance indique que Jésus veut leur ouvrir les yeux. Il est possible d'établir un lien entre la péricope suivante Mc 8,27-33 et la guérison en deux étapes de l'aveugle, dans la mesure où la confession de Pierre (Mc 8,29) correspond au stade dans lequel se trouve l'aveugle à moitié guéri (Mc 8,24). De même que l'homme à moitié guéri ne peut distinguer les hommes que de manière très approximative, la confession de Pierre concernant le Messie est certes vraie, mais elle nécessite une correction considérable en ce qui concerne la souffrance substitutive du Fils de l'homme messianique et son exaltation. Il faut cependant souligner le fait que ce n'est qu'avec Jésus que nous pouvons passer de la surdité et de la cécité spirituelles à une véritable audition et vision. Après la guérison, la personne guérie est renvoyée chez elle comme d'habitude (v 26). Le commandement final de garder le secret (cf. 1,43 ; 5,43 ; 7,36) est formulé de manière singulièrement concrète. Pour Marc, la libération dans la maison exprime en même temps le fait que la nouvelle de la guérison doit rester limitée à la maison.[436] Cette vision du secret est confirmée par l'interdiction de pénétrer dans le village.

f. Contexte historique et religieux :

La guérison de l'aveugle de Betsaïda Mc 8,22-26 se fait par la salive. Jésus lui crache dans les yeux, appliquant ainsi une technique de guérison oculaire très répandue dans la médecine po-

---

[434] Cf. idem.
[435] Cf. Bayer, Das Evangelium des Markus, 304.
[436] Cf. Gnilka, Das Evangelium nach Markus I, 214.

pulaire de l'Antiquité.[437] Chez les Grecs, le crachat était considéré comme un moyen de chasser les mauvais esprits ou d'apaiser les dieux.[438] Il s'agissait d'une pratique superstitieuse. Elle pouvait aider à guérir certaines maladies, car cette action permettait d'obtenir la clémence des dieux. L'action de cracher comme porte-bonheur pouvait impliquer de cracher sur sa propre poitrine.[439] Pour que le traitement soit efficace, l'application de la salive était combinée à la récitation de certaines formules occultes. Au cours de ses recherches, Bourgeois a découvert que la salive pouvait aider à guérir certaines maladies de la peau.[440] Il y avait aussi d'autres troubles que la salive pouvait aider à soulager. Il s'agissait notamment de l'épilepsie, des douleurs cervicales et de l'engourdissement de l'un des membres. Toutefois, la salive n'est pas appliquée sur la zone concernée. Dans le cas d'un membre engourdi, la salive est crachée sur la poitrine ou placée sur la paupière. Il est toutefois important de noter qu'il ne s'agit pas d'un parallèle avec la guérison de Marc 8,22-26. Dans le récit de Pline, le crachat doit être maintenu dans les yeux pendant une période prolongée. Il ne guérit pas non plus, il ne fait que procurer un soulagement.[441] De plus, cracher sur le sol pouvait augmenter la puissance de n'importe quel remède.

Une autre histoire de guérison par la salive est racontée par l'empereur Vespasien. On raconte qu'il avait guéri un aveugle à Alexandrie (Égypte) avec sa salive. La guérison avait été promise à l'aveugle par Sérapis dans une vision onirique avec les mots suivants : Vespasien rendra la vue à l'aveugle en lui mouillant les yeux avec sa salive.[442] Gnilka est l'un des auteurs qui indiquent que dans le judaïsme postérieur, on considérait que la salive avait des vertus médicinales, spécialement pour la vision des yeux et les maladies oculaires.[443]

---

[437] En tant que remède oculaire, « la salive est attestée dans l'histoire naturelle de Pline contre les inflammations oculaires, les yeux qui saignent et les flux oculaires. L'écrivain médical Marcellus Empiricus la mentionne également comme remède contre les yeux rugueux, les taches oculaires et la cataracte. Le médecin Paulus d'Agina recommande la salive contre les callosités oculaires et attribue ses vertus curatives à un effet nettoyant. La salive était donc un remède connu dans le monde antique » (Kollmann, Neutestamentliche Wundergeschichten, 80).

[438] Cf. Kostka, Der Menschen in Krankheit, 85.

[439] Cf. Bourgeois, "Mark 8,22-26: Jesus and the Use of Spittle", 15-18.

[440] Cf. Idem, 34.

[441] Cf. Idem, 18.

[442] Cf. Pesch, Das Markusevangelium, 218.

[443] Le parallèle d'Epidaure, maintes fois cité, indique simplement que l'aveugle Alcétas d'Halieis, guéri par Asclépios, peut d'abord percevoir les arbres dans l'enceinte du temple (cf. Herzog, Die Wunderheilungen von Epidauros, Leipzig 1931, 15-17 ; voir aussi Gnilka, Das Evangelium nach Markus I, 213)

La tradition de Chanina ben Dosa, le plus grand thaumaturge charismatique du judaïsme primitif, originaire de Galilée comme Jésus, rapporte le pouvoir de guérison de la salive d'un premier-né.[444] Kollmann souligne également que la salive était un remède oculaire répandu non seulement dans la médecine populaire grécoromaine, mais aussi dans la médecine juive.[445] Bourgeois[446], quant à elle, fait remarquer qu'il n'existe aucune preuve que les Juifs de l'époque de Jésus considéraient la salive comme un remède. Ce n'est que dans des écrits ultérieurs, comme le Talmud, que l'on trouve des exemples d'utilisation de la salive pour la guérison.[447] À l'époque de Jésus, des écrits juifs reconnus, comme l'Ancien Testament, considéraient le crachat comme quelque chose d'offensant. Si un homme n'épousait pas la veuve sans enfant de son frère décédé, elle devait lui cracher au visage (Dt 29,5). Dans le Lévitique, le fait de se faire cracher dessus par certaines personnes rendait une personne impure. La personne sur laquelle on avait craché devait laver ses vêtements et se baigner (voir par exemple Lv 15,8).[448] L'émission de salive symbolisait également la folie et la démence (1 S 21,14). Cracher au visage de quelqu'un était pour lui une grande honte (Nb 12,14 ; Job 17,6 ; 30,10 ; Is 50,6). Cette coutume a été maintenue chez les Juifs même à l'époque romaine (Mt 26,67 ; 27,30). L'historien juif Josèphe, du premier siècle, parle d'un groupe religieux, les Esséniens, qui veillaient à ne pas cracher en présence d'autres personnes. À Qumran, si un membre de l'assemblée crachait en présence des autres, il était puni d'une peine de trente jours.[449] On est donc quelque peu étonné de découvrir que Jésus a utilisé de la salive dans certains de ses miracles (Mc 7,33 ; 8,23 et Jn 9,6). La question de savoir de quel type de médecine il s'agit dans l'œuvre de Jésus racontée par Marc et comment elle doit être décrite reste controversée.[450] Dans aucune littérature ancienne, nous ne trouvons de parallèle avec la guérison de Jésus en Marc 8,22-26. L'utilisation de la salive dans les yeux n'apparaît que dans des écrits juifs ultérieurs, où elle est utilisée pour guérir les croûtes des yeux.[451] Même dans ces cas, on met de la salive sur les yeux

---

[444] Cf. Zimmermann (Éd.), Kompendium I, Die Wunder Jesu, 345.

[445] Cf. Kollmann, Neutestamentliche Wundergeschichten, 82.

[446] En 1999, Sarah Bourgeois a publié une thèse sur l'utilisation de la salive par Jésus lors de la guérison de l'aveugle en Marc 8,22-26. Le titre de la thèse est « Marc 8,22-26 : Jesus and the use of spittle in a two-age healing » (Jésus et l'utilisation de la salive dans une guérison de deux jours).

[447] Cf. Bourgeois, "Mark 8,22-26: Jesus and the Use of Spittle", 20-32.

[448] Cf. Haag (Éd.), BL, 1621.

[449] Josephus, J.W. 2.147; 1 QS 7.13, cité par Bourgeois, 30.

[450] Zimmermann, Kompendium der frühchristlichen Wundererzählungen, Vol. I, 345.

[451] Cf. Kollmann, Neutestamentliche Wundergeschichten, 82.

et on ne crache pas sur la personne qui a besoin de guérison. Cracher sur quelqu'un était un signe de manque de respect et une marque de disgrâce. Bourgeois voit l'élément critique des sources juives dans le fait qu'à l'époque de Jésus, les juifs ne considéraient pas la salive comme un remède.[452] C'est pourquoi il suggère que ce n'est pas la salive qui a guéri l'homme, mais le contact du Seigneur.[453] Ce n'est qu'après que le Seigneur lui eut imposé les mains pour la deuxième fois que la guérison eut lieu. Le texte lui-même ne parle que de la salive qui a guéri l'homme. Jésus en a enduit les yeux une fois, mais a imposé les mains à l'homme à deux reprises. Farmer argumente cependant que les actions de Jésus ne sont pas choquantes. Il estime que ce que Jésus a fait en Mc 8,22-26, en crachant sur les yeux de l'aveugle, n'était pas choquant, mais constituait la manière normale de guérir à cette époque.[454]

Carson suggère que l'utilisation de la salive par Jésus, dans Mc 8,22-26, est une déclaration théologique. La salive était considérée comme contaminante et Jésus l'utilise comme source de bénédiction. Une telle chose n'est possible que dans les mains d'une personne importante. Cela ressemble au contact de Jésus avec un lépreux. Un tel contact n'a pas contaminé Jésus, mais a au contraire provoqué une guérison.[455] La réponse à la question de savoir pourquoi Jésus a agi ainsi se trouve donc dans un contexte plus large. Il faut considérer cette guérison de l'aveugle à la lumière du reste de l'évangile de Marc. Avec la guérison de Mc 8,22-26, Jésus se distingue tout au plus de manière insignifiante des autres guérisseurs de malades de son époque. Si l'on considère le motif de la guérison de la cécité, il convient de noter que les thérapies pour les aveugles que l'on trouve dans les évangiles peuvent être mises en relation avec des promesses eschatologiques de l'Ancien Testament. Les guérisons d'aveugles apparaissent chez les prophètes comme les signes avant-coureurs d'un nouveau monde sans souffrance ni maladie.[456] Ainsi, il est dit en Is 29,18 « ... en ce jour-là... les yeux des aveugles, pris dans les ténèbres, verront ». En Is 35,5, l'ouverture future des yeux des aveugles est également prédite. Les guérisons de Jésus introduisent l'accomplissement des promesses eschatologiques. Les disciples et les lecteurs sont invités à comprendre l'initiation de ce temps nouveau. Pour cette raison, Marc

---

[452] Cf. Bourgeois, "Mark 8,22-26: Jesus and the Use of Spittle", 31.

[453] Cf. idem.

[454] Cf. Farmer, The Synoptic Problem, 235.

[455] Cf. Carson, The Gospel According to John, 364.

[456] Reinhard von Bendemann, Sehen und Verstehen Mk 8,22-26, dans : Zimmermann, Kompendium der frühchristlichen Wundererzählungen, Vol. I, 343.

approfondit la guérison en la comprenant symboliquement dans le contexte de Mc 8,18.[457] En utilisant la salive, il voulait donc transmettre un enseignement particulier. De nombreux auteurs ont fait remarquer que cette guérison de l'aveugle est une illustration de la foi des disciples. Dans Marc, la guérison en deux étapes est une parabole qui se réfère aux disciples. Ils sont aveugles en ce qui concerne Jésus. Ils n'ont qu'une compréhension partielle de celui en qui ils ont cru. Jésus utilisait donc toujours des techniques de guérison de son époque (dans notre cas, la salive, connue comme remède domestique dans la culture hellénistique), mais par ces gestes, il voulait en même temps donner une leçon de théologie à ses auditeurs.

2.3.1.2. *Comparaison avec d'autres textes*

La péricope n'a pas de parallèles chez Matthieu et Luc. Mais c'est l'une des trois fois où Jésus utilise de la salive lors d'une guérison (Mc 7,31-37 ; 8,22-26 et Jn 9,1-7). Non seulement l'utilisation de la salive lors de telles guérisons est rare, mais ce récit de Marc 8,22-26 est la seule fois où il est explicitement dit que Jésus crache sur les yeux d'une personne.[458] Notre comparaison se concentrera surtout sur ces deux textes (Mc 7,31-37 et Jn 9,1-7).

a. Comparaison avec Mc 7,31-37

31 Puis, sortant des territoires de Tyr, il passa par Sidon et arriva à la mer de Galilée, au milieu des territoires de la Décapole.
32 On lui amena un sourd-muet, et on le pria de lui imposer les mains.
33 Et le retirant de la foule pour lui-même, il mit ses doigts dans ses oreilles, et en crachant, il toucha sa langue,
34 et, levant les yeux vers le ciel, il gémit et lui dit : Éphphatha, c'est-à-dire : Ouvre !
35 Et [aussitôt] son ouïe s'ouvrit, et la chaîne de sa langue fut déliée, et il parla correctement.

La guérison de l'aveugle de Betsaïda (Mc 8,22-26) est très proche, tant par sa structure que par son contenu, de l'ouverture des oreilles du sourd-muet (Mc 7,31-37). Les deux récits se rapprochent d'abord par le contexte général de l'action. Le fait que Mc 7,31 commence par

---

[457] Kollmann, Neutestamentliche Wundergeschichten, 81.
[458] Dans le passage de Jean 9, Jésus crache par terre. Dans le passage de Marc 7, il n'est pas précisé où Jésus crache. Cependant, la compréhension la plus naturelle est qu'il a craché sur son doigt et qu'il a ensuite touché la langue de l'homme avec sa salive. C'est ainsi que Jésus applique sa salive sur la langue de l'homme sourd.

une indication de lieu introductive rattache cet épisode à la péricope précédente (Mc 7,24-30). En effet, l'exorcisme de la jeune fille a également eu lieu en territoire païen. La péricope Mc 7,31-37 se termine par le fait que toutes les personnes qui ont assisté à la guérison du sourd-muet se mettent à répandre le miracle. En Mc 8,1-10, la péricope commence par une nouvelle constellation de personnages et une nouvelle chronologie. Tout le passage de Mc 7,24 à Mc 8,10 traite donc de la confrontation du message et de la personne de Jésus avec la culture païenne. Dans ce passage, la foi en Dieu est transmise aux païens.[459]

Les procédures de guérison présentent également des similitudes. Dans les deux cas, le malade est pris à part par Jésus et, dans les deux cas, le guérisseur a recours à des pratiques de guérison qui sont également connues dans les récits de miracles hellénistiques.[460] La concordance s'étend même jusqu'au début dans le texte (cf. 22 avec 7,32). Cela nous amène à penser que les deux péricopes ont été transmises en tant que paire. Après l'arrivée de Jésus et de ses disciples, qui sont peut-être encore sous l'impression d'être ceux qui ont des yeux et ne peuvent pas voir (Mc 8,18), comme en Mc 7,31-37, un groupe d'indigènes amène un aveugle à Jésus et le supplie de le toucher. En Mc 7,31-37, Jésus guérit le sourd-muet en lui mettant les doigts dans les oreilles et en lui touchant la langue avec sa « salive », sans paroles. Mais contrairement à Mc 7,31-37, dans Mc 8,22-26, il est clair que la salive est appliquée directement sur l'organe malade. Jésus doit aussi imposer les mains sur les yeux de l'aveugle une deuxième fois, après quoi il voit clairement et est rétabli. En Mc 7,31-37, Jésus guérit le sourd-muet en lui mettant les doigts dans les oreilles et en lui touchant la langue avec sa « salive », sans paroles. Mais contrairement à Mc 7,31-37, dans Mc 8,22-26, il est clair que la salive est appliquée directement sur l'organe malade. Jésus doit aussi imposer les mains sur les yeux de l'aveugle une deuxième fois, après quoi il voit clairement et est rétabli.

Il est évident que la durée plus longue de la guérison en Mc 8,22-26 (guérison en deux étapes) renvoie aux difficultés extraordinaires de la révélation que Jésus veut apporter aux hommes, et notamment à la résistance de ses propres disciples. Cette difficulté au niveau de l'action s'est déjà manifestée en 7,32-37 lors de la guérison d'un sourd-muet : Jésus a dû lui mettre les doigts dans les oreilles, cracher et lui toucher la langue, puis lever les yeux au ciel en soupirant et dire au malheureux : « *Effata* », c'est-à-dire : « Ouvre-toi ».[461] Néanmoins, ces

---

[459] Cf. Kostka, Der Mensch in Krankheit, 113.

[460] Cf. Gnilka, Das Evangelium nach Markus I, 312.

[461] Cf. Bourquin, vision floue chez Marc, dans : Revue, Etudes théologiques et religieuses 2008/3, 409.

deux récits de guérison donnent de l'espoir : la surdité et la cécité peuvent être guéries, même si le résultat n'est pas immédiat. Dans le cas des disciples, il faut la passion et la résurrection pour qu'ils comprennent le chemin emprunté par leur maître.[462] Ils sont appelés à le suivre sur ce chemin : « Il appela à lui la foule et ses disciples et dit : Si quelqu'un veut marcher derrière moi, qu'il renonce à lui-même, qu'il se charge de sa croix et qu'il me suive » (Mc 8,34).

b. Comparaison avec Jn 9,1-7

1 En passant, il vit un homme aveugle de naissance.
2 Ses disciples lui demandèrent : « Rabbi, qui a péché, celui-ci ou ses parents, pour qu'il soit né aveugle » ?
3 Jésus répondit : Ni lui ni ses parents n'ont péché, mais c'est pour que les œuvres de Dieu soient manifestées en lui.
4 Il faut que nous fassions les œuvres de celui qui m'a envoyé, tant qu'il y a du jour ; il vient une nuit où personne ne peut travailler.
5 Quand je suis dans le monde, je suis la lumière du monde.
6 En parlant ainsi, il cracha à terre, fit de la pâte avec sa salive, et mit la pâte sur ses yeux,
7 Et il lui dit : Va, lave-toi dans la piscine de Siloam, ce qui se traduit par : Envoyé ! Il partit donc, se lava et retrouva la vue.

La guérison de l'aveugle de naissance est la troisième guérison que Jésus effectue en utilisant sa salive. Il s'agit d'un acte non sollicité, comme c'est le cas chez Marc. Jésus passe et voit la cécité qui existe depuis la naissance. S'ensuit un dialogue entre Jésus et les disciples. Les disciples posent la question de savoir qui a péché, le malade ou ses parents, de sorte qu'il est né aveugle (Jn 9,2). Le discours suivant de Jésus (Jn 9,3-5) s'oppose à cette pensée en termes de causes. Il ne s'agit pas de l'action de vengeance.[463] Jésus explique le sens de la maladie en disant : « afin que les œuvres de Dieu soient manifestées en lui » (Jn 9,3). Puis vient l'acte de guérison proprement dit (9,6-7), mais pas en deux temps comme dans Mc 8,22-26. Jésus crache par terre et transforme sa salive en argile : il utilise l'une de ses méthodes les plus inhabituelles, qui a donné lieu à un miracle. Nous pouvons supposer que Jésus veut ainsi mettre en évidence quelque chose de très particulier : son comportement rappelle le récit de la création[464]: « *Mais*

---

[462] Cf. idem.
[463] La théologie de la rétribution défend l'idée que les hommes sont traités par Dieu en fonction de leur comportement.
[464] Cf. Kostka, Der Mensch in Krankheit, 104.

un brouillard s'éleva de la terre et humidifia tout le pays. Alors l'Éternel Dieu fit l'homme de la terre des champs, et il souffla dans ses narines un souffle de vie. Et ainsi l'homme devint un être vivant ». (Gn 2,6-7) De même que Dieu, dans la Genèse, a utilisé de la poussière du sol et de l'argile pour accomplir une œuvre de création, de même Jésus, avec de la poussière et de l'argile, a accompli une œuvre de création pour cet homme. Dans ce contexte, l'acte de guérison est caractérisé comme un nouvel acte de création. La situation de cet homme, qui est introduit sans nom comme en Mc 8,22-26, nécessite un acte de création. Dans le discours de Jésus, la révélation des œuvres de Dieu, à travers la situation de l'aveugle, est présentée comme la raison de la maladie et de la guérison (Jn 9,3-5). L'action de Jésus est donc décrite comme une action divine. Ici, la guérison ne se fait pas en deux temps par des actes de Jésus, mais celui-ci ordonne à l'aveugle de se laver à la piscine de Siloé. Lors de ce miracle, Jésus prend seul toute l'initiative. Il vient vers l'aveugle, l'aveugle ne vient pas vers lui. Malgré cela, Jésus s'attend à ce que l'aveugle réagisse par un acte de pleine foi. La guérison ne pourrait pas avoir lieu si l'homme n'agissait pas avec une pleine foi et obéissance.

2.3.1.3. Conclusion

Il y a deux façons d'interpréter la guérison de Betsaïda. La première possibilité est que Jésus voulait instruire ses disciples. La guérison de l'aveugle par la salive avait pour but d'attirer l'attention des disciples qui comprenaient lentement. Lorsque Jésus a craché sur les yeux de l'aveugle à Betsaida, ce geste a dû être remarqué comme choquant, car cela n'était pas accepté dans la culture juive.[465] Au premier siècle, les Juifs n'avaient pas pour habitude de cracher sur les yeux d'un aveugle pour guérir sa cécité. Dans les écrits existants, il n'existe pas un seul parallèle concernant la guérison de la cécité de cette manière. Ce n'est que dans des écrits juifs ultérieurs que de la salive est appliquée sur des parties du corps malades pour les aider d'une manière ou d'une autre. Même dans ces cas ultérieurs, on appliquait de la salive à la personne malade et on ne crachait pas sur elle.[466] Il est intéressant de noter que sur les trois fois où Jésus utilise de la salive lors d'une guérison, ce n'est qu'en Mc 8,22-26 qu'il crache au visage de la personne. Cela peut toutefois avoir une autre signification. Pour Jésus, il ne s'agit pas d'un geste de mépris. Le crachat ne doit pas non plus être considéré comme ce qui guérit. Ce n'est qu'un geste symbolique. Ce qui guérit,

---

[465] Jésus a également posé de nombreux autres gestes qui étaient choquants aux yeux des représentants de la tradition et des prescriptions juives (par ex. Mc 7,1-13).

[466] Cf. Bourgeois, "Mark 8,22-26: Jesus and the Use of Spittle", 20-32.

c'est la force qui est en Jésus. La salive seule ne permet pas à l'aveugle de voir clairement. C'est pourquoi Jésus doit poser ses mains sur l'organe malade, à savoir les yeux.

Par le geste de l'application de la salive comme remède, Jésus veut préparer psychiquement ses disciples à ce qui va suivre. Il est sur le point d'annoncer aux disciples des nouvelles choquantes : l'annonce de sa souffrance et de sa mort. Il doit en effet subir une mort déshonorante. Et cela est presque insupportable pour ses disciples. Au premier siècle, la mort sur la croix signifiait le sommet de la disgrâce. Comme l'aveugle lors de sa guérison, les disciples ne voient pas encore les choses clairement pour le moment. Ce que Jésus leur révèle les rebute d'abord. Ce n'est que plus tard qu'ils parviendront à une compréhension correcte, même s'ils reconnaissent déjà que Jésus est le Messie. Jésus les encourage à le suivre sur le chemin de la disgrâce. Il les met au défi de se charger de leur propre croix. Pour eux, suivre le Messie doit apporter honneur et gloire dans ce monde. Par cette guérison, Jésus veut leur faire comprendre que la logique de Dieu est différente de celle des hommes. Le but du récit est donc que tous, disciples et lecteurs, puissent voir et comprendre l'identité de Jésus.

La deuxième possibilité d'interpréter la guérison en utilisant la salive comme remède porte sur l'hypothèse de la pédagogie divine. Dieu s'est toujours rapproché de l'homme en s'adaptant à sa nature et à sa manière d'appréhender les choses. En partant du fait que la guérison par la salive était une méthode de traitement connue dans l'Antiquité, on peut émettre l'hypothèse que Jésus a agi de la même manière que d'autres médecins de son époque. Cela étaye l'hypothèse selon laquelle le christianisme naissant n'a pas tout hérité du judaïsme. Il a dû s'intégrer à la culture hellénistique en général et a fait siennes certaines pratiques en vigueur dans cette vaste culture. En bref, on peut dire que le christianisme a été inculturé (par inculturation) par l'hellénisme. Jésus a donc agi comme un guérisseur avec un mélange de connaissances empiriques de son époque et certainement un fort charisme spirituel et psychologique, ce qui a pu conduire à la guérison d'une maladie psychosomatique chez de nombreuses personnes. Cela correspond d'ailleurs à ce qui est écrit plus haut dans l'évangile de Marc, où les pharisiens lui demandent des miracles pour pouvoir croire en lui. Mais lui-même refuse de se prêter à ce jeu. Cela nous amène à l'hypothèse selon laquelle l'utilisation de la salive ne devrait pas être interprétée comme un « miracle » pour montrer que Jésus est le véritable Messie. Il s'agit plutôt d'une guérison à caractère symbolique, qui doit indiquer que Jésus est libre d'utiliser les méthodes disponibles pour aider l'homme. Aujourd'hui, il se sert en conséquence de la médecine moderne et des médecins pour sauver l'homme.

2.3.2. Guérisons par l'huile (Mc 6,13 ; Jc 5,13-16)

L'huile est utilisée depuis des millénaires pour ses propriétés thérapeutiques. Dans l'Antiquité, l'huile d'olive était utile en médecine.[467] Dans le culte égyptien des morts, on utilisait de l'huile ou de l'onguent pour ressusciter le défunt.[468] Lv 14,10-32 donne à l'onction d'huile une place dans le rituel de purification des lépreux ; Is 1,6 parle de plaies traitées à l'huile ; Jr 8,22 présuppose le pouvoir de guérison du baume de Galaad.[469] La propriété adoucissante de l'huile est également attestée dans le NT.[470] Mc 6,7-13 relate la mission que les apôtres reçoivent de leur maître pour partir annoncer la bonne nouvelle et présente l'huile comme un élément accompagnant la guérison miraculeuse. En Mc 6,13, il est dit qu'ils oignirent d'huile de nombreux estropiés et les guérirent. Cependant, aucun texte n'indique que la pratique de l'onction d'huile découle d'un ordre de Jésus.[471] Même dans Jacques, on trouve encore des allusions à l'utilisation de l'huile (Jc 5,13-16). Dans les pages suivantes, nous analysons Jc 5,13-16, où l'huile est utilisée comme remède et où l'onction est liée à la guérison ou à la rémission des péchés.

2.3.2.1. Texte grec[472] et traduction[473]

13 Κακοπαθεῖ τις ἐν ὑμῖν, προσευχέσθω· εὐθυμεῖ τις, ψαλλέτω·

14 ἀσθενεῖ τις ἐν ὑμῖν, προσκαλεσάσθω τοὺς πρεσβυτέρους τῆς ἐκκλησίας καὶ προσευξάσθωσαν ἐπ' αὐτὸν ἀλείψαντες αὐτὸν ἐλαίῳ ἐν τῷ ὀνόματι τοῦ κυρίου.

15 καὶ ἡ εὐχὴ τῆς πίστεως σώσει τὸν κάμνοντα καὶ ἐγερεῖ αὐτὸν ὁ κύριος· κἂν ἁμαρτίας ᾖ πεποιηκώς, ἀφεθήσεται αὐτῷ.

16 ἐξομολογεῖσθε οὖν ἀλλήλοις τὰς ἁμαρτίας καὶ εὔχεσθε ὑπὲρ ἀλλήλων, ὅπως ἰαθῆτε. πολὺ ἰσχύει δέησις δικαίου ἐνεργουμένη.

---

[467] Cf. Brown, Que sait-on du NT, 792.

[468] Cf. Mußner, Der Jakobusbrief, 220.

[469] Cf. Brown, Que sait-on du NT, 792.

[470] L'huile était souvent mélangée à du vin et ce remède était considéré comme très efficace. Le vin était versé sur les plaies pour ses propriétés antiseptiques. L'huile était donc utilisée pour guérir les blessures et le vin pour désinfecter.

[471] Mt 10,1 indique que la guérison des malades et des estropiés était un commandement. Mais nous ne voyons jamais Jésus lui-même utiliser de l'huile pour guérir ou chasser des démons. Le fait qu'il ait pu ordonner quelque chose qu'il ne pratiquait pas lui-même n'est pas un problème. Qu'on se souvienne d'un autre moment : l'ordre donné par Jésus aux disciples de baptiser (Mt 28,19), alors que l'Evangile ne nous dit nulle part qu'il a lui-même baptisé (cf. Brown, 792).

[472] ALAND, Barbara und ALAND, Kurt (Éd.), Novum Testamentum Graece, Stuttgart 2012[28].

[473] Traduction libre du texte de "Münchener Neues Testament", Patmos 2016[11].

Traduction :

13 Si quelqu'un souffre d'un mal parmi vous, qu'il prie ; si quelqu'un est bien disposé, qu'il loue ;

14 si quelqu'un est malade parmi vous, qu'il convoque les anciens de l'Église et qu'ils prient sur lui, en l'oignant d'huile au nom du Seigneur.

15 Et la prière de la foi sauvera celui qui est fatigué, et le Seigneur le relèvera ; et s'il a commis des péchés, il lui sera remis.

16 Confessez donc vos péchés les uns aux autres, et priez les uns pour les autres, afin d'être guéris. La prière efficace d'un juste peut faire beaucoup.

2.3.2.2. Le texte dans son contexte

Ce passage se trouve dans la partie qui donne des exhortations particulières sur le comportement dans l'Église (Jc 5,12-20). Bien que Jc 5,12 commence cette unité finale de la composition, le *Κακοπαθεῖ* de Jc 5,13 pourrait très bien reprendre l'exhortation de Jc 5,10. Après avoir parlé de la façon dont les prophètes ont souffert et dont le patriarche Job a supporté ses épreuves (Jc 5,10-11), l'auteur prescrit maintenant un remède pour tous les auditeurs qui souffrent - le remède est la prière. Les versets 14-16 mettent en lumière non seulement la prière pour les malades, mais aussi une onction spéciale d'huile par le presbytre, qui guérit à la fois les péchés et la maladie. L'auteur aborde ensuite l'autre préoccupation de la vie quotidienne, à savoir comment réagir aux contrastes émotionnels de la vie. La clé est d'amener Dieu dans la situation, soit par la prière, soit par la louange. Dans les versets suivants, la préférence est toutefois donnée à la prière, avec l'exemple du prophète Elie en point de mire.[474] Les derniers versets (Jc 5,19-20) encouragent les membres de l'église à ramener ceux qui se sont égarés. Il est donc plus probable que l'auteur se réfère aux luttes et aux épreuves quotidiennes auxquelles ses auditeurs sont confrontés lorsqu'ils s'efforcent de vivre la loi royale, plutôt qu'à une quelconque persécution extérieure.

2.3.2.3. Interprétation de Jc 5,13-16

La péricope Jc 5,13-16 rapporte la pratique des anciens de l'Église d'oindre d'huile les malades. Le passage est introduit en Jc 5,13 par une invitation à la prière si l'on souffre et à la louange si l'on est heureux. De telles prières étaient également pratiquées dans l'AT (p. ex. Ps 142). Le terme *κακοπαθεῖν* (ressentir la souffrance) doit être compris dans le sens d'une détresse qui implique une charge spirituelle. C'est cette charge mentale qui pousse à la prière

---

[474] Cf. Foster, Interpretation of the Letter of James, 178.

pour l'octroi de la force.[475] Derrière l'impératif προσευχέσθω (qu'il prie), qui a la signification d'une prière particulièrement fervente (voir aussi v 17), il y a la conviction que Dieu exauce à coup sûr la prière (voir déjà Jc 1,5) en lui donnant force et soutien dans le besoin.[476] Cette conviction se manifeste également dans les psaumes (par ex. Ps 30,13). Le terme εὐθυμεῖν (est dans la joie) signifie « être de bonne humeur ». Dans le contexte de notre section, il semble que l'on pense spécifiquement au bien-être physique associé à un état d'esprit serein. Celui qui se trouve dans un tel état doit chanter des louanges (ψαλλέτω). Mußner interprète ce verset de la manière suivante : Jacques voit l'homme comme un tout, qui porte toutes les affaires de son corps et de sa vie, tous les besoins physiques et psychiques, avec des prières et des louanges à Dieu, sous la protection duquel il se sait placé. Par cette conception, Jacques s'inscrit pleinement dans la tradition juive ancienne.[477] L'ambiguïté des mots utilisés dans ce verset suggère deux interprétations possibles : une interprétation entièrement médicale et une interprétation entièrement spirituelle. Soit : un homme est malade, la prière de la foi le guérira et le Seigneur le relèvera de son lit de malade, soit : il est spirituellement impotent et faible et sera sauvé dans un renouveau spirituel.[478] Dans les deux cas, tout est soumis à la volonté de Dieu : Il peut vouloir guérir, l'interprétation médicale est alors appropriée. S'il ne veut pas guérir, l'interprétation spirituelle est également appropriée. C'est la volonté de Dieu.

Ce verset (14) est le fondement problématique du sacrement catholique romain de l'onction des malades, appelé jusqu'à récemment « extrême-onction ».[479] Le premier théologien à utiliser cette expression fut Pierre Lombard (vers 1100-1160). Depuis cette époque, l' « extrême-onction » était l'un des sept sacrements catholiques. Même après le changement de nom, le sacrement de l'onction des malades est principalement administré aux mourants. Le texte de saint Jacques offre peu de fondement à la conception catholique. Il ne dit rien de la coutume médiévale qui voulait que l'huile consacrée par l'évêque soit utilisée à cette fin. Chez Jacques, les anciens (laïcs) sont des membres de l'Église et non des prêtres.[480] Au XVIIIe siècle, Jc 5,14-15 fera partie des débats entre les réformés et Rome sur le nombre de

---

[475] Cf. Mußner, Der Jakobusbrief, 217.

[476] Cf. idem.

[477] Cf. Mußner, 218.

[478] Cf. Ward, Der Brief des Jakobus, dans : Guthrie et Motyer (Éd.), Kommentar zur Bibel, 529.

[479] Ce terme est apparu au Moyen Âge, lorsque l'Église occidentale a limité l'onction à ceux qui étaient gravement malades ou sur le point de mourir (cf. Brown, Que sait-on du NT, Note de bas de page 791).

[480] Cf. Ward, Der Brief des Jakobus, dans : Guthrie und Motyer (Éd.), Kommentar zur Bibel, 529.

sacrements. La Session XIV du Concile de Trente (Denzinger 1716-19) définit que l'Extrême-Onction est un sacrement institué par le Christ et proclamé par Jacques et que les prêtres de l'Église, auxquels Jacques demande que l'on appelle, ne sont pas les anciens de la communauté, mais des prêtres ordonnés par l'évêque.[481] Pour le concile de Trente, l'extrême-onction répondait aux critères d'un sacrement tel qu'il s'était développé au Moyen Âge. Le concile n'a en aucun cas déclaré que l'onction des malades était comprise comme un sacrement au premier siècle. La question reste donc ouverte. Ce qui est certain, c'est que pendant les sept premiers siècles de l'histoire de l'Église, on s'attendait généralement à ce que l'onction entraîne la guérison du malade. Il ressort déjà de προσκαλεῖν (appel à) que le malade ne peut pas aller lui-même chercher les anciens, il doit les faire venir (par ses proches). Il s'agit donc manifestement d'un véritable malade en attente de guérison. L'auteur affirme que non seulement la prière de la foi (ἡ εὐχὴ τῆς πίστεως) éveille dans le Seigneur le pouvoir de sauver de la mort, mais aussi que le Seigneur restaurera la personne malade. Cette restauration inclura le pardon des péchés. Les anciens doivent prier au-dessus du malade (ἐπ' αὐτὸν). L'instruction de Jacques n'est d'ailleurs pas tout à fait nouvelle ; des choses similaires se sont produites dans le judaïsme [482] (par exemple. Gn 20,17 ; Ps 30,3). Le terme πρεσβύτερος était bien établi dans le judaïsme primitif et désignait d'abord ceux qui étaient le ou les anciens de la communauté (cf. Gn 18,11 ; Job 32,4.6), puis, en temps voulu, ceux qui étaient les chefs de la communauté (cf. Nb 11,16 ; Ri 11,5-10 ; 1 S 16,4). Dans les évangiles de Matthieu et de Marc, le terme πρεσβύτερος est utilisé pour désigner les responsables de la communauté (cf. Mt 21,23 ; Mc 14,53). Il apparaît à plusieurs reprises dans les Actes des Apôtres et dans les lettres de Paul. Il n'est donc pas surprenant que Jacques utilise ce terme pour décrire les leaders parmi ses auditeurs. Pour Foster, les πρεσβύτεροι au sein de la communauté peuvent être considérés comme ceux qui, de par leur position, sont autorisés à invoquer Dieu dans la prière au nom du malade.[483] La prière des anciens est une intercession auprès de Dieu pour le malade, probablement associée à une invocation du nom de Jésus.

Les deux autres questions méritent une attention particulière : la fonction de l'huile et l'utilisation du nom du Seigneur : προσκαλεσάσθω τοὺς πρεσβυτέρους τῆς ἐκκλησίας καὶ προσευξάσθωσαν ἐπ' αὐτὸν ἀλείψαντες αὐτὸν ἐλαίῳ ἐν τῷ ὀνόματι τοῦ κυρίου (qu'il convoque les an-

---

[481] Cf. Brown, Que sait-on du NT, 791.
[482] Cf. Mußner, Der Jakobusbrief, 219.
[483] Cf. Foster, Interpretation of the Letter of James, 181.

ciens de l'Église, et ils prieront sur lui, en l'oignant d'huile au nom du Seigneur). Le verbe traduit par oindre est $\alpha\lambda\epsilon\acute{\iota}\varphi\omega$ et le mot $\epsilon\lambda\alpha\iota o\nu$ désigne l'huile.[484] Ici, le verbe $\alpha\lambda\epsilon\acute{\iota}\psi\alpha\nu\tau\epsilon\varsigma$ est à l'aoriste de $\alpha\lambda\epsilon\acute{\iota}\varphi\omega$ "frotter". Ce récit ne donne aucune information sur le motif de l'onction[485], la qualité de l'huile, ni sur la manière dont l'huile est ointe. Vu la qualité de l'huile, il s'agit obligatoirement d'huile d'olive (Dt 28,40). Vouga écrit : « *Il est difficile de déterminer la portée exacte de ce geste, d'autant plus que Jacques en parle comme de quelque chose de connu* ».[486] L'huile est-elle frottée sur la tête ou sur la partie malade ? Le texte ne nous donne pas de réponse. Il faut noter que chez l'apôtre Jacques, ce n'est pas à l'huile en elle-même que l'on attribue des vertus curatives, et il ne s'agit pas non plus de faire de l'huile une substance aux effets miraculeux. Au lieu de cela, Jacques met l'accent sur la prière et le nom du Seigneur. Le v 14 parle de cette onction qui est appliquée au malade en même temps que la prière est adressée au Seigneur. Son utilisation par les personnes auxquelles l'auteur s'adresse peut-être médicale ou non médicale, symbolique ou non symbolique, selon Foster.[487] Traditionnellement, le verbe $\dot{\alpha}\sigma\theta\epsilon\nu\acute{\epsilon}\omega$ (être malade) en Jc 5,14 a été interprété comme "être malade", et c'est à partir de ce verset qu'une multitude de pratiques de guérison ont été développées dans toute l'Église chrétienne. S'il est vrai que dans la Bible, le verbe fait souvent référence à une maladie physique, ce n'est pas la seule manière dont il est utilisé. En Rm 4,18 et 14,1, par exemple, Paul utilise le verbe $\dot{\alpha}\sigma\theta\epsilon\nu\acute{\epsilon}\omega$ dans le contexte de la foi[488] Ces versets montrent clairement qu'un sens plus large de la faiblesse peut être envisagé dans le Nouveau Testament.[489] Étant donné le contexte plus large de la preuve de foi par la persévérance et la longanimité, nous ne pouvons pas exclure la possibilité que notre auteur utilise le verbe au sens large pour couvrir non seulement la maladie physique, mais aussi la faiblesse et l'échec intellectuels et spirituels.[490] Si l'on place la dimension communautaire de l'épître de Jacques à côté de la forte symbiose entre l'individu, la communauté et le cosmos dans la pensée du monde antique, il ne devrait pas être surprenant que la maladie chez l'individu ait pu être considérée comme un avertissement (voire une preuve) de

---

[484] L'huile était considérée comme un médicament et pouvait servir à aider ou à stimuler la foi (cf. Ward, Der Brief des Jakobus, dans : Guthrie und Motyer (Éd.), Kommentar zur Bibel, 529).

[485] Cela nous ramène à la question de savoir si l'on peut utiliser n'importe quelle huile au nom du Seigneur pour aider le malade ?

[486] Vouga, L'épître de Saint Jacques, 141.

[487] Cf. Foster, Interpretation of the Letter of James, 182.

[488] Cf. Idem, 180.

[489] Cf. Link, Krankheit/Heilung, dans : TBLNT 1199.

[490] Cf. Foster, Interpretation of the Letter of James, 180.

conflit et de division au sein de la communauté.[491] Le simple fait que l'auteur invite ses auditeurs à se rassembler autour du malade est donc en soi un acte de foi ainsi qu'un acte de solidarité avec le malade.

Cette pratique d'oindre les malades avec de l'huile se trouvait également dans la médecine de l'Orient ancien et dans le judaïsme. Rendre visite aux malades et prier pour des amis atteints d'une maladie était encouragé dans l'AT (par ex. Ps 35,13-14 ; Si 7,35).[492] Dans le judaïsme tardif, il y avait aussi l'idée de l'huile de vie coulant de l'arbre de vie paradisiaque (l'huile servirait à apaiser les douleurs de la mort du vieil Adam malade). Il semble que l'on attribue à cette huile un effet similaire à celui de l'eau de vie et du fruit de l'arbre de vie pour la rédemption eschatologique : Préservation de la mort, préservation de la vie.[493] Mc 6,13 rapporte que les Douze, lors de leur voyage missionnaire en Galilée, chassèrent de nombreux démons, oignirent d'huile de nombreux malades et les guérirent : un signe de l'avènement du règne eschatologique de Dieu dans l'activité messianique de Jésus. L'auteur de Jacques n'a donc rien introduit de nouveau qui n'ait déjà été pratiqué. Il y a cependant un élément nouveau dans l'exhortation de l'auteur, et c'est l'invocation du Seigneur. Dans l'AT, l'expression « au nom de YAHVE » signifie dans de nombreux cas nommer ou annoncer le nom de Yahvé, mais aussi agir en son nom, se référer à son nom … Dans les écrits rabbiniques, « au nom » a le sens de : en vertu du nom, en raison du nom, en se référant au nom.[494] Les récits de guérison dans le NT, dans lesquels $\dot{\epsilon}\nu$ $\dot{o}\nu\dot{o}\mu\alpha\tau\iota$ ne signifie pas simplement « en mission », mais aussi « par puissance », sont importants pour l'exégèse de notre passage de Jacques (Mc 9,38ss ; Lc 10,17 ; Ac 3,6 ; 9,34). Le nom représente donc la personne ou du moins son pouvoir. Il est très probable que le $\dot{\epsilon}\nu$ $\tau\tilde{\omega}$ $\dot{o}\nu\dot{o}\mu\alpha\tau\iota$ $\tauο\tilde{\upsilon}$ $\kappa\upsilonρ\acuteι\omicron\upsilon$ de Jc 5,14 (l'invocation du nom du Seigneur) corresponde à l'invocation de son pouvoir. Le Kyrios de Jc 5,14 est donc très probablement le $\kappa\acute{\upsilon}ρ\iotaο\varsigma$ $\text{'}I\eta\sigmaο\tilde{\upsilon}\varsigma$ $Xρ\iota\sigmaτο\varsigma$ de Jc 1,1 et Jc 2,1. Une telle invocation découle de la tradition de Jésus (voir Mt 10,8 ; 28,18 ; Mc 3,14-15 ; 6,7 ; Lc 9,1 ; 10,17.19).[495] La prière et l'onction doivent cependant être faites avec foi, car c'est $\kappa\alpha\grave{\iota}$ $\dot{\eta}$ $\epsilon\dot{\upsilon}\chi\grave{\eta}$ $\tau\tilde{\eta}\varsigma$ $\pi\acuteι\sigmaτ\epsilon\omega\varsigma$ (la prière de la foi), à laquelle le Seigneur répondra (cf. Jc 1,5-8 ; 5,17-18).

---

[491] Cf. idem.

[492] Cf. Brown, Que sait-on du NT, 793.

[493] Cf. Mußner, Der Jakobusbrief, 220.

[494] Cf. Idem, 221.

[495] Cf. Foster, Interpretation of the Letter of James, 180.

Le problème principal du v. 15 réside dans la question suivante : les futurs σώσει (sauvera), ἐγερεῖ (se lèvera), ἀφεθήσεται (sera pardonné) doivent-ils être compris logiquement ou eschatologiquement? Si elles sont comprises uniquement de manière logique, leur contenu expressif se rapporte en premier lieu à la guérison (physique et psychique) du malade ; mais si elles sont comprises de manière eschatologique, elles se rapportent alors au jugement et à la résurrection des morts.[496] La « prière de la foi » qui le sauvera est celle qui provient d'une profonde conviction de foi, qui sait qui est le Seigneur et comment il peut aider.

Que signifie σώζειν ? Dans l'AT, le terme σώζειν (sauver) est utilisé dans le sens d'une préservation de la mort physique et de l'engloutissement dans le Shéol et positivement dans le sens d'un nouveau don de vie de Dieu à l'homme. Dans le NT également, σώζειν (tout comme σωτήρ) est associé au « passage de la sphère de la mort à celle de la vie », tant dans le sens terrestre et physique que dans le sens eschatologique.[497] Jacques lui-même utilise encore le verbum σώζειν à quatre endroits (Jc 1,21 ; 2,14 ; 4,12 ; 5,20), toujours de manière eschatologique. Néanmoins, cela n'exclut pas une compréhension « naturelle » de « sauver » en 5,15 ; le contexte du v 14 suggère qu'il s'agit d'un malade physique. En fait, les anciens n'ont pas été appelés auprès d'un mourant, mais d'un malade qui doit se remettre sur pied. On promet à la prière des presbytres un effet de guérison sur le corps et l'âme du malade. Ainsi, selon Jc 5,15, le Seigneur relèvera le malade après la prière, l'onction d'huile par les presbytres et l'invocation du nom du Seigneur (v 14). Le Seigneur donne au malade la force et la vigueur dont il a besoin pour surmonter sa souffrance sur le plan physique et spirituel.[498] Il semble très douteux qu'avec le futur ἐγερεῖ, on pense en outre aussi au réveil eschatologique d'entre les morts.[499] Relié à un troisième καί, une autre promesse est faite à l'acte sacré du presbyterium : « Et si (κἂν) il a commis des péchés, ils lui seront pardonnés ». Il ressort de cette phrase κἂν que le pardon des

---

[496] Cf. Mußner, Der Jakobusbrief, 222.

[497] Cf. idem.

[498] Prier Dieu pour la guérison a souvent un ton particulier, car le péché est considéré comme la racine et la cause de la maladie (cf. Brown, Que sait-on du NT, 793). Cette croyance est attestée au deuxième siècle avant Jésus-Christ dans Si 38,9-15 : « *Enfant, dans ta maladie, ne sois pas négligent, mais prie le Seigneur et il te guérira lui-même. Répare une faute et prépare tes mains ! Purifie le cœur de tout péché ! Offre de l'encens et une offrande commémorative de farine de blé très fine ! Fais une offrande aussi abondante que possible ! Donne une place au médecin, car le Seigneur l'a aussi créé ! Qu'il ne reste pas loin de toi, car il est nécessaire ! Au moment opportun, la réussite est entre leurs mains, car eux aussi prieront le Seigneur pour qu'il leur permette de guérir et d'être guéris à cause de la vie. Que celui qui pèche contre son Créateur, qui l'a fait, tombe entre les mains du médecin »* (Si 38,9-15).

[499] Cf. Mußner, Der Jakobusbrief, 223.

péchés est quelque chose de « secondaire » (au cas où …) qui, en tant que tel, révèle trois choses : dans l'onction des malades, il ne s'agit pas seulement de « pécheurs », mais aussi du pardon des péchés. Il est probable que l'avenir soit ici aussi logique et non eschatologique : si le malade a aussi des péchés en lui, ils lui seront pardonnés par Dieu comme conséquence directe de l'action sacrée du presbytre.[500] Les trois verbes au futur (σώσει, ἐγερεῖ, ἀφεθήσεται) veulent désigner à la fois la guérison du corps et de l'âme et la rédemption.

2.3.2.4. Conclusion

La coutume de l'onction après le baptême n'est apparue que plus tard. En revanche, dans les communautés judéo-chrétiennes, l'onction sacramentelle des malades avec de l'huile au nom du Seigneur (c'est-à-dire au nom de Jésus) était déjà pratiquée à l'époque du Nouveau Testament par les anciens de la communauté (Jc 5,14). Il s'agit probablement d'un rituel de guérison, qui a donné naissance au Moyen-Âge - non sans un glissement de sens considérable - au sacrement de l'extrême-onction dans l'Église catholique romaine.[501] L'utilisation de l'huile est une pratique très ancienne dans le monde antique. Toutes les civilisations ont développé des pratiques thérapeutiques à base de plantes et d'huile.[502] L'huile fait également partie de la pharmacopée du monde juif. Elle est déjà utilisée en médecine dans la Bible hébraïque (Is 1,6). L'huile, ελαιον dans les LXX, le produit de l'olivier, est, comme l'eau, nécessaire à la vie de l'homme. Outre l'utilisation de l'huile dans l'alimentation et l'éclairage, la Bible hébraïque mentionne l'utilisation de ce liquide dans différents onguents. L'utilisation médicale de l'huile dans l'Ancien Testament découle de ses propriétés adoucissantes. Dans le Nouveau Testament, les onctions sont également utilisées dans le contexte de la médecine. Il s'agit de l'onction d'huile sur les plaies et les malades. Les disciples de Jésus et le bon Samaritain utilisent ce liquide à cette fin. L'application de l'huile dans Jacques a lieu en même temps que la prière adressée au Seigneur. L'onction est faite au nom du Seigneur, comme le baptême. Elle a donc un caractère médical et religieux. Bien que Jacques mentionne l'huile, il met l'accent sur la prière et le nom du

---

[500] Cf. idem.

[501] Koch (Éd.), GBL, 441.

[502] Les Rwandais connaissaient également les vertus thérapeutiques de l'huile. Ils l'utilisaient notamment en cas de brûlures et pour diverses autres maladies. L'huile d'un boa (*manji amboma*) est utilisée pour les brûlures et l'huile de certaines plantes (*manji amonü*) pour d'autres cas de maladie. Selon les cas, l'huile est appliquée sur la partie malade (brûlure) ou sur tout le corps. L'huile d'origine animale (vache, mouton et chèvre) est également utilisée pour guérir les brûlures et les blessures.

Seigneur. Jacques suit la compréhension biblique (AT et NT) selon laquelle Dieu est l'acteur principal de la guérison. Pour Jacques, la guérison spirituelle de l'homme semble être une condition préalable à la santé physique. Il se pourrait donc que son exhortation à l'onction d'huile s'inscrive dans ce contexte, l'huile étant un symbole de force vitale.[503] Les apôtres ont reçu du Christ une double mission, celle d'annoncer le royaume de Dieu et celle de guérir : « Guérissez les malades, ressuscitez les morts, purifiez les lépreux, chassez les démons », telle est l'invitation faite aux disciples de Jésus en Mt 10,8. Cependant, la manière dont les guérisons sont effectuées n'est pas explicitement décrite dans les versets suivants, et les méthodes utilisées par Jésus pour les miracles de guérison sont différentes. L'utilisation de l'huile est cependant clairement mentionnée dans le Nouveau Testament dans le contexte des guérisons : outre l'épisode du bon Samaritain qui soigne les blessures avec de l'huile et du vin (Lc 10,34), on trouve également des références aux onctions d'huile pratiquées par les apôtres : « Ils chassaient beaucoup de démons, oignaient d'huile beaucoup de malades et les guérissaient » (Mc 6,13). L'Église primitive a adopté l'onction d'huile en association avec la prière comme instrument de guérison (Jc 5,13-14). Plus tard, dans l'usage ecclésiastique, la guérison des malades par l'onction d'un prêtre a été considérée comme un sacrement.

3. RÉSUMÉ

Les évangiles rapportent que la guérison est un aspect du ministère de Jésus. La recherche vient de montrer quelles méthodes il a utilisé pour accomplir cette tâche importante. Les textes qui viennent d'être analysés montrent que Jésus a utilisé les méthodes de guérison connues dans la tradition de l'AT et dans la vaste tradition de l'Orient ancien. En même temps, l'analyse montre qu'il était libre d'utiliser l'une ou l'autre méthode de guérison en fonction de ce qu'il voulait enseigner. Cela signifie que les méthodes de guérison servaient à donner des instructions. La capacité et le pouvoir de guérir étaient d'abord en lui. Dans Mc 10,46-52, l'évangéliste rapporte qu'un aveugle a été guéri par la parole puissante de Jésus, comme il le faisait

---

[503] Cf. Caseau, Beatrice, Parfum et guérison dans le christianisme ancien : des huiles parfumées des médecins au myron des saints byzantins, dans : https://www.academia.edu/532373/Parfum_et_gu%C3%A9rison_dans_le_christianisme_ancien_des _huiles_parfum%C3%A9es_des_m%C3%A9decins_au_myron_des_saints_byzantins (disponible le 15.05.2021).

souvent pour chasser les démons et les esprits impurs. Lors de cette guérison, il a dit à l'aveugle Bartimée : « Va-t'en, ta foi t'a sauvé » (Mc 10,52). Aussitôt, l'homme a retrouvé la vue et s'est mis en route avec Jésus (Mc 10,52). Il est frappant de constater que l'aveugle a tout de suite pu voir clairement. Jésus a parlé et une guérison surnaturelle a eu lieu. Dans un autre cas, Marc a écrit que Jésus a guéri un homme paralysé en prononçant simplement ces mots :

« Lève-toi, prends ton lit et rentre chez toi. Il se leva, et aussitôt il prit son lit et sortit devant tout le monde » (Mc 2,11-12). Jean cite un autre épisode dans lequel Jésus a guéri un homme paralysé par sa parole (Jn 5,8-9). Dans chacun de ces cas, les gens ont été guéris immédiatement par l'ordre de Jésus. Rien d'autre n'était nécessaire. Dans d'autres cas, Jésus a dû utiliser les moyens en usage dans la médecine de son époque pour leur donner un caractère différent.

Jésus touchait les gens pour les guérir. Il touchait même les malades qui auraient pu le contaminer (Mc 1,40-45). Jésus brise une barrière, comme s'il voulait atteindre l'homme dans sa zone interdite et l'inciter à revenir. Ce geste est l'expression de la volonté de Jésus d'exercer un pouvoir divin. À certaines occasions, les gens touchaient Jésus ou ses vêtements pour obtenir la guérison. Les quatre évangiles énumèrent un certain nombre d'occasions où Jésus a effectivement touché la personne qu'il guérissait. Trois textes ont été analysés à titre d'exemple (Mc 5,25-34 ; 8,22-28 et Ac 19,11-12). Il a guéri deux aveugles en touchant leurs yeux. De nombreuses personnes ont été guéries dès qu'elles ont touché Jésus ou après qu'il leur a imposé les mains. Luc rapporte qu'il a imposé les mains sur une femme qui n'était pas physiquement capable de se redresser. Touchée par Jésus, elle s'est redressée et a glorifié Dieu (Lc 13,13).

Dans les évangiles, il y a deux épisodes où des gens ont été guéris en touchant le vêtement que Jésus portait (Mc 6,55-56 parr. ; Mc 5,25-34 parr.). Dans Mc 6,55-56, les gens lui ont amené tous leurs malades et lui ont demandé de leur permettre de toucher simplement le bord de son vêtement, et tous ceux qui l'ont touché ont été guéris. Dans Mc 5,25-34, il s'agissait d'une femme qui souffrait d'un problème d'écoulement du sang. Elle pensait : « *Si je touche ne serait-ce que ses vêtements, je serai sauvée* » (Mc 5,28). Jésus s'est retourné et, en la voyant, il a dit : « *Ma fille, ta foi t'a sauvée ; va en paix et guéris de ton mal* » (Mc 5,34*)*. En un instant, la femme fut guérie. Jésus a honoré sa foi en la guérissant immédiatement. Dans ces cas-là, les gens étaient guéris simplement parce qu'ils touchaient le vêtement extérieur de Jésus. Les vêtements, le suaire (Ac 19,12) et même l'ombre (Ac 5,15 : « *Ils emportaient aussi les malades dans les rues et les plaçaient sur des lits et des civières, afin que, lorsque Pierre viendrait, l'ombre couvrît l'un d'eux* ») d'un miraculé peuvent également être chargés d'une force libératrice. Il ne faut toutefois pas supposer que ses vêtements possédaient un pouvoir de guérison capable de guérir les malades. Ils étaient guéris parce qu'ils exerçaient leur foi en Jésus-Christ ou en son messager. C'est cette foi qui a provoqué leur guérison. Comme on le souligne souvent, Jésus n'était pas limité par les règles et les coutumes de la culture dans laquelle il avait été élevé. C'est ainsi qu'en plus des pratiques de guérison qui étaient également connues dans l'AT et dans le judaïsme post-biblique, il a également utilisé d'autres remèdes connus dans l'environnement païen. Cela est particulièrement évident dans le cas où Jésus a utilisé de la salive pour guérir un aveugle et un sourd-muet. La salive n'était pas appréciée dans l'Ancien Testament et dans les premiers temps du judaïsme. Dans Mc 8,22-26, l'auteur raconte comment Jésus a utilisé la salive et comment il a agi en véritable médecin : Des gens lui ont amené un aveugle et lui ont demandé de le toucher pour qu'il retrouve la vue. Au lieu de le guérir par le toucher, il l'a emmené hors du village. Lorsqu'ils furent éloignés des autres, il le guérit par des gestes et des paroles : il mit de la salive sur les yeux de l'aveugle, lui imposa les mains et lui demanda : « Peux-tu voir quelque chose ? ». Après avoir reçu une réponse, il lui a imposé les mains pour la deuxième fois. C'est le seul passage où Jésus a guéri en deux étapes. Cela illustre notamment le fait que Jésus a guéri en utilisant une multitude de méthodes. Le récit du miracle de guérison en Mc 7,31-37 rapporte également que Jésus pouvait guérir avec ses doigts. On raconte qu'il a mis ses doigts dans les oreilles d'un sourd-muet pour le libérer. Il l'a également retiré de la foule et a mis sa salive sur sa langue. Il a ensuite prononcé une parole puissante en disant : « *Effata »,* ce qui se traduit par : « Ouvre-toi » (Mc 7,34). Après tout cela, les oreilles du sourd s'ouvrirent, sa langue se délia et il parla clairement. Il convient de rappeler que cette guérison est le seul cas dans les évangiles où Jésus a guéri de cette manière. En crachant dans les yeux de l'aveugle à Betsaïda ou en crachant sur la langue du muet, il a introduit une nouvelle pratique de guérison dans sa culture. En tant que juif, il a fait quelque chose qui n'était pas accepté auparavant dans sa culture. Ce geste souligne l'ouverture d'esprit du Jésus de Marc. On pourrait déjà voir dans ce geste un acte d'inculturation. Mais pour Jésus, ce n'est pas la salive en soi qui guérit. La guérison vient de la force qu'il porte en lui. La salive n'est qu'un remède symbolique.

Jean rapporte que Jésus a également oint un aveugle avec de l'argile (pâte) : « En parlant ainsi, il cracha à terre et fit une pâte avec sa salive, puis il appliqua la pâte sur ses yeux et lui dit : ‹ Va te laver à la piscine de Siloam › : ce qui se traduit par ‹ Envoyé › ! Il partit donc, se lava et retrouva la vue » (Jn 9,6-7). Il s'agit d'un autre exemple de remède connu dans la médecine populaire de l'Antiquité. Aux pratiques de guérison de Jésus s'ajoutent les guérisons à distance, qui ne sont pas examinées dans cette étude. A plusieurs reprises, les évangiles rapportent que Jésus a effectué certaines guérisons sans être physiquement présent. Chez Matthieu, il y a par exemple un épisode (Mt 15,21-28) dans lequel il a guéri la fille d'une Cananéenne alors que celle-ci n'était pas présente. Après que la femme ait témoigné de sa foi en Jésus, il lui a dit que sa fille avait été guérie. Et la fille fut guérie au même moment (Mt 15,28). En Jn 4,50-53, il est également rapporté que Jésus a guéri le fils d'un noble sans être physiquement présent : il a dit au père de l'enfant : « Va, ton fils est vivant » (v 50). Là encore, Jésus a pu guérir un homme infirme sans avoir besoin d'être en présence du malade. Tous ces exemples visent à exprimer l'importance de la foi en Jésus pour obtenir la guérison.

Jésus envoie ses disciples avec autorité (Mt 10,5-8) afin de préparer le terrain pour le royaume de Dieu sur terre et de repousser les forces du mal en guérissant, en prêchant et en pardonnant les péchés par la puissance du Saint-Esprit. Parmi les moyens utilisés par les disciples pour guérir, il y a l'huile. Selon Mc 6,13 et Jc 5,14, l'onction d'huile vise à guérir et à fortifier les malades. L'onction des malades a un effet à la fois naturel, biologique et spirituel. C'est pourquoi elle est accompagnée de la prière. La prière prononcée avec foi veut ramener à Dieu l'effet curatif de l'huile. Tout effet de guérison est attribué à Dieu ou à Jésus. Dans ces mots, Jacques souligne également l'effet de l'onction en tant qu'œuvre de Dieu : « *Ils prieront sur lui, en l'oignant d'huile au nom du Seigneur. Et la prière de la foi sauvera celui qui est fatigué, et le Seigneur le relèvera* » (Jc 5,14c-15ab).

On constate que Jésus utilisait une série de différentes méthodes de guérison pour obtenir la guérison des malades. Il démontrait ainsi qu'il était effectivement le Seigneur de tous. Pour Marc, les guérisons physiques de Jésus et ses autres actes puissants sont des témoignages équivalents de l'autorité unique et ultime de Jésus en tant que vainqueur dans la lutte surnaturelle contre les forces du mal. Ainsi, les différentes manières dont Jésus guérissait physiquement les malades montrent clairement qu'il ne se limitait pas à un seul modèle ou à une seule méthode pour rendre la santé à la personne malade. En fait, il existe des preuves claires qu'il guérissait les estropiés de différentes manières, en fonction du contexte et de la leçon qu'il voulait donner à ses auditeurs. Il n'était pas limité par un quelconque tabou ou contexte culturel. Il s'adaptait à toutes les situations pour le bien et le salut des gens. C'est pourquoi nous ne devrions jamais le limiter quant à la manière dont il accomplira ses desseins de salut.

Chapitre III :
PRATIQUES DE GUERISON DANS LA MEDECINE TRADITIONNELLE AU RWANDA

Comme c'était le cas dans les cultures du monde antique, le Rwanda disposait d'un système médical solide et de différentes techniques de guérison avant la colonisation. Le Rwanda est l'un des pays d'Afrique situés dans la partie orientale du continent. Pour mieux aborder la question des pratiques médicales traditionnelles au Rwanda, qui fait l'objet de cette étude, il faut d'abord la replacer dans le contexte général de la colonisation, de l'évangélisation et de l'inculturation du message chrétien en Afrique. Deuxièmement, on aborde la compréhension de la maladie et de la guérison dans la culture rwandaise, ainsi que les différentes méthodes utilisées pour guérir les malades. Enfin, une comparaison est faite avec certaines pratiques de guérison utilisées dans les récits du Nouveau Testament.

1. CONTEXTE HISTORIQUE DES TRADITIONS RELIGIEUSES ET MEDICALES AU RWANDA

Dans le contexte général de l'Afrique, il est important de parler de trois termes qui reviendront souvent dans la présente étude. Il s'agit de l'évangélisation, de la colonisation et de l'inculturation.

1.1. Évangélisation et colonisation en Afrique subsaharienne

On a constaté que l'évangélisation[504] et la colonisation allaient souvent de pair.[505] Jusque dans les années 1950 - donc bien après la Seconde Guerre mondiale - la solidarité du travail mis-

---

[504] Lorsque l'on parle de colonisation, on pense généralement à l'Afrique. Voici un bref aperçu de l'évolution du processus de colonisation sur ce continent : « Au XVIe siècle, les Portugais ont établi des comptoirs permanents avec des clercs missionnaires en différents endroits d'Afrique subsaharienne, notamment sur la côte est (dans l'actuel Mozambique) et à l'embouchure du Congo, où une grande Eglise a été fondée, mais elle n'a pas duré longtemps en raison du manque d'éducation et surtout de la compromission du clergé avec le commerce des esclaves. Les autres nations européennes n'ont commencé à commercer avec l'Afrique que plus tard. Les escales occasionnelles dans certains ports ont été remplacées par des postes de traite permanents. Des commerçants, des soldats et des fonctionnaires administratifs s'y installèrent de manière permanente » (Blandenier, Jacques, Colonisation et mission : complicité ou antagonisme ? dans : Foi en question, https://www.foienquestions.eu/wp-content/uploads/2016/01/Mission_colonisation.pdf (disponible le 14.05.2022).

[505] Cf. Bouchaud, Joseph, Évangélisation et colonisation, dans : Revue française d'histoire d'outre-mer, tome 54,

sionnaire avec l'entreprise coloniale était totale.[506] Seitz divise l'histoire de l'évangélisation du continent africain en quatre périodes (de 1420 à 1941).[507] Selon lui, la première période missionnaire se situe entre les premières explorations portugaises en Afrique, dès le début du XVe siècle, et l'effondrement de la domination coloniale portugaise au milieu du XVIIe siècle. À partir de cette époque, l'Europe reconnaît les grandes découvertes. Les Portugais contournent l'Afrique par le sud pour renouer avec l'Inde, l'Indonésie et la Chine. En 1492, les Espagnols envoient Christophe Colomb vers l'ouest, où il découvre l'Amérique en pensant atteindre les Indes.[508] En raison de la supériorité de leur technique et de leur armement, les Européens ont pu conquérir ces territoires assez facilement. La deuxième période de mission s'étend du milieu du XVIIe siècle à la phase centrale du siècle européen des Lumières, entre 1750 et 1780. La troisième période missionnaire se situe entre l'impact des Lumières européennes sur la mission à la fin du 18e siècle et l'abolition de la traite des esclaves au début du 19e siècle.[509] La quatrième période missionnaire commence au 19e siècle et se termine avec le début de la Première Guerre mondiale en 1914. Le Rwanda, qui fait l'objet de cette étude, n'a connu que cette dernière phase d'évangélisation. Les premiers missionnaires ont débarqué au Rwanda le 2 février 1900.[510] Ce pays était une colonie de l'Allemagne 6 ans avant l'arrivée des missionnaires (depuis 1894).

Depuis le début de l'histoire de l'évangélisation, partout en Afrique, les missionnaires ont collaboré avec les chefs des colons. Les papes ont confié l'évangélisation aux rois.[511] Le système du « patronage » a étroitement mêlé colonisation et mission : Selon le pape, le Christ, Seigneur de toute la création, confie en effet à son Église la responsabilité de ce nouveau monde.[512] Lorsque les maisons royales portugaises et espagnoles ont lancé des expéditions au début du

---

n°194-197, Année 1967, p. 39-43, 39.

[506] Dulucq, Sophie, Action missionnaire et violence en Afrique subsaharienne du début du XIXe siècle aux indépendances, dans : Religion, Pouvoir et violence, Presses universitaires du Midi, 2004, p. 73-86, 73.

[507] Seitz, Philipp, Logik der Transkulturationsforschung, 139.

[508] Cf. Blandenier, Jacques, Colonisation et mission : complicité ou antagonisme ? dans : Foi en question, https://www.foienquestions.eu/wp-content/uploads/2016/01/Mission_colonisation.pdf (disponible le 14.05.2022).

[509] Cf. idem.

[510] Cf. Cercle saint Paul du Grand Séminaire de Nyakibanda, Amateka ya Kiliziya. Umugereka : Iyogezabutumwa mu Rwanda, Pallotti Presse Kigali 2003, 387.

[511] Cf. Seitz, Philipp, Logik der Transkulturationsforschung, 141.

[512] Cf. Blandenier, Colonisation et mission, dans : Foi en question, https://www.foienquestions.eu/wp-content/uploads/2016/01/Mission_colonisation.pdf (disponible le 14.05.2022).

15e siècle, elles l'ont fait à grande échelle. Au cours de ce siècle, la question de la colonisation était avant tout l'affaire du clergé portugais. Pendant que le Portugal et l'Espagne se partagent la colonisation et l'évangélisation des contrées découvertes en Asie, en Afrique et en Amérique, ils assurent au Saint-Siège qu'ils gèrent bien la compatibilité de leurs objectifs coloniaux et spirituels. Les deux puissances coloniales peuvent également se permettre d'envoyer des missionnaires.[513] C'est à cette époque que les expéditions ont commencé à se multiplier et que les navires ont transporté non seulement des envoyés royaux, des commerçants et des soldats, mais aussi des missionnaires. Lorsqu'ils arrivèrent dans les pays de mission, ils constatèrent immédiatement que le mode de vie des populations locales était fondamentalement différent du leur. Il fallait alors, selon eux, 'apporter la lumière à ces nouveaux peuples'. Mais ce n'est pas seulement la conscience de la mission chrétienne qui motive le Portugal et l'Espagne. Les deux puissances coloniales pionnières sont attirées par des ressources et des trésors en abondance. Les pays entretiennent désormais d'intenses relations d'échange. Les processus de transformation culturelle en Afrique, en Europe et dans d'autres continents découverts (Asie et Amérique) sont désormais également liés à des processus d'échange et d'appropriation de pratiques et d'artefacts du « monde étranger ». Les missionnaires sont des acteurs de ce processus.[514] Ils s'engagent dans des arènes transculturelles et agissent par leur message et leurs créations. Ce faisant, ils marquent non seulement les sociétés africaines, qu'ils ne connaissent pas très bien, mais aussi l'Europe, ou plus précisément l'image des Africains en Europe, car ils font part de leurs expériences en Europe. Les missionnaires transmettent ces informations à d'autres Européens. Les missionnaires avaient une double mission : ils devaient ouvrir les gens non seulement à la foi chrétienne, mais aussi au mode de vie européen. Dans ce contexte, la mission chrétienne devait développer spirituellement et culturellement les peuples dits primitifs afin de pouvoir les missionner, en leur transmettant, en quelque sorte, les « cultures supérieures » avec le christianisme.[515] Il est clair que les missionnaires, imprégnés de la culture occidentale de l'efficacité immédiate, n'ont pas pris le temps de comprendre la foi et les structures sociales des peuples à évangéliser et ont trop souvent perdu le respect dû aux réalités qu'ils rencontraient. Il est parfois triste de constater que les peuples africains ont été victimes des rivalités[516]

---

[513] Cf. Seitz, Logik der Transkulturationsforschung, 142.
[514] Cf. idem, 141.
[515] Cf. idem, 142.
[516] Pour plus d'informations, voir la littérature suivante: Seitz, Philipp, Logik der Transkulturationsforschung: Eine kulturphilosophische Grundlegung im Anschluss an Ernst Cassirer und am Beispiel der christlichen Mis-

entre les puissances coloniales européennes et aussi des rivalités entre les confessions. Bien sûr, il ne faut pas oublier que la motivation des missionnaires de l'époque coloniale était religieuse et spirituelle. Mais comme le spirituel n'est pas désincarné, ils ne pouvaient et ne voulaient pas le séparer des réalités matérielles, sociales et culturelles. Le traitement des malades avec les moyens médicaux mis à disposition par la science occidentale, l'amélioration des rendements agricoles pour lutter contre la malnutrition, la construction de maisons durables, la scolarisation des enfants - c'est-à-dire le passage d'une société du stade oral au stade écrit - ont été autant d'interventions qui ont profondément modifié la vie de la population, avec des effets extrêmement positifs, mais aussi de profonds troubles identitaires dont les conséquences à long terme n'ont pas été immédiatement mesurées.[517] Cette forme de mission a été exercée pendant plus de 500 ans (en Afrique) et a eu une immense influence sur les réalités culturelles et sociales locales. Cela conduit à aborder la question de l'inculturation.

1.2. Inculturation et théologie de l'inculturation

1.2.1. Le terme d'inculturation

Le terme d'inculturation fait référence aux conditions, aux exigences et aux effets de l'insertion du message de l'Évangile dans les cultures. Il a été utilisé pour la première fois dans les années précédant le Concile Vatican II (1959-1962) dans le but de souligner la nécessité d'un catholicisme inculturé.[518] L'inculturation ne désigne pas une méthode particulière, mais un concept clé. Alors que ce concept a parfois été associé à l'Afrique, le contexte de l'évangélisation étant identifié aux cultures et religions traditionnelles, il englobe aujourd'hui, y compris en Afrique, la libération des dominations multiples, le dialogue entre les traditions religieuses et la sécularisation associée à une rationalité moderne en voie de mondialisation.[519] L'incultu-

---

sionierung in Afrika, Baden-Baden (Verlag Karl Alber) 2020, 138-152; Jacques Blocher et Jacques Blandenier, Précis d'Histoire des Missions, volume I : L'Evangélisation du monde, St-Légier et Nogent-sur-Marne, éd. Emmaüs et Institut Biblique de Nogent, 2e édition 2011 et Jacques Blandenier, Précis d'Histoire des Missions, volume II, L'Essor des Missions protestantes, St-Légier et Nogent-sur-Marne, éd. Emmaüs et Institut Biblique de Nogent, 2e édition, 2015.

[517] Cf. Blandenier, Colonisation et mission, dans : Foi en question, https://www.foienquestions.eu/wp-content/uploads/2016/01/Mission_colonisation.pdf (disponible le 14.05.2022).

[518] Cf. Collet, Inkulturation, dans : Kasper, W., (Éd.), Lexikon für Theologie und Kirche; Band V, 504.

[519] Cf. Labbé, Yves, Le concept d'inculturation, dans : Revue des sciences religieuses [En ligne], 80/2 | 2006, mis en ligne le 10 août 2015, consulté le 16 mai 2022. URL: http://journals.openedition.org/rsr/1875; DOI: https://doi.org/10.4000/rsr.1875.

ration est donc devenue un concept applicable à tous les continents. Qui dit inculturation veut surtout exprimer l'idée de ce qui est inculturé. Dans le domaine de la théologie, on entend par là le lien entre la « transmission de la foi chrétienne » et « l'évangélisation de la culture ».[520] Selon Pedro Arrupe, père général des jésuites (1974-1978), l'inculturation est l'incarnation de la vie et du message de l'Évangile dans un espace culturel concret, de sorte que non seulement l'expérience chrétienne s'exprime avec les éléments de la culture en question, mais que cette expérience devienne aussi un principe inspirateur, à la fois norme et force unificatrice, qui transforme et recrée cette culture et constitue ainsi la source d'une nouvelle création.[521] L'inculturation consiste à créer un lien et une interaction entre deux contextes, puis à mettre en relation ces différents contextes culturels afin de permettre un échange ou une communication. Pour atteindre cet objectif et répondre aux attentes de deux contextes, des priorités doivent être établies. Dans le cas de la transmission de la foi, les protagonistes sont « le message de l'Évangile » en tant que porte-parole, puis « l'homme et sa culture » en tant qu'auditeur.[522] La priorité du message évangélique est déterminée comme étant la rédemption de l'homme. Alors que la priorité de la culture est la préservation de l'identité. Mais la culture est dynamique, elle n'est pas une chose achevée. En raison des changements constants de toutes les cultures, l'inculturation devient une tâche sans fin. Elle nécessite un dialogue permanent entre la culture concrète et le message de l'Évangile qui éclaire la culture. Pour que ce dialogue soit fructueux, tous les acteurs doivent être actifs.[523] Dans le contexte de l'évangélisation, les acteurs principaux sont les missionnaires et les représentants des cultures concernées. Celui qui proclame le message de l'Évangile dans une culture donnée doit disposer de capacités herméneutiques adéquates pour pouvoir agir de manière convaincante et positive dans le processus de communication, précisément sur la culture à inspirer. D'autre part, l'auditeur doit être en mesure d'écouter. Cela demande des capacités intellectuelles dans deux contextes et c'est là qu'intervient, à mon avis, le travail de la théologie de l'inculturation.

---

[520] Cf. Mwangangi Kyule, John, Inkulturation des Christentums in Afrika, 182.

[521] Cf. Labbé, Yves, Le concept d'inculturation, dans : Revue des sciences religieuses [En ligne], 80/2 | 2006, mis en ligne le 10 août 2015. URL: http://journals.openedition.org/rsr/1875; DOI: https://doi.org/10.4000/rsr.1875 (disponible le 17.05.2022).

[522] Cf. Mwangangi Kyule, John, Inkulturation des Christentums in Afrika, 183.

[523] Cf. Chukwuma, Mystagilie und Inkulturation, 79.

1.2.2. Théologie et inculturation

Selon Mwangangi Kyule, l'inculturation doit être considérée comme un programme mené non pas dans l'intention d'une réforme, mais sur le modèle d'une révision ; dans le but de renouveler la relation entre la mission, l'histoire et le mandat réel du Christ par la réconciliation.[524] La théologie de l'inculturation cherche à identifier clairement les priorités et à faire en sorte qu'elles deviennent le centre déterminant de la société. L'objectif principal de la théologie de l'inculturation est donc de veiller à ce que le message évangélique du royaume de Dieu et de l'imitation de Jésus atteigne ses destinataires.[525] Dans ce contexte d'inculturation, le concile Vatican II représente certainement l'un des tournants les plus importants de l'histoire de l'Église. Ce qui était essentiel et important, surtout dans sa théologie de la mission, c'était le rattachement sans équivoque à la tradition missionnaire paulinienne, qui donnait la primauté à l'Évangile du Christ. Avec ce concile pastoral, les priorités ont été nettement modifiées, ce qui a eu pour conséquence de relativiser l'importance de la culture dans laquelle le christianisme s'était développé pendant des siècles, au nom de l'essence même du message. C'était l'expression théologique missionnaire de l'« aggiornamento » : prendre acte du fait qu'une grande partie de la pratique missionnaire était un poids lié à l'histoire, dont il fallait se débarrasser pour l'amour de l'Évangile. Inversement, cela signifie un regard renouvelé sur la véritable universalité et l'actualité du message de salut chrétien.[526]

La nécessité d'une foi inculturée est actuellement reconnue par l'Eglise. Dans le contexte africain, Kabasele Lumbala trouve que le concept d'inculturation semble opérationnel pour analyser les attentes des Églises en Afrique.[527] Ce théologien congolais estime que dans les nombreuses situations conflictuelles (conflits d'ordre social, culturel et religieux) que connaît le continent africain, l'inculturation du message évangélique peut constituer un antidote. Par la coexistence qu'elle favorise entre les différents groupes religieux, l'inculturation joue ici un rôle décisif dans l'évocation de l'intolérance. Dans chaque groupe religieux, l'inculturation ramène d'abord les membres à leurs racines culturelles, qui sont africaines. Sans prétendre que

---

[524] Cf. Mwangangi Kyule, Inkulturation des Christentums in Afrika, 186.
[525] Cf. idem, 187.
[526] Cf. idem.
[527] Kabasele Lumbala, François, « L'inculturation comme antidote à la violence en Afrique », *Revue des sciences religieuses* [En ligne], 85/3 | 2011, mis en ligne le 12 mars 2015. URL: http://journals.openedition.org/rsr/1752; DOI: https://doi.org/10.4000/rsr.1752 (disponible le 17.05. 2022).

l'Afrique est un grand village, l'inculturation souligne néanmoins les continuités et les grandes lignes communes qui relient les groupes entre eux. Ces grandes lignes sont, selon lui[528] :

- Une conception de la religion : loin de la séparation que nous connaissons entre le sacré et le profane, le religieux et le laïc, en Afrique noire, si l'on veut parler de « religion », il faut y inclure la connaissance et l'explication de l'homme et du monde, la sagesse qui sous-tend et détermine certains actes, la morale, etc. Ainsi, en Afrique noire, la religion pourrait être définie comme l'harmonisation de toute la vie de l'homme au rythme de son « alliance » avec Dieu, avec les ancêtres, avec les alliés terrestres et avec la nature, afin que la vie l'emporte sur la mort.

- Une conception de la vie et du monde : - un double monde, l'ici-bas et l'au-delà, l'un visible, l'autre invisible, unis par la même énergie, la vie, à laquelle participent tous les êtres, ici-bas comme dans l'au-delà ; - entre les deux mondes, une hiérarchie qui place l'invisible plus haut, car plus proche de la source de la vie ; mais bien que transcendant, ce monde invisible reste immanent au monde visible, en interaction étroite et continue. Cette interaction fait que les gens de l'au-delà influencent la vie des gens d'ici-bas et que la croissance de la vie des gens d'ici-bas influence les gens de l'au-delà ; - enfin, la croyance en un être suprême, créateur et père de tout ce qui existe, bon et attentionné, tout-puissant, et qui représente le refuge suprême.

- Une réflexion sur les rites chez les Africains qui découlent de cette interaction et qui tentent de la matérialiser par les symboles, les gestes et les mots qui les accompagnent : Gestes d'offrande et de communion d'abord envers les ancêtres, puis envers les esprits ou les héros ; pratiques divinatoires préalables aux thérapies, domaine dans lequel guérisseurs et marabouts s'attachent à saisir et à utiliser l'interaction des forces naturelles de l'univers, que ce soit pour le bien ou dans le sens du mal.

C'est l'arrière-plan, la base sur laquelle les nouveaux édifices religieux, souvent importés d'autres pays, se développent chez les Africains. C'est à cela que l'inculturation les ramène d'abord. Et c'est la base de la communauté. Deuxièmement, l'inculturation va éclairer et même

---

[528] Idem.

orienter la manière dont l'Africain intègre dans ce contexte les idées et les attitudes de la religion chrétienne qu'il a adoptée : L'inculturation lui apprend à ne pas renier cet arrière-plan, même si la pastorale missionnaire aurait qualifié tout cela de 'paganisme', d''animisme', etc. Elle lui apprend à n'utiliser comme critère de discernement et de jugement que l'amour de Dieu et du prochain. L'inculturation attire également l'attention sur la nature des symboles religieux : tous les symboles religieux sont censés unir l'homme au divin ; leur nature est d'être ambigus, d'être des objets culturels, d'évoluer et, en même temps, de se voiler et de se dévoiler.[529]

Loin du fondamentalisme religieux, l'inculturation en Afrique n'exige pas que les Africains abandonnent les religions étrangères pour revenir à la religion de leurs ancêtres ; elle tient plutôt compte du fait que les cultures évoluent au contact d'autres peuples et d'autres races, et que cela est également une bonne chose dans le domaine religieux. Elle insiste cependant sur le fait que la nouvelle religion chrétienne doit être construite sur les fondations de l'ancienne foi, comme une nouvelle souche d'arbre qui continue à être nourrie par la sève de l'ancien arbre. L'inculturation insiste sur le fait que les libertés fondamentales devraient être préservées lors de cette rencontre : que les échanges se fassent en fonction des besoins de chaque groupe ou individu ; elle dénonce toutes les tentatives de domination, toutes les exclusions, les universalismes et toutes les formes d'intolérance.

Ce théologien africain est convaincu que le mystère de la mort et de la résurrection de Jésus-Christ n'est pas limité par le visage qu'il a pris historiquement autour du bassin méditerranéen. Il peut être formulé différemment et établi comme fondement de la rédemption de l'homme dans toutes les cultures. L'inculturation liturgique, par exemple, remet les communautés à l'école de leurs cultures pour y découvrir non seulement les lacunes de la tradition à combler, mais aussi les valeurs qui peuvent aider les Africains d'aujourd'hui à former de nouvelles synthèses pour une bonne gouvernance et une nouvelle éthique sociale inspirée de la charité évangélique.

Dans le cadre de cette étude sur les pratiques spécifiques de guérison dans les récits de miracles du Nouveau Testament, en référence aux traditions de guérison au Rwanda, cette réflexion de Kabasele Lumbala est d'une grande importance. La théologie de l'inculturation sert à s'ouvrir à de nouvelles perspectives pastorales. Si l'on considère par exemple la célébration de l'eucharistie, on voit que Jésus a utilisé le pain et le vin comme éléments symboliques par-

---

[529] Cf. idem.

faitement adaptés à l'humain (la nourriture et la boisson qui entretiennent la vie), mais aussi en harmonie avec un milieu (le milieu où l'on se nourrit de pain et où l'on boit du vin à partir de raisins). Mais dans un contexte africain où le repas festif de l'homme n'est pas constitué de pain et de vin, où l'huile utilisée n'est pas celle de l'olivier et où la terre cultivée ne produit ni blé, ni vin, ni oliviers, faire de ces éléments les sacrements de la vie nouvelle est une contrainte symbolique qui ne sert ni le mystère célébré ni l'homme africain pour lequel il est célébré.[530] La contrainte culturelle se retrouve également dans la célébration du sacrement de mariage. Dans un contexte où le mariage est d'abord considéré comme l'union des familles avant d'être un contrat entre deux personnes, l'Église prescrit un rituel où seuls les époux sont mis en avant. Les rituels inculturés en Afrique donnent d'abord la parole aux parents ou aux représentants des deux familles et se terminent par la parole des époux. Pour souligner que ce mariage est précieux à la fois pour les deux conjoints et pour les familles, ces rituels inculturés impliquent les parents non seulement par la parole, mais aussi par l'offrande de la vache ou d'un autre symbole de bénédiction. Pour un Africain, il est inconcevable que l'engagement solennel pour l'éternité se fasse par une simple parole et une signature sur un papier. Pour y remédier, des tentatives ont été faites pour inculturer les rituels de consécration religieuse en Afrique noire, soit en faisant un serment de sang, soit en exhibant la peau de léopard, symbole de la hiérarchie de l'univers, sur laquelle devait être apposée la croix du Christ. Ces réflexions ne visent pas à remplacer tous les symboles liturgiques par des éléments de la culture africaine, mais à déterminer ce qui est le plus utile pour la transmission et l'incarnation du message de l'Évangile.

2. INTERPRÉTATIONS DE LA MALADIE ET DE LA GUÉRISON DANS LA CULTURE RWANDAISE

Pour un Rwandais, la vie est une lutte incessante, une défense contre le malheur et les maladies qui l'assaillent.[531] Toute la vie consiste en une lutte contre le monde des esprits et les forces hostiles de la nature qui sont censées être à l'origine du mal en général et de la maladie en particulier. Pour mieux entrer dans le vif du sujet, il faut d'abord expliquer la croyance aux esprits, qui était le moteur de toute la vie au Rwanda avant la colonisation et l'évangélisation.

---

[530] Cf. idem.
[531] Cf. Lestrade, La médecine indigène au Ruanda, 4.

2.1. La croyance aux esprits au Rwanda et son impact sur la vie quotidienne

Le peuple rwandais est classé parmi les animistes.[532] Les Rwandais d'avant la colonisation avaient une forte croyance dans les esprits invisibles. Par « esprits », on entend surtout des puissances (ou forces) invisibles, impalpables et donc subtiles, mais plus ou moins personnelles, censées pouvoir s'immiscer dans la vie des gens, que ce soit pour leur faire du bien ou du mal, pour orienter ou modifier le cours des choses.[533] Ainsi compris, les esprits auxquels de nombreuses personnes croient - à tort ou à raison - peuvent être classés en deux catégories typiques. Ils sont généralement perçus soit comme bienveillants, soit comme malveillants. Les praticiens de la magie noire ou blanche s'appuient sur cette distinction.[534] L'existence de ces esprits dotés de pouvoirs surhumains, qui leur sont attribués à tort ou à raison, est souvent affirmée à partir de certains phénomènes qui se produisent dans la vie quotidienne et qui sont perçus, à première vue, comme étonnants et inexplicables. Face à de tels phénomènes, beaucoup de gens pensent un peu trop facilement à une éventuelle intervention de certaines puissances mystérieuses et occultes, plus ou moins transcendantes. Même dans des situations malheureuses, par exemple en cas de malchance, de stérilité, de perte de biens, d'échec dans la vie, de maladie fatale, de mort prématurée, etc., ces forces maléfiques supérieures sont immédiatement mises en jeu.[535] Le Rwandais, encore conditionné par ses croyances et la vie de son environnement social traditionnel, attribuera presque tous les malheurs aux *bazimu* (esprits des défunts) ou aux sortilèges ou empoisonnements (*ibirozi* ou *amarozi*).[536] C'est parce qu'il s'imagine que ce monde, peuplé de toutes sortes d'esprits et d'ennemis non identifiés, est plus fort que lui. Mais d'un autre côté, il est convaincu qu'il existe une voie de salut : le monde des bons esprits, qui peuvent le protéger et garantir son bonheur s'il se confie à eux et fait quelque chose pour eux.[537] Sur la base de cette hypothèse, les Rwandais pratiquaient le culte des esprits ou des ancêtres.

Les pratiques liées à la divination et à la vénération d'ancêtres familiaux ou de héros divinisés traduisent un profond besoin de certitude et de sécurité. Cette attitude est un phénomène

---

[532] L'animisme est l'attitude consistant à attribuer aux choses une âme analogue à l'âme humaine ; attitude religieuse traditionnelle en Afrique (cf. Définition du Dictionnaire ROBERT, 1993).

[533] Cf. Misago, Foi et Culture, 8.

[534] Cf. Bourgeois, Banyarwanda et Barundi (Tome III). Religion et Magie, 104-108.

[535] Cf. Muzungu, Le Dieu de nos pères II, 29.

[536] Cf. Rwangabo, La médecine traditionnelle au Ruanda, 44.

[537] Cf. Misago, Foi et culture, 9.

humain et universel.[538] Les croyances sous-jacentes semblent toutefois très complexes. On éprouve une certaine gêne à en parler d'une manière qui exclut tout risque de confusion, car le terme « esprit » est souvent utilisé à tort dans le langage courant. Il est donc important de clarifier ce que signifie le terme esprit dans la mentalité des Rwandais.

2.2. La notion d'esprit dans la culture rwandaise

Du point de vue de l'histoire et de la sociologie des religions, Dieu, les anges, les démons et les âmes désincarnées des hommes après la mort entrent dans la catégorie des esprits. Dans le cas du Rwanda, la tradition ancienne parle d'*Imana* des Rwandais (désignation de l'être suprême), de *bazimu*[539] (esprits des défunts), ainsi que de héros nationaux divinisés (Ryangombe avec ses *Imandwa* et *Nyabingi*[540] avec ses *Ibishegu*). En général, ces esprits sont décrits comme des êtres personnels, mais dotés de pouvoirs surhumains, bien qu'ils doivent parfois boire, manger et même se marier (hiérogamie). C'est pourquoi des sacrifices leur sont offerts.[541] Seul *Imana*[542] des Rwandais (dieu des Rwandais) n'en a pas besoin, il ne reçoit pas de culte particulier : nous avons là un élément qui fait la différence entre le Dieu des chrétiens et ce dieu des Rwandais. En ce qui concerne les *Bazimu*, il faut encore souligner que les personnes qui y croient ont souvent une image plutôt négative : elles les considèrent comme des revenants que l'on peut identifier par l'aide d'un devin (*umupfumu*) et apaiser par un sacrifice recommandé par ce dernier, mais aussi en se plaçant sous la protection de *Ryagombe* par le culte *Kubandwa* ou

---

[538] Cf. Sanchez, Les théories rationalistes de la croyance magique, 466.

[539] Les *bazimu* sont ceux qui ont cessé d'être en vie. Ils vivent dans la région au-delà de la tombe, que l'on imagine sous notre globe terrestre : *i kuzimu,* c'est-à-dire dans le shéol (cf. Muzungu, Le Dieu de nos Pères II, 29).

[540] *Nyabingi* est une divinité féminine (cf. Bourgeois, Banyarwanda et Barundi (Tome III). Religion et Magie, 72).

[541] Le culte de *guterekera,* qui s'adresse à *Bazimu*, est motivé par la peur des maladies et du malheur (cf. Nizeyimana, A., (Éd.), Jalons pour l'inculturation, p. 24 ; 97 ; 175). Le culte de Ryangombe ou de *Nyabingi* (héros nationaux déifiés) est motivé positivement, car on recherche auprès d'eux la protection, les soins et un statut stable. Mais une telle vénération est également inacceptable, car Ryangombe et *Nyabingi* supplantent Jésus-Christ et endossent le rôle de médiateur qui lui est normalement réservé.

[542] Avant la colonisation et l'évangélisation, les Rwandais croyaient en l'Etre suprême, créateur et ordonnateur de toutes choses. Ils lui donnaient le nom d'*Imana* (cf. Bourgeois, Banyarwanda et Barundi (Tome III). Religion et Magie, 13). Curieusement, ils ne le vénéraient pas. Pour Muzungu, « Imana des Rwandais » est un être invisible qui est la cause première et effective de notre univers. On lui donne également le nom de *Rurema* (créateur). Ainsi, la réalité de son existence peut être déduite de la réalité des choses de ce monde (cf. Muzungu, Le Dieu de nos Peres II, 64-65).

sous celle de *Nyabingi* par le culte *Kuyoboka*.[543] Cela signifie que le *muzimu* est spontanément perçu comme un esprit qui suscite plutôt la peur et un sentiment de menace, car les maladies de toutes sortes sont attribuées aux *bazimu* maléfiques. Toute maladie dont on ne sait pas exactement de quoi il s'agit est facilement interprétée comme une attaque de ces esprits. Cela nous amène à examiner la question de l'origine des maladies dans la tradition rwandaise.

2.3. Les causes des maladies au Rwanda traditionnel

Comme nous l'avons déjà mentionné, pour le peuple rwandais traditionnel, les maladies ont trois causes principales : les mauvais esprits et les divinités, les empoisonnements et la violation des tabous.

2.3.1. Abazimu (esprits des défunts) et divinités comme cause des maladies

La première cause de maladies et de troubles physiques et psychiques, à laquelle les Rwandais accordent encore aujourd'hui une grande importance, est le mécontentement ou simplement le caprice des esprits des ancêtres[544], appelés *abazimu* en Kinyarwanda.

Généralement, le terme *abazimu* est utilisé lorsque les ancêtres sont considérés comme porte-malheur ou à l'origine d'une maladie quelconque ; surtout quand il s'agit de troubles psychiques (*ibisazi*). En revanche, les ancêtres, lorsqu'ils sont mentionnés sans être associés à une quelconque mésaventure, sont appelés *abakurambere* (ancêtres) ou encore *ababyeyi* (parents), c'est-à-dire « L'ensemble de nos parents qui nous ont précédés dans l'existence ».[545] De nombreux Rwandais pensaient que les esprits des défunts (ceux qui ont traversé la mort) étaient l'une des causes des troubles et des maladies, voire de la mort. Il y a plusieurs raisons à l'intervention des *abazimu* lorsqu'ils manifestent leur présence sous forme de maladies ou d'autres malheurs infligés aux vivants[546]:

- Les descendants qui méconnaissaient leurs ancêtres et ne pensaient pas à eux, notamment en les privant de la première des récoltes, pouvaient en subir les consé-

---

[543] Cf. Misago, Foi et Culture, 9.

[544] Au Ruanda traditionnel, chaque famille a ses ancêtres auxquels ses membres rendent bien un culte en cas de besoin.

[545] Cf. Rwangabo, La médecine traditionnelle au Ruanda, 44.

[546] Cf. idem, 45.

quences. C'était l'une des raisons de la fête des récoltes (*umuganura*), au cours de laquelle chaque famille rwandaise offrait notamment la bière de la première récolte de sorgho à ses parents encore en vie, mais en fait principalement, profitait de l'occasion de penser aux ancêtres.

- L'oubli d'une promesse faite à un ancêtre et dont l'invocation permettait de sortir indemne d'une catastrophe ou de guérir d'une maladie grave. Cette promesse, faite dans les moments difficiles, s'appelait en kinyarwanda *umuhigo* (le pari). Sa réalisation s'appelait *guhigura* (parier).

- Si un membre de la famille possédait une certaine qualité, ses enfants devaient, après sa mort, honorer cette qualité par des simulations régulières. Dans le cas contraire, le *muzimu* pouvait devenir mécontent et apporter des maladies ou des problèmes dans la famille.

Outre les *Bazimu*, des divinités comme *Imana* et certains héros légendaires comme *Nyabingi* sont souvent considérés aussi comme la cause de maladies et de malheurs. Certaines maladies sont considérées par les Rwandais comme une punition d'*Imana*, offensé d'une manière ou d'une autre par le mauvais comportement des hommes. Cet aspect est encore important dans la vie actuelle, où Dieu est considéré comme le dernier recours et le seul maître de la vie et de la mort, lorsque tous les autres moyens thérapeutiques ont été épuisés. Le *Nyabingi* peut également être considéré comme la cause de certaines maladies, surtout psychiques, mais parfois aussi physiques. Cette conception se retrouve surtout dans le sud et le centre du pays, alors que dans le nord, *Nyabingi* est plutôt considéré comme une divinité bienveillante que l'on implore lorsqu'on a des problèmes de santé, de stérilité, de pauvreté, etc. De ce point de vue, *Nyabingi* agit comme un médium qui, sur l'invocation de ses prêtres (*abagirwa*), peut à son tour implorer *Imana* de répandre la bonne santé et la prospérité sur l'ensemble de la population ou des personnes concernées.[547] On reconnaît également que *Nyabingi* peut être invoquée par ses prêtres (*abagirwa*) ou d'autres adeptes pour lui demander de punir certains malfaiteurs par la maladie.

---

[547] Cf. Rwangabo, La médecine traditionnelle au Ruanda, 46.

2.3.2. Empoisonnement

Au Rwanda, on croit que l'empoisonnement peut être le fait d'esprits malveillants ou de substances nocives transmises par une personne inconnue ou suspecte, ou par des ancêtres, afin de rendre directement malade la personne visée.[548] Les intoxications se transmettent également de différentes manières, avec ou sans contact direct, par exemple à proximité immédiate en se serrant la main, en mangeant ou en buvant, ou dans la rue lorsque la personne ciblée passe à proximité. Selon la tradition rwandaise, tout poison est très violent, et lorsqu'il est accompagné de paroles malveillantes d'incantations[549], destinées à rendre son pouvoir destructeur, il est encore plus efficace.[550] Dans d'autres sociétés d'Afrique de l'Est, l'empoisonnement est compris comme le fait d'envoyer des substances magiques à distance par voie aérienne et de les placer sur le chemin d'une personne, ou de les libérer à proximité immédiate et de les transmettre en serrant des mains.[551] La société rwandaise ne fait pas de distinction terminologique entre cette dernière forme et l'ingestion de substances nocives.

La maladie mentale, la somatisation et la fièvre sont perçues comme des symptômes d'intoxication. Les symptômes d'une maladie mentale comprennent des comportements et des émotions anormales. D'autres symptômes d'intoxication, fréquemment rapportés, sont les maux de tête, les douleurs aux jambes, les maux d'estomac et la fièvre. Les guérisseurs traditionnels indiquent que l'empoisonnement peut rendre les personnes fébriles, faibles et incapables de se tenir debout ou de marcher. Dans tous les cas, on pense que l'intoxication par la jalousie fait que la personne visée n'est plus en mesure de travailler et d'accomplir quoi que ce soit en raison des fortes douleurs physiques, de la fièvre et des autres symptômes de la maladie.

Dans une situation probable d'empoisonnement, les Rwandais ont différentes croyances quant à la personne qui les a empoisonnés ou qui a empoisonné leurs proches. L'empoisonneur présumé peut être une personne proche de la victime (par exemple un collègue de travail, un voisin) ou une personne inconnue qui pourrait avoir administré la substance nocive. Même si

---

[548] Cf. Mengxin, u.a. (Éd.), Local experience of using traditional medicine in northern Rwanda: a qualitative study, Published 13 August 2021, dans :
https://bmccomplementmedtherapies.biomedcentral.com/articles/10.1186/s12906-021-03380-5.
[549] Le Rwandais admet que la toute-puissance de l'idée et du geste est effective sur les événements extérieurs, pour autant qu'ils soient liés à la parole qui les concrétise (cf. Lestrade, La médecine indigène au Ruanda, 127).
[550] Cf. Rwangabo, La médecine traditionnelle au Ruanda, 44.
[551] Cf. Mengxin, Tan (Éd.), Local experience of using traditional medicine in northern Rwanda, 5.

les victimes du poison ne savent pas exactement qui en est l'auteur, elles pensent toujours, aussi bien que leurs voisins, leurs amis, les guérisseurs traditionnels, qu'elles ont été empoisonnées par quelqu'un qui en veut à leur vie par jalousie de leurs récoltes, de leurs revenus ou de leurs réussites.

2.3.3. La transgression des tabous

Le troisième type de causes de maladie dans la société rwandaise comprend la transgression de certains tabous ou interdictions ainsi que l'accomplissement d'actes considérés comme obscènes. Le terme tabou signifie à l'origine « ce qui est soustrait à l'usage commun ».[552] Dans la culture rwandaise, le tabou correspond à ce que l'on appelle *umuziro* (interdiction). On l'appelle parfois *ishyano* (c'est-à-dire malheur), mais ce mot désigne plutôt l'état malsain dans lequel se trouvent ceux qui ont transgressé un tabou volontairement ou involontairement.[553] Le tabou au Rwanda ne concerne pas seulement certains objets qui sont jugés dangereux d'une manière occulte, mais aussi des attitudes, des comportements, des paroles et des gestes qui sont interdits parce qu'ils pourraient avoir un effet néfaste sur l'acteur qui, par une sorte d'automatisme, deviendrait malade ou stérile, et serait atteint d'eczéma (*amahumane*) et de ce fait, risquerait même la mort.[554]

Le tabou repose sur la crainte des dangers, en particulier de la mort. C'est un interdit qui est respecté afin d'éviter les accidents, la stérilité, la dégénérescence du bétail, la perte des récoltes, les maladies, notamment l'eczéma (*amahumane*), et une mort prématurée.[555] Dans la culture rwandaise, on était convaincu que si l'on ne respectait pas les interdits (tabous), on subirait ces différents malheurs qui adviennent par suite du déclenchement d'un automatisme implacable.

---

[552] Cf. Muzungu, Le Dieu de nos pères II, 9.

[553] Cf. Bourgeois, Banyarwanda et Barundi (Tome III). Religion et Magie, 221.

[554] A titre d'exemple : 1) Il est interdit de chanter (ou de danser) pendant le repas, car cela signifierait une mort prématurée pour ses frères ou ses sœurs. 2) Il est interdit à une femme enceinte de se moquer d'un être difforme, car elle donnerait naissance à un enfant qui lui ressemblerait (cf. Muzungu, Le Dieu de nos pères II, 10-11).

[555] Cf. Bourgeois, Banyarwanda et Barundi (Tome III). Religion et Magie, 222.

3. PRATIQUES DE GUERISON DANS LA MEDECINE TRADITIONNELLE DU RWANDA

La médecine traditionnelle[556] au Rwanda et dans les pays voisins d'Afrique de l'Est comprend des recettes pour le traitement des maladies, basées sur des plantes, des parties d'animaux, des minéraux et des récits spirituels. L'utilisation de ces remèdes est souvent complétée par des représentations cultuelles et des cérémonies qui masquent leur véritable valeur curative. Il s'agit donc d'une thérapie qui allie la spiritualité et l'efficacité des médicaments traditionnels, comme le dit Rwangabo.[557] Selon la cause de la maladie, différentes pratiques de guérison sont utilisées.

3.1. Techniques de guérison contre les maladies causées par les esprits des défunts, les divinités ou les mauvais sorts

Pour guérir les maladies causées par les esprits des défunts, on pratique d'abord la divination[558] (*kuraguza*). On fait surtout appel aux services de devins, de guérisseurs et d'exorcistes ; on prie également les ancêtres (*abazimu*) et les esprits déifiés (*Ryangombe* et *Nyabingi*).[559] L'objectif de la divination est de trouver les causes d'une maladie ou d'un état malheureux, d'identifier les pièges des mauvais esprits ou des sorcières et, enfin, de prévoir les événements qui se produiront dans un avenir proche.[560] Les conditions suivantes sont à la base des méthodes de divination : a) Le devin doit être initié à l'art qu'il pratique et se trouver hors de portée des mauvais esprits. b) le devin examinera des objets ou des animaux qui ont été préparés, voire

---

[556] L'Organisation mondiale de la santé (OMS) définit la « médecine traditionnelle comme la somme totale des connaissances, des compétences et des pratiques fondées sur des théories, des croyances et des expériences propres à une culture, qu'elles soient explicables ou non, et utilisées pour préserver la santé et pour prévenir, diagnostiquer, améliorer ou traiter les maladies physiques et mentales » (Ozioma E., Chinwe O. Herbal Medicines in African Traditional Medicine 2019, dans : https://doi.org/10.5772/intechopen.80348).

[557] Cf. Rwangabo, Médecine traditionnelle, 74.

[558] Selon Touillet, L. : « La divination est une quête de certitude. Le recours aux devins (*abapfumu*) consiste à demander à ces ministres de dieu de prédire ce qui va arriver. [...] En cas de maladie, on consultait le devin pour connaître la cause de la maladie » (Touillet, L., Le syncrétisme religieux au Rwanda, dans : Nizeyimana, A., (Éd.), Jalons pour l'inculturation, 314-315).

[559] Cf. Bourgeois, Banyarwanda et Barundi (Tome III). Religion et Magie, 235.

[560] Cf. idem, 247.

protégés des mauvais esprits par des purifications spéciales ; il tirera des conclusions sur des destins probables, en fonction de la constellation qu'ils prendront pendant la séance de divination. c) La personnalité du patient doit être intégrée dans ces objets afin qu'ils puissent parler en son nom. Une substance du patient, principalement de la salive, est utilisée à cette fin. Le choix de la salive n'est pas un hasard, mais le produit d'une réflexion magique : puisque la salive entre en contact avec les organes de la parole, elle va faire parler les instruments de divination.[561] Compte tenu du pouvoir de la parole, des prières rituelles doivent être prononcées au cours de l'opération et l'objet précis de la demande qui justifie la divination doit être mentionné. La divination sert donc à détecter, à dénoncer et à neutraliser les mauvais esprits, en premier lieu les esprits des défunts (*abazimu*), qui causent des problèmes aux êtres vivants ou provoquent des maladies. La voyance fait appel à différentes méthodes. A titre d'exemple, voici deux méthodes : La divination à l'aide d'osselets (*kuraguza inzuzi*) et la divination à l'aide d'un poussin (*kuraguza inkoko*).

3.1.1. Méthode de divination par les osselets (kuraguza inzuzi)

La divination par les osselets est la méthode la plus utilisée. La séance de divination se déroule soit chez le devin ou le voyant, soit chez le patient, tous deux assis sur un tapis.[562] Il s'agit d'abord de déterminer si la personne qui consulte est paisible ou si elle a été visitée par un mauvais esprit. Pour ce faire, le devin fait appliquer la salive du patient sur les phalanges prévues à cet effet.[563] Une fois qu'il les a jetés dans l'auge, il tire toutes les conclusions pertinentes de la position qu'ils occupent. Cette consultation est suivie de la mise en évidence de la maladie. Il s'agit de vérifier si la personne est réellement malade. Des osselets sont alors mis en contact avec la salive du patient. Une fois répandus, ces osselets indiquent s'il y a effectivement une maladie ou non. Après la détection de la maladie, on procède au rite de diagnostic. Cette fois-ci, les osselets doivent indiquer si la maladie a été envoyée par un esprit divinisé, un esprit familial *umuzimu* ou par un être vivant qui a jeté un sort. Le devin nomme successivement aux

---

561 Cf. idem, 249.
562 Cf. idem, 250.
563 Cf. idem.

184

chevilles les esprits et les personnes sur lesquels pèsent des soupçons.[564] Les osselets qui sont à nouveau lancés décident, par leur position, si cela est nécessaire :

a) de faire un cadeau ou une offrande aux esprits de l'ancêtre mécontent (culte de *guterekera*) ;

b) de pratiquer le culte *kubandwa* en faveur de la divinité courroucée ; c) de se venger d'une personne soupçonnée de sorcellerie ou, du moins, d'utiliser des moyens propres à anéantir sa mauvaise volonté.

3.1.2. Méthode de divination par un poussin (kuraguza inkoko)

Un peu de salive du patient, mélangée à de l'eau, est introduite dans le bec du poussin mort. Tout en prononçant les paroles rituelles, le devin dicte les souhaits dans l'oreille du poussin.[565] Le poussin est placé sur une feuille de bananier et, après avoir été nettoyé à l'eau, il est autopsié par le devin. Les intestins sont à nouveau nettoyés à l'eau. L'examen du foie, du cœur, des intestins, du muscle gastrique, etc. révèle une multitude d'événements, bons ou mauvais, et leurs causes. A l'aide des entrailles du poussin bienfaisant, on fabrique des amulettes[566] *(impigi)* que le devin pose d'abord en signe de croix sur la personne qui demande assistance, en prononçant des formules bienfaisantes.

3.2. Pratiques rwandaises spécifiques pour le traitement des maladies : Empoisonnement (uburozi)

Parmi les différents problèmes de santé traités par la médecine traditionnelle au Rwanda, l'empoisonnement (*uburozi*) occupe la première place. L'empoisonnement est la maladie la plus fréquente pour laquelle la population locale cherche un traitement par la médecine traditionnelle. Il s'agit d'une maladie culturellement spécifique, qui se réfère à des variantes locales de

---

[564] Cf. idem, 251.

[565] Cf. idem, 252.

[566] Au Rwanda, on croyait pouvoir guérir en portant une amulette sur l'organe malade. La meilleure amulette contre les maladies était la perle rouge « *Isheshi* », portée sur le ventre (cf. Bourgeois, Banyarwanda et Barundi (Tome III). Religion et Magie, 333).

symptômes psychiatriques et somatiques. On considère ces maladies comme reconnaissables uniquement au sein d'une société ou d'une culture donnée.[567] Pour cette raison, il est largement reconnu que les empoisonnements ne peuvent être traités que par des guérisseurs traditionnels et non par des médecins scientifiques. Les guérisseurs traditionnels diagnostiquent l'intoxication par une écoute attentive et la traitent en prescrivant des herbes, des huiles et des poudres minérales à usage aromatique, des massages, des rituels de purification et de protection (par exemple, traitement du corps avec des herbes pour le purifier, friction de la tête et du corps avec des herbes pour le protéger) et en donnant des explications spécifiques à la culture sur l'étiologie des symptômes de la maladie (c'est-à-dire l'intoxication).

Comme, dans la plupart des cas, les toxines sont administrées par la bouche. Le thérapeute utilise donc d'abord la technique de faire vomir (*kurutsa*). Lorsque les membres de la communauté attribuent les symptômes d'une maladie mentale à une intoxication, ils consultent en même temps le devin et les guérisseurs traditionnels afin de recevoir un traitement susceptible d'atténuer les douleurs.

3.3. Méthodes contre les effets des tabous

On se libère des vices, du malheur, des mauvais sorts et de l'influence des mauvais esprits en utilisant des moyens matériels de purification (eau, lait ou farine de sorgho, rasage des cheveux, feu, purifications magiques), dont l'effet bénéfique est le plus puissant. En prévention, on peut prendre la purification magique (*isubyo*) sous forme de liquide tôt le matin.[568] Lorsqu'une personne est touchée par un tabou ou affectée par un malheur (*ishyano*), elle peut s'en libérer en accomplissant les rituels de purification. Une autre méthode consiste à répéter immédiatement la parole ou le geste tabou afin d'en annuler l'effet néfaste. Dans la mentalité rwandaise, la répétition d'un acte, d'un geste ou d'un mot lève l'interdit qui était associé au mot, au geste ou à l'acte identique initial.[569] Mais le plus souvent, on se rend avec sa confession

---

[567] Cf. World Health Organisation. The ICD-10 Classification of Mental and Behavioural Disorders, dans : https://www.who.int/classifications/icd/en/bluebook.pdf (disponible le 22.12.2020).
[568] Cf. Bourgeois, Banyarwanda et Barundi (Tome III). Religion et Magie, 167-173.
[569] Cf. idem, 141.

chez un exorciste professionnel (*umuhanyi*[570]), qui se rend immédiatement à l'endroit où le tabou a été accompli pour exercer son art sur les choses et les personnes. Il ordonne à la personne de boire la purification magique (*isubyo*) et d'accomplir certains rites, qui incluent parfois une copulation rituelle en signe de résurrection.

3.4. Autres remèdes

3.4.1. Préparation de médicaments avec de la salive

La salive est le premier liquide auquel on attribue un rôle important dans la médecine traditionnelle rwandaise. Dans la plupart des pratiques divinatoires, le patient crache sur un objet utilisé dans la procédure avant que celle-ci ne commence. La salive est utilisée dans la divination car on pense qu'elle incarne la nature ou l'essence d'une personne.[571] Elle est considérée comme un liquide très puissant et comme la base de certains types de médicaments et de sorts. Dans la pratique de la médecine traditionnelle, les gens mâchent des racines, des herbes, des noix, des fruits, des mousses et des graines comme le cola amer et le poivre alligator et crachent le produit juteux sur le corps pour protéger la personne contre les dommages ou pour guérir une partie malade du corps.[572]

En fait, il existe des cas où les herboristes qui préparent un médicament dans un récipient doivent mâcher certains des ingrédients tels que le poivre d'alligator, les épices, les mousses et les herbes, et cracher le jus mélangé à la substance mâchée dans le récipient où l'autre partie du médicament est préparée. Dans d'autres cas, il suffit de cracher de la salive lors de la préparation. Quoi qu'il en soit, tout cela est fait dans le but de conférer au médicament une effi-

---

[570] L'*umuhanyi* est un exorciste par excellence qui exerce son art sur le lieu du malheur. C'est un devin qui s'est spécialisé dans la détection de l'énormité de l'*ishyano* (malheur). Sous ce terme sont regroupés toutes les pratiques marquées par des interdits et différents tabous (cf. Bourgeois, Banyarwanda et Barundi (Tome III). Religion et Magie, 246).

[571] Taylor, Christopher C., Ihahamuka: An Indigenous Medical Condition among Rwandan Genocide Survivors, dans : Religion and Violence, Online Publication, Date: Nov 2015, DOI: 10.1093/oxfordhb/9780199935420.013.51 (disponible le 10.03.2022).

[572] Cf. T.O. Ebhomienlen and C. A. Ogah, Saliva: A Healing Technique of Jesus in African Context, dans : IOSR Journal of Humanities and Social Science (IOSR-JHSS) Volume 16, Issue 2 (Sep. - Oct. 2013), PP 01-07 e-ISSN: 2279-0837, p-ISSN: 2279-0845. www.Iosrjournals.Org, 5 (disponible le 15.03.2022).

cacité supplémentaire, qui proviendrait de la salive.[573] L'expérience générale et certaines pratiques ont montré que la salive a un effet curatif, rafraîchissant et apaisant sur les petites brûlures et les parties douloureuses du corps. La mastication de certaines substances telles que le poivre d'alligator, les épices, les herbes et la mousse chauffée augmente la sécrétion maximale de salive ; elle augmente la teneur en chlorure de sodium dans la salive et, en augmentant le volume de la salive, elle entraîne également une plus grande quantité de lysozyme, qui peut avoir un effet antibiotique. La salive est donc capable de soulager l'inconfort et la douleur et de guérir les écorchures et les blessures.[574] Après avoir lavé une plaie, si sa surface devient rugueuse, certains guérisseurs traditionnels expérimentés, pour favoriser une guérison rapide, soufflent lourdement trois fois sur la surface et laissent tomber une goutte de salive de leur bouche sur la plaie. Ensuite, on applique l'herbe à pansement. Par exemple, des feuilles amères fraîches (*igishikashike*) mélangées à de la salive sont frottées dans les mains et le jus obtenu est appliqué sur la surface de la plaie. Lorsque les feuilles sont retirées, on utilise toujours de la salive pour maintenir les nouvelles feuilles sur la plaie. Après quelques jours de ce traitement, la plaie, quel que soit son état initial, montre généralement des signes de guérison rapide (à condition bien sûr qu'il n'y ait pas de forces mystérieuses derrière la plaie purulente).

La salive d'une personne qui a jeûné est censée être fortement enrichie des substances chimiques mentionnées ci-dessus, ce qui la rend très puissante. On pense que plus la personne jeûne longtemps, plus sa salive est puissante. Cette expérience et cette croyance ont dû inspirer la pratique d'utiliser la salive matinale pour des rituels, des incantations et des processus de guérison. L'efficacité de la salive permet également de l'utiliser comme antiseptique.[575] Par exemple, lorsqu'un insecte venimeux comme une guêpe ou un moustique pique, la personne concernée crache spontanément sur sa main et frotte sa salive sur le point de piqûre. La croyance sous-jacente est que la salive neutralise ainsi tous les éléments toxiques contenus dans la piqûre. La salive est également utilisée de nombreuses autres manières pour guérir, et ce n'est pas seulement le cas dans l'Afrique traditionnelle. Des sources non bibliques ont mis en évidence l'utilisation universelle de la salive pour la guérison. Lorsqu'il est dit que Jésus a utilisé

---

[573] Cf. idem.

[574] Cf. Taylor, Christopher C., Ihahamuka: An Indigenous Medical Condition among Rwandan Genocide Survivors, dans : Religion and Violence, Online Publication, Date: Nov 2015, DOI: 10.1093/oxfordhb/9780199935420.013.51 (disponible le 10.03.2022).

[575] Cf. Bourgeois, Banyarwanda et Barundi III, 249.

sa salive pour guérir les sourds, les muets et même les aveugles (Mc 7,31-37 ; 8,22-26 ; Jn 9,1-7), de nombreux chrétiens africains comprennent très bien ce qu'il a fait.[576] Ce fait renforce la constatation que les méthodes de guérison utilisées par Jésus et la médecine traditionnelle africaine présentent de fortes similitudes.

3.4.2. L'utilisation d'autres liquides dans le contexte de guérison rwandais

Parmi les liquides les plus utilisés pour leurs vertus médicinales, le lait de vache (ou beurre de vache) occupe la première place au Rwanda. Le lait est un médicament précieux. Boire du lait de vache est utilisé pour traiter la gastrite, la prise de poids et le typhus. Le plus souvent, les Rwandais prescrivent du lait à boire lorsqu'une personne a ingéré des produits chimiques toxiques.[577] Ils pensent que les produits chimiques toxiques quitteront le corps (par vomissement) si le patient boit le lait. Il était le seul remède connu contre les intoxications alimentaires. Le beurre est également utilisé comme pommade pour traiter les maladies de la peau. Il est appliqué sur le haut du crâne pour soulager les maux de tête sévères. Le beurre est consommé directement ou mélangé à d'autres aliments pour traiter les pleurésies, les fractures, les rhumes et la prise de poids.[578] Placer du beurre frais sur les dents peut aider à soulager les douleurs dentaires, et le tenir dans le conduit auditif est une pratique courante qui favoriserait l'élimination naturelle du cérumen de l'oreille et soulagerait les douleurs auriculaires (otalgie).[579] Boire du lait joue un rôle important dans le renforcement des dents, surtout chez les enfants.

Le lait et le beurre sont aussi utilisés comme aliments. Au Rwanda, on dit que le lait est une richesse. C'est une boisson traditionnelle et saine. Historiquement, lorsque l'on rendait visite à quelqu'un, ce dernier nous accueillait avec du lait et non de l'eau.

Le lait et le beurre ont également une valeur symbolique, car ils sont produits par la vache. Traditionnellement, les vaches sont des biens précieux qui symbolisent la richesse. Même dans l'économie actuelle, axée sur l'argent, posséder des bovins continue d'améliorer le niveau de

---

[576] Cf. T.O. Ebhomienlen and C. A. Ogah, Saliva: A Healing Technique of Jesus in African Context, 6 (disponible le 15.03.2022).

[577] Cf. Rwangabo, Médecine traditionnelle, 75.

[578] Cf. idem.

[579] Cf. Wendimu, Abenezer, The traditional medicinal use of some animals and their products in Wolaita, Southern Ethiopia (August 26th, 2021), dans : https://assets.researchsquare.com/files/rs-846799/v1/388c59b8-0e0d-4ad5-a8cc-b4346dda75a9.pdf?c=1631888652 (disponible le 12.03.2022).

vie. Les communautés locales utilisent depuis longtemps les bouses de vache comme fumier. Récemment, ce qui pourrait facilement être éliminé comme déchet est devenu une source de biogaz.[580] Outre la place prestigieuse qu'elles occupent dans la culture rwandaise, les vaches offrent aux agriculteurs de nombreuses sources de revenus. En outre, une vache est considérée comme le cadeau le plus précieux. Comme nous l'avons déjà mentionné, tout ce que produit une vache se transforme en or. La valeur symbolique et nutritionnelle du lait dépasse cependant tout le reste. C'est pourquoi le lait ou le beurre dans la tradition rwandaise peut à juste titre être comparé à l'huile d'olive dans la tradition biblique.

3.5. L'attachement à la médecine traditionnelle

Selon le rapport de l'OMS, au Rwanda, les maladies diagnostiquées selon les normes de la médecine conventionnelle sont universellement couvertes par les services de santé conventionnels. Cependant, ces soins de santé universels ne couvrent pas les maladies spécifiques à certaines cultures et ne sont pas en adéquation avec les circonstances sociales et financières des patients, relatives à leurs besoins en matière de santé. C'est pour cette raison principale que de nombreux Rwandais ont recours à la médecine traditionnelle, car ils estiment manifestement qu'il existe des maladies que la médecine scientifique occidentale ne peut pas guérir.[581] La médecine traditionnelle est surtout utilisée pour traiter des maladies spécifiques à la culture, par *uburozi* (empoisonnement). Une étude systématique des raisons pour lesquelles les gens ont recours à la médecine traditionnelle montre que l'une des principales raisons est l'orientation de la médecine traditionnelle vers des valeurs socioculturelles, religieuses et spirituelles.[582] Deuxièmement, les gens font confiance aux guérisseurs traditionnels lorsqu'il s'agit de partager leurs secrets personnels. La confiance dans les guérisseurs traditionnels est souvent acquise par

---

[580] Cf. Tayror, Christopher C., Ihahamuka: An Indigenous Medical Condition among Rwandan Genocide Survivors, dans : Religion and Violence, Online Publication, Date: Nov 2015, DOI: 10.1093/oxfordhb/9780199935420.013.51 (disponible le 10.03.2022).

[581] Les sorciers, appelés « *Malefizer* », ne peuvent être combattus que par un voyant plus puissant. Les esprits des défunts, rancuniers et vindicatifs, à l'origine de nombreuses maladies, échappent au diagnostic et à la thérapie des étrangers, aussi spécialisés soient-ils. Telles sont les représentations des Rwandais et de leurs voisins.

[582] Mengxin, Tan (Éd.), Local experience of using traditional medicine in northern Rwanda: a qualitative study, Published 13 August 2021, dans : https://bmccomplementmedtherapies.biomedcentral.com/articles/10.1186/s12906-021-03380-5 (disponible le 15.03.2022).

la recommandation d'anciens, d'amis et de membres de la famille en qui l'on a confiance.[583] Les guérisseurs traditionnels sont facilement accessibles via les réseaux locaux et le bouche-à-oreille. Les membres de la communauté échangent des informations sur l'endroit où vivent les guérisseurs traditionnels, les pratiques médicales traditionnelles qu'ils utilisent et les maladies qu'ils peuvent traiter. Les patients ayant un problème de santé peuvent être guidés vers leur guérisseur par quelqu'un qui a eu le même problème et qui a été guéri par un traitement traditionnel.

En outre, la recherche a montré que les faibles coûts, la flexibilité des moyens de paiement et l'accessibilité favorisent le recours à la médecine traditionnelle. En général, la médecine traditionnelle est considérée comme plus accessible, plus abordable et plus acceptable pour les membres de la communauté locale. Malgré les aspects positifs de la médecine traditionnelle, les missionnaires ont estimé dès le début que toutes ces méthodes n'étaient pas compatibles avec l'enseignement chrétien.[584] La présente étude constate que ce jugement n'était pas objectif, si l'on considère que le christianisme naissant a intégré dans ses pratiques des moyens similaires à ceux utilisés par les Rwandais. On peut le montrer à l'aide d'une petite analyse comparative.

4. ANALYSE COMPARATIVE

Un regard sur les remèdes et les méthodes de guérison utilisées par Jésus et les Rwandais révèle des similitudes et, bien sûr, des différences. Ces similitudes et ces différences ont une certaine importance pour les chrétiens rwandais en ce qui concerne leur compréhension de Jésus. La croyance en Jésus en tant que médiateur et guérisseur sous-tend la croyance en des divinités et des ancêtres en tant que médiateurs et guérisseurs dans la culture traditionnelle du Rwanda. Ce n'est pas une nouveauté ou une information particulière pour le Rwandais que les ancêtres et les divinités soient considérés comme des intermédiaires ou des médiateurs impor-

---

[583] Cf. idem.

[584] Comme dans toute l'Afrique, les racines religieuses du peuple rwandais dans leurs manifestations - rites (passage à l'âge adulte, culte des morts, relation avec les esprits), musique et danse, prières et autres observances - ont été immédiatement considérées par les premiers missionnaires comme de la barbarie, du fétichisme, de l'idolâtrie, de l'animisme, quelque chose de diabolique, sans examiner leurs significations exactes (cf. Bujo, Introduction à la théologie africaine, 41).

tants entre l'homme et Dieu (*Imana* pour les Rwandais). Ce qui est nouveau pour les Rwandais, c'est de savoir que Jésus, dans son action salvatrice, va bien au-delà de tous les intermédiaires et guérisseurs et qu'il n'y a qu'un seul Dieu, le Père de tous les hommes, et non un Dieu uniquement pour les Rwandais (*Imana y'i Rwanda*). Au niveau de la foi, les Rwandais n'ont plus besoin d'invoquer les ancêtres et les divinités nationales pour être heureux. Leur culte est en contradiction avec la foi en Dieu, le Père éternel de tous les hommes, et en Jésus-Christ, le sauveur de toute l'humanité.

La présente étude constate que l'utilisation de certains remèdes est commune aux chrétiens du début du christianisme et aux Rwandais avant la colonisation et l'évangélisation : par exemple, le pouvoir de la parole qui guérit, l'utilisation du toucher, de la salive et de l'huile[585]. Jésus a guéri de nombreux malades et a chassé des démons par sa seule parole. La parole joue également un rôle important chez les guérisseurs traditionnels du Rwanda. Un médicament devient plus efficace lorsque le guérisseur prononce quelques mots magiques sur le remède. Les textes bibliques analysés dans cette étude montrent également que de nombreux malades ont retrouvé la santé après avoir touché Jésus ou avoir été touchés par lui. Le toucher est également une méthode importante utilisée par les guérisseurs traditionnels au Rwanda. La salive comme moyen de guérison est également présente aussi bien chez Jésus que chez les guérisseurs traditionnels du Rwanda. Jésus a fait une pâte avec de la salive et de la terre, l'a appliquée sur les yeux de l'aveugle et lui a ordonné de se laver dans la rivière pour recouvrer complètement la vue (Jn 9,1-7), ce qui implique une ablution rituelle telle qu'elle est pratiquée dans la religion traditionnelle du Rwanda. Cet aveugle est passé par un processus que l'on pourrait qualifier de purification rituelle avant de recouvrer la vue. Dans certaines circonstances également, Jésus a dialogué avec les malades avant de les guérir ou de les déclarer guéris (par ex. Mc 5,25-34 ; 8,22-26 ; 10,46-52). Ce dialogue entre le guérisseur et le patient joue un rôle très important dans la médecine traditionnelle au Rwanda. Le guérisseur favorise ainsi une participation active au traitement. Un autre aspect de la médecine traditionnelle rwandaise est le système socio-culturel : l'individu appartient à une communauté. Cet aspect communautaire est également encouragé par Jacques (Jc 5,13-16). Le succès indéniable de ce système dans le traitement des maladies psychosomatiques repose sur le fait que le malade est pris en charge par la communauté. L'exclusion de certains malades (par exemple les lépreux et les fous) n'est envisagée que

---

[585] La particularité du Rwanda est que l'huile utilisée est d'origine animale (Beurre de vache).

dans de rares cas extrêmes, en cas de risque de contagion ou de violence de la part du malade. Dans ses guérisons, il apparaît que Jésus a aussi délibérément enfreint certaines prescriptions qui préconisaient la discrimination (cf. Mc 1,40-45 : guérison du lépreux par le toucher).

Outre ces points communs, il faut admettre qu'il existe aussi quelques différences entre Jésus et les guérisseurs traditionnels du Rwanda. La première différence importante est que Jésus n'utilisait pas tous ces remèdes comme des méthodes de guérison rigides en soi, mais plutôt comme des applications occasionnelles. Dans le contexte des récits de Jésus, ces remèdes symbolisent la proximité divine. Le pouvoir de guérison réside exclusivement dans la personne de Jésus, le guérisseur par excellence, alors que la médecine traditionnelle rwandaise considère que le pouvoir de guérison réside dans ces techniques elles-mêmes, qui peuvent être utilisées par un guérisseur selon les besoins. Une autre différence est que les guérisseurs traditionnels croient que les paroles magiques ou incantatoires prononcées sur le médicament le rendent plus efficace. En outre, certains Rwandais continuent non seulement à croire en des esprits des trépassés, mais aussi à craindre le sort qu'ils pourraient infliger aux vivants. Ainsi, la vénération qui leur est accordée est motivée par la peur. Cela ne correspond pas à la démarche de Jésus, qui prône l'amour, la compassion et la libération de la personne malade. Par conséquent, le recours à la pratique de la divination et à l'adoration des ancêtres et des esprits divinisés (*Ryangombe* et *Nyabingi*) conduit à l'apostasie.

Ces deux distinctions conduisent à proposer des pistes pour un dialogue à deux niveaux : Il s'agit du dialogue entre le système médical rwandais et les guérisseurs traditionnels, et du dialogue entre le christianisme (ou l'Église) et les défenseurs de la culture rwandaise (dont font partie les guérisseurs traditionnels). Le dialogue entre le système médical rwandais et les guérisseurs traditionnels vise en premier lieu à ce que ces derniers puissent diagnostiquer correctement les causes de la maladie. C'est très important, car dans la mentalité des Rwandais des zones rurales, toute maladie inconnue et cruelle est spontanément attribuée à des forces occultes.[586] Souvent, il s'agit simplement d'un état de névrose, de dépression, d'hystérie ou de typhoïde. Les sages traditionnels (devins) conseillent en tout cas toujours de se méfier de la médecine scientifique qui, selon eux, ne peut rien faire contre de telles maladies. Les devins conseillent alors de s'adresser à des guérisseurs traditionnels qui se sont spécialisés dans ce domaine. Il faut toutefois préciser qu'il n'existe pas beaucoup de guérisseurs traditionnels spécia-

---

[586] Cf. Misago, Foi et Culture, 23.

lisés. Si l'on parvient à les trouver, parfois à des centaines de kilomètres, il faut payer très cher pour pouvoir être guéri.[587]

Deuxièmement, ce dialogue vise à reconnaître certaines des méthodes utilisées par les guérisseurs traditionnels comme remèdes pour traiter certaines maladies spécifiques à certaines cultures. Il s'agit principalement de médicaments à base de plantes ou d'animaux qui se sont révélés efficaces pour résoudre des problèmes d'empoisonnement ou pour traiter des maladies de peau. Pour ces catégories de médicaments et pour d'autres qui ne nuisent pas à la foi chrétienne, un dialogue avec l'Église est nécessaire afin de rechercher dans les remèdes traditionnels les éléments qui sont compatibles avec la tradition théologique et qui ne contredisent pas le message de l'Évangile. Ce dialogue doit donc avoir lieu dans le contexte du dialogue interculturel. Il contribuera à l'étude commune des traditions spirituelles du Rwanda et à une acceptation positive et responsable de la contribution du christianisme à la société rwandaise. Un autre niveau de dialogue qui tient à cœur à l'auteur de cette recherche est l'analyse des méthodes de guérison rwandaises qui méritent d'être réhabilitées et intégrées dans la pastorale d'accompagnement des chrétiens malades. L'utilisation de certains remèdes, qui ont une grande valeur symbolique dans la culture rwandaise, serait un grand atout pour l'Église et la société en général. La prise en compte de l'apport de ces remèdes traditionnels peut aider à la conceptualisation africaine de Jésus comme grand guérisseur et médiateur. Cela permettrait de considérer Jésus comme l'ancêtre divinisé par excellence, puisqu'il dépasse de loin les ancêtres familiaux (*Abazimu*) et les ancêtres nationaux (*Ryangombe et Nyabingi*). Intégrer quelques éléments de la médecine traditionnelle dans l'administration des sacrements de guérison serait d'une grande importance pour les chrétiens rwandais qui ont accueilli Jésus comme leur roi et leur sauveur. Puisque Jésus, tel qu'il nous a été transmis, était libre d'utiliser les remèdes dont il disposait à l'époque pour guérir les gens de son temps, il peut aujourd'hui utiliser d'autres remèdes que l'on trouve dans les cultures les plus diverses. Le plus important est que les gens apprennent à connaître la force et le pouvoir de guérison qui émanent de Jésus en tant que Fils du Dieu créateur.

---

[587] Cf. idem.

Chapitre IV :
RESULTATS ET PERSPECTIVES

1. RESULTATS

De tout temps et dans toutes les sociétés, l'homme a eu une conception de la maladie et de la guérison. Cette conception évolue constamment avec le temps, les connaissances, les croyances et les valeurs dominantes. Confronté à la maladie, l'homme est brutalement renvoyé à sa finitude. C'est pourquoi le problème de la cause du mal en général et de la maladie en particulier est au centre de ses préoccupations. En donnant un sens à la maladie, il tente depuis toujours d'échapper au caractère aléatoire de sa vie et de trouver des pratiques de guérison. Les peuples de l'Orient ancien définissaient la maladie comme une force étrangère à l'individu, extérieure à lui-même, un agent qui s'attaque à l'homme et prend possession de lui. Les religions du monde antique, ainsi que le peuple d'Israël (AT), ont confirmé cette idée de la maladie en la qualifiant d'attaque, d'envoûtement par des forces maléfiques. Elles ont cherché des pratiques de guérison appropriées pour lutter contre ces attaques.

Dans la présente étude, nous avons tenté d'établir des parallèles entre les pratiques de guérison du monde antique, de l'AT et celles des récits du NT. Dans la culture antique, le système médical était dominé par le médecin (*asu*), le prêtre (*barû*) et l'invocateur ou l'exorciste (*āŝipu*). Les remèdes du médecin étaient principalement des herbes et des minéraux, mais aussi des choses que l'on classerait dans la médecine de la saleté, comme la salive, l'urine, la bile de poisson ou les excréments d'animaux. Le travail du prêtre consistait à offrir des sacrifices de pénitence ou de réconciliation avec le divin et à diriger les rituels de purification dans les temples. L'invocateur pratiquait des rituels magiques et des incantations pour chasser les mauvais esprits qui causaient des maladies. Il utilisait pour cela des formules magiques écrites sur des amulettes. En outre, les divinités guérisseuses utilisaient d'autres moyens, comme le toucher par imposition des mains.

Dans l'environnement de l'AT, on comprenait en principe que YAHVE était le médecin par excellence, le seul à pouvoir pardonner et guérir (Ex 15,26). Celui qui tombait malade était d'abord invité à reconnaître sa faute et à se recommander à la miséricorde de Dieu. Le peuple d'Israël n'avait pas le droit de consulter des devins ou de recourir à des exorcistes, comme c'était le cas pour les peuples environnants. Leur consultation était considérée comme un signe de manque de confiance en YAHVE. Il faut cependant noter que le judaïsme de la diaspora d'Égypte, de Mésopotamie et de Syrie a été massivement confronté aux pratiques médicales de son environnement. Ainsi, suite à l'hellénisation de la Palestine, il a fallu des réflexions et des débats théologiques approfondis pour démontrer l'efficacité de certaines pratiques divinatoires et médicales des peuples voisins, afin que certaines d'entre elles puissent être intégrées à leurs propres pratiques. L'AT mentionne également certaines plantes et autres moyens utilisés pour guérir les malades. YAHVE reste cependant l'auteur principal de la guérison.

L'analyse des récits de guérison attribués à Jésus a également permis de constater qu'il existe quelques récits juifs et gréco-romains antérieurs qui sont proches de certains récits de guérison du NT. Il s'agit surtout de guérisons opérées par des êtres divins - notamment Asclépios - et moins de guérisons opérées par des hommes. En ce qui concerne l'influence des pratiques de guérison antiques sur les récits du NT, on trouve quelques similitudes, mais les parallèles détaillés sont rares. Néanmoins, l'analyse constate que le christianisme primitif a dû emprunter certaines pratiques au monde païen pour mieux exprimer la proximité divine.

L'étude a également tenté de rassembler les connaissances populaires sur l'utilisation des thérapies traditionnelles par les habitants du Rwanda avant la colonisation et l'évangélisation. Il a été constaté que les plantes, certains produits animaux et les techniques magiques sont toujours utilisés par les guérisseurs traditionnels pour traiter diverses maladies. En ce qui concerne la documentation et l'évaluation de leur potentiel thérapeutique, il faut toutefois reconnaître que l'étude n'est pas exhaustive, car elle n'est pas menée par un spécialiste du domaine. Les remèdes traditionnels au Rwanda sont encore un domaine peu exploré qui pourrait intéresser d'autres chercheurs.

Les techniques de guérison en médecine traditionnelle au Rwanda sont liées à la compréhension de la maladie et de son origine. Il existe des maladies spécifiques que la médecine traditionnelle traite mieux que les services de santé scientifiques du point de vue des patients. Parfois, la médecine traditionnelle répond à des besoins spécifiques des patients qui ne sont pas suffisamment satisfaits par les services de santé scientifiques. En outre, il est communément admis que les diagnostics, les traitements et les caractéristiques relationnelles de la médecine traditionnelle répondent mieux aux besoins sanitaires, sociaux et financiers des patients. Les guérisseurs traditionnels vivent dans les mêmes communautés que les patients et s'efforcent d'entretenir de bonnes relations avec eux. C'est pourquoi ils établissent des factures souples pour les membres de la communauté, en tenant compte de différents facteurs, notamment le type de maladie, les résultats en matière de santé après le traitement et la situation financière du patient. Les habitants des zones rurales, en particulier, affirment que la médecine traditionnelle répond mieux à leurs besoins sanitaires et sociaux en raison de ses caractéristiques de diagnostic et de traitement, y compris les approches centrées sur la personne et l'engagement du patient. Ils expliquent que les guérisseurs traditionnels diagnostiquent mieux leurs problèmes de santé en observant, en touchant et en écoutant. Plus précisément, les guérisseurs traditionnels diagnostiquent les problèmes de santé présentant des symptômes visibles de l'extérieur, comme les problèmes de peau et d'yeux, en observant et en touchant les parties du corps où les symptômes de la maladie sont présents. Pour les problèmes de santé sans symptômes extérieurs marqués, comme les maux d'estomac et de tête, le diagnostic des guérisseurs traditionnels se base sur la description du patient. Dans ce cas, le dialogue et la description du patient sont essentiels pour établir le diagnostic. Ainsi, les guérisseurs traditionnels prennent le temps d'écouter attentivement la description que fait le patient des symptômes de la maladie et des problèmes de santé afin d'établir un diagnostic.

Les médicaments traditionnels sont généralement fabriqués à partir de produits naturels tels que des herbes, des minéraux (p. ex. terre, argile, roche), des parties d'animaux (p. ex. lait de vache, huile) et des aliments (p. ex. ail, oignons, sel), qui ont une valeur symbolique dans la culture rwandaise. Les guérisseurs traditionnels fabriquent les produits de traitement en mélangeant différents ingrédients en fonction de l'état de santé de chaque patient. La médecine traditionnelle est donc à portée de main dans les jardins, même des Rwandais, et les guérisseurs traditionnels vivent à proximité, dans la communauté. Par conséquent, la médecine traditionnelle et les guérisseurs traditionnels sont perçus comme une ressource de santé pratique dans la communauté pour traiter les maladies mineures. En outre, les membres de la communauté recherchent la médecine traditionnelle pour traiter d'autres maladies spécifiques, notamment les douleurs somatiques, les problèmes d'estomac, les problèmes de peau et l'hépatite, ainsi que les maladies dues à des empoisonnements. Ces maladies sont perçues comme pouvant être traitées ou soulagées uniquement par l'utilisation de la médecine traditionnelle. Les guérisseurs traditionnels impliquent parfois les patients dans le processus de préparation du traitement. Cette participation au traitement permet aux patients d'acquérir davantage de connaissances et de compréhension de la médecine traditionnelle, ce qui contribue à améliorer la confiance dans les guérisseurs traditionnels et leurs pratiques de traitement.

Grâce à toutes les pratiques et croyances décrites ci-dessus, les Rwandais aspiraient à une vie paisible. Dans ce but, ils vénéraient également les esprits (ancêtres ou mânes), non pas nécessairement pour les glorifier, mais plutôt pour apaiser leur rancœur et leur amertume qui pourraient nuire à leur santé. Ils cherchaient également à s'attirer leur bienveillance protectrice vis-à-vis d'autres agents malveillants. Ces pratiques traditionnelles consistaient à éliminer la cause du mal en général et de la maladie en particulier. On pensait que les maladies étaient causées soit par un empoisonnement, soit par la vengeance des esprits des défunts, soit par la rupture d'un tabou, soit par les manœuvres d'un devin ou d'un sorcier. Pour diagnostiquer les empoisonnements, les guérisseurs traditionnels procèdent de la manière suivante : ils écoutent attentivement et traitent ensuite la maladie en prescrivant des herbes, des huiles et des poudres minérales à des fins aromatiques, des massages et des rituels de purification et de protection. Pour identifier et soigner les maladies causées par les mauvais esprits, ils pratiquent la divination sous différentes formes. Pour se débarrasser du mal causé par le non-respect des tabous, on utilise des moyens matériels de purification (eau, lait ou farine de sorgho, rasage des cheveux, feu, purifications magiques). La médecine traditionnelle utilise également des moyens de guérison que l'on retrouve également dans d'autres cultures : Il s'agit notamment du port de différentes amulettes, de paroles incantatoires, de l'utilisation de la salive et de l'huile et d'autres moyens typiques de la culture rwandaise.

L'analyse de ces pratiques de guérison montre qu'elles ont des points communs avec certaines pratiques tant du monde antique que du monde biblique. Bon nombre des méthodes spécifiques utilisées pour traiter les maladies dans la culture rwandaise n'entravent en rien la proclamation du message chrétien. C'est pourquoi notre étude estime qu'il est important de réhabiliter certaines de ces pratiques de guérison, jugées par les missionnaires comme incompatibles avec la foi en un Dieu trinitaire. L'analyse des pratiques de guérison dans les récits bibliques a montré que le christianisme a adopté plusieurs pratiques courantes dans la culture hellénistique, alors qu'elles n'étaient pas autorisées dans le judaïsme. Certains remèdes, comme l'huile d'olive[588], ont acquis une grande importance en raison de leur valeur symbolique. Mais

---

[588] Dans le texte grec, le terme utilisé par Jc 5,14 (ἐλαίῳ) se réfère uniquement à l'huile d'olive. Mais les équivalents sémitiques donnent la possibilité de penser à un autre type d'huile : le terme שמן désigne tout type de graisse, de beurre et de matière grasse et s'applique aussi bien à l'huile d'olive, שמן זית qu'à l'huile parfumée, aux différentes crèmes, aux baumes, שמנים aux résines שמן משריף ou שמן-שהרפת, voire aux mélanges d'huile et d'eau שמניה ou שמנים et même au vin שמן יין (cf. Testa, Emanuele, O.F.M., L᾽huile de la foi, Jérusalem 1967, 91). Probablement en raison de ces différentes significations, certains judéo-chrétiens ne se contentent pas

ce ne sont pas ces moyens eux-mêmes qui confèrent la guérison. Ils restent des signes visibles de la guérison qui résulte de la foi, de la prière et de l'invocation du Seigneur (cf. Jc 5,13-16). Dans le même contexte, cette étude constate que certains remèdes de la culture rwandaise peuvent être intégrés dans la pastorale d'accompagnement des malades en raison de leur valeur symbolique. Le lait ou le beurre peuvent déjà être utilisés à la place de l'huile d'olive lors de l'onction des malades. Il est important que le geste soit accompagné d'une prière prononcée dans la foi au nom du Seigneur Jésus. Cela peut avoir une grande importance pour les Rwandais, qui accordent une très grande valeur symbolique à la vache et à tout ce qu'elle produit.

En plus du point de vue de la doctrine chrétienne, l'étude trouve qu'il n'y a pas grand-chose à reprocher aux amulettes et autres remèdes d'origine animale ou végétale. Au lieu de prononcer des paroles incantatoires et magiques sur ces remèdes, on peut les bénir en invoquant le nom du Seigneur ou de la Trinité. La recherche a montré qu'il existe des amulettes juives et païennes qui ont servi de prototypes aux amulettes chrétiennes. Dans la tradition chrétienne, il existe de nombreux symboles, figures et lettres sacrés qui ont été intégrés dans la pratique liturgique. On peut prendre comme exemple la préparation du cierge pascal. Ainsi, si l'adaptation et l'intégration de certains éléments des cultures ont toujours marqué la prédication de l'Évangile, la recherche ne trouve aucun obstacle dans le cas des traditions de médecine populaire et des remèdes du Rwanda.

2. PERSPECTIVES

La recherche vient de montrer que la santé et la guérison des maladies ont toujours été des préoccupations importantes pour les gens dans différentes cultures et croyances. Dans de nombreuses cultures, la religion et l'art de la guérison étaient étroitement liés. À notre époque, il s'avère également impossible d'annoncer la Bonne Nouvelle du salut sans considérer l'homme dans son intégralité ; c'est-à-dire qu'il faut considérer l'homme avec son corps, son psychisme et ses relations sociales. Dieu aussi veut le salut de l'homme dans sa totalité : esprit, âme, corps

---

d'une huile pure. Il y en a qui, pour aider les mourants, font la démarche de verser de l'huile mélangée à de l'eau sur leur tête, puis de les frotter avec une sorte de baume ; et ce, pour les aider à échapper aux puissances et principautés célestes, afin que leur être intérieur puisse s'élever sans qu'ils s'en aperçoivent. Le gnostique judéo-chrétien Héracléon pratiquait un rituel similaire afin d'assurer le salut de ses adeptes (voir Testa, Emanuele, O.F.M., L'huile de la foi, Jérusalem 1967, 89-90).

et relations sociales. La présente étude vient de montrer que Dieu a toujours aidé l'homme de différentes manières. Selon les circonstances, il a utilisé une multitude de méthodes. Parfois, les malades étaient guéris par la seule prière. D'autres fois, la prière était combinée au toucher ou à l'imposition des mains d'un homme de Dieu (par exemple un prophète). En d'autres occasions, Dieu a souverainement guéri en utilisant les remèdes connus. Il est évident que Dieu n'est pas limité à une méthode ou à un modèle particulier pour guérir les malades. Si l'on examine les guérisons attribuées à Jésus et à ses disciples, telles qu'elles sont rapportées dans les quatre évangiles et dans d'autres écrits du NT, on découvre également qu'ils ont eu recours à toute une série de pratiques de guérison connues à leur époque. Certaines des méthodes qu'ils utilisaient se retrouvaient également dans d'autres cultures de l'Antiquité. Cela indique que le NT n'a pas tout repris de la tradition de l'AT et du judaïsme, mais qu'il a également puisé dans la vaste culture hellénistique. L'exemple le plus frappant est l'utilisation de la salive comme remède, dont l'usage était considéré comme un signe de mépris dans la culture juive.

Dans la conclusion de l'étude, il ne s'agit pas de répéter les résultats de recherche déjà élaborés après chaque chapitre, mais plutôt de formuler les thèses qui montrent la position du chercheur. Au terme de cette étude, ces thèses visent à susciter une réflexion théologique plus approfondie sur le thème des pratiques de guérison dans les récits du NT, en les confrontant aux méthodes de guérison utilisées dans les pays de mission, notamment au Rwanda. Les thèses sont formulées comme suit :

1) L'analyse montre que les pratiques de guérison de Jésus présentent une certaine affinité avec celles des guérisseurs rwandais. Jésus a utilisé ce qui était à sa disposition pour mettre en pratique son ministère de guérison. Il n'a pas inventé de pratiques de guérison. Il s'est servi de pratiques qui existaient déjà, mais il leur a donné une efficacité extraordinaire. Au départ, il s'agissait de pratiques disponibles dans la culture juive, dont le christianisme est issu. Mais il utilisait aussi d'autres pratiques issues de la culture hellénistique, qui n'étaient pas forcément autorisées dans le judaïsme. C'est une indication de l'ouverture qui a accompagné l'expansion du christianisme dès le début. Malheureusement, cette ouverture a été presque totalement ignorée lors de l'évangélisation de l'Afrique. Cela s'explique par le fait que l'évangélisation a eu lieu en même temps que la colonisation. La civilisation du peuple africain (des peuples ou des populations africaines) n'a pas tenu compte de ce que les Africains possédaient comme héritage culturel. On a voulu transformer l'Africain en Européen. Pour y parvenir, l'Africain devait abandonner toutes ses propres pratiques et adopter les nouvelles méthodes. Dans le même

contexte, les pratiques de guérison qui étaient disponibles étaient qualifiées de barbares et de démoniaques. Et pourtant, l'analyse de certaines méthodes de guérison utilisées au Rwanda avant la colonisation montre que l'objectif de la guérison en Afrique était fondamentalement de rendre l'homme entier sain afin qu'il puisse accomplir ses tâches sans aucun obstacle. Par conséquent, l'auteur de cette étude estime que toute pratique de guérison qui n'abuse pas de l'humanité et de la gloire de Dieu est désirable. Elle devrait être encouragée et pratiquée afin d'assurer le bien-être et le salut de l'homme.

2) Étant donné que des réflexions et des débats théologiques profonds ont été nécessaires pour intégrer l'utilisation de certaines pratiques de divination et de magie dans le judaïsme et le christianisme primitif, le même mécanisme peut être appliqué au Rwanda contemporain. La recherche a montré que la valeur symbolique des gestes et des pratiques joue un rôle important dans le processus d'intégration. Cela concerne surtout le toucher, l'imposition des mains et l'huile comme moyens de transmission du pouvoir de guérison. Il s'est avéré que le pouvoir de guérison ne réside pas dans ces moyens eux-mêmes, mais en Dieu ou en son envoyé (ange, Jésus, prophète, disciple). Tout cela soutient la thèse selon laquelle certaines pratiques traditionnelles de guérison au Rwanda peuvent être intégrées dans le processus chrétien de soutien aux malades dans leur rétablissement. L'accent devrait surtout être mis sur les remèdes qui jouent un rôle important dans la vie des Rwandais et qui ont une valeur symbolique significative. Pour être plus concrète, l'étude propose l'utilisation du beurre ou de la pommade de vache lors de l'administration du sacrement de l'onction des malades. L'intégration de ce remède serait très facile en raison du fait que la pratique médicale au Rwanda a toujours été combinée avec l'aspect religieux. L'efficacité du remède dépendait des paroles prononcées à son sujet. Prier pour le malade en invoquant le nom du Seigneur ou de la Trinité, puis l'oindre avec du beurre de vache, serait significatif et réconfortant.

3) Un autre aspect à prendre en compte est la psychothérapie traditionnelle au Rwanda. Elle utilise des techniques basées sur les soins communautaires et la participation du patient au processus de guérison. La participation au traitement crée un climat de confiance entre le patient et le guérisseur ou la personne intéressée.

En Afrique en général et au Rwanda en particulier, on constate que le concept de santé est beaucoup plus social que biologique. Une conception plus unifiée des relations psychosomatiques est une apparente réciprocité entre l'esprit et la matière. La santé n'est donc pas un phénomène isolé, mais fait partie de l'ensemble du tissu socioreligieux. Par conséquent, quiconque tente d'élaborer un plan de santé et d'évangélisation pour tous les Rwandais doit prendre en compte la préservation de cet aspect communautaire. Dans le présent et le futur proche, il semble important de promouvoir le dialogue et le débat théologico-culturel afin d'assurer efficacement la mise en pratique de la Bonne Nouvelle de la rédemption dans les bonnes actions.

4) Il convient donc de suggérer que l'objectif du dialogue entre l'Église et les défenseurs de la culture traditionnelle au Rwanda pourrait être de convertir les gens à une vie renouvelée, une vie de confiance absolue en Jésus, qui rompt avec la mentalité de sorcellerie et de dépendance vis-à-vis des esprits des ancêtres. Le plus important pour l'avenir du christianisme au Rwanda n'est pas seulement de découvrir que Jésus est un guérisseur, mais que cette découverte contribue à ce que tous les Rwandais baptisés deviennent réellement des disciples de Jésus sur le chemin de la rédemption. La tâche de l'Eglise et de la théologie est d'éclairer les traditions de guérison rwandaises à partir de l'Evangile.

LISTE GENERALE DES SIGLES

Apg.	Actes des Apôtres		n°	numéro
Art.	article		NT	Nouveau Testament
AT	Ancien Testament		p.	page(s)
Càd	c'est-à-dire		par ex.	par exemple
col.	collection		s(s).	et page(s) suivante(s)
Éd.	sous la direction de		u.a.	et autres (und andere)
etc.	et cetera		Vol.	volume
GS	Gaudium et Spes		zit.	cité comme suit

BIBLIOGRAPHIE

1. SOURCES (ÉDITIONS BIBLIQUES)

ALAND, Barbara und ALAND, Kurt (Éd.), Novum Testamentum Graece, Stuttgart 2012[28].

DIE BIBEL. Einheitsübersetzung der Heiligen Schrift, Stuttgart 2017.

FRANKFURT, Josef Hainz und Mitarbeiter (Éd.), Münchener Neues Testament (Studienübersetzung), München 2016[11].

LA SAINTE BIBLE d'après les textes originaux, Crampon 1923.

2. LITTERATURE SECONDAIRE

BARRETT, C. K., A critical and exegetical commentary on the Acts of the Apostles, Vol. 2, Introduction and Commentary on Acts XV-XXVIII, Edinburgh Clark 1998. [zit: Barrett, Acts of the Apostles].

BARTH, Karl, Art.: πίστις, dans : Exegetisches Wörterbuch zum Neuen Testament (EWNT), Stuttgart 2011[3], p. 216-231. [zit: Barth, πίστις, dans : EWNT].

BAUERNFEIND, Otto, Kommentar und Studien zur Apostelgeschichte (mit einer Einleitung von Martin Hengel), Tübingen 1980.

BAYER, Hans F., Das Evangelium des Markus, Brockhaus 2018[3]. [zit: Bayer, das Evangelium des Markus].

BECKER, M., Wunder und Wundertäter im frührabbinischen Judentum. Studien zum Phänomen und seiner Überlieferung im Horizont von Magie und Dämonismus, Tübingen 2002.

BERGHOFF, E., Religion und Heilkunde im Wandel der Zeiten, Wien 1937. [zit: Berghoff, Religion und Heilkunde].

BIENERT, David C., Bibelkunde des Neuen Testaments, Gütersloh 2010. [zit: Bienert, Bibelkunde des NTs].

BIGIRUMWAMI, Aloys, Imihango n'Imigenzo n'Imiziririzo mu Rwanda, Nyundo 2004.

BÖCK, Barbara (Éd.), Texte aus der Umwelt des Alten Testaments, Gütersloh 2010. [zit: Böck, Texte aus der Umwelt des Alten Testaments].

BÖCK, Barbara (Éd.), The Healing Goddess Gula: Towards an Understanding of Ancient Babylonian Medicine. Brill, 2014[7]. [zit: Böck, The Healing Goddess Gula].

BOLECH, Pietro, Die Krankenheilungen in den Evangelien: eine exegetische und medizingeschichtliche Studie, Wien 1953. [zit: Bolech, Die Krankenheilungen in den Evangelien].

BOUCHAUD, Joseph, Évangélisation et colonisation, dans : Revue française d'histoire d'outre-mer, tome 54, n°194-197, Année 1967, pp. 39-43, 39.

BOURGEOIS, R., Banyarwanda et Barundi (Tome III). Religion et Magie, Bruxelles 1954. [zit: Bourgeois, Banyarwanda et Barundi (Tome III). Religion et Magie].

BOURGEOIS, Sarah L., "Mark 8,22-26: Jesus and the Use of Spittle in a Two-Stage Healing" (Th.M. thesis, Dallas Theological Seminary, 1999). [zit: Bourgeois, "Mark 8,22-26: Jesus and the Use of Spittle"].

BROER, Ingo (Éd.), Einleitung in das Neue Testament, Würzburg 2010[3]. [zit: Broer, Einleitung in das NT].

BROWN, Raymond E., Que sait-on du Nouveau Testament ? Paris 2000. [zit: Brown, Que sait-on du NT].

BUJO, Bénézet, Introduction à la théologie africaine, Fribourg (CH), Academic Press 2008. [zit: Bujo, Introduction à la théologie africaine].

CARSON, D. A., The Gospel According to John, Leicester 1994. [zit: Carson, The Gospel According to John].

CERCLE SAINT PAUL du Grand Séminaire de Nyakibanda, Amateka ya Kiliziya. Umugereka : Iyogezabutumwa mu Rwanda, Pallotti Presse Kigali 2003.

CHUKWUMA, Augustus Ohajiriogu, Mystagogie und Inkulturation. Lösungsansätze in Europa und in Afrika, Wien 2004.

DAVIS, J.P., Rome's Religious History, Cambridge University Press 2004.

DESELAERS, Paul: „Jahwe - der Arzt seines Volkes. Das Buch Tobit als Beispiel biblischer Heilslehre", Münster 1981.

DORMEYER, Detlev/GALINDO, Florencio, Die Apostelgeschichte. Ein Kommentar für die Praxis, Stuttgart 2003. [zit: Dormeyer, Detlev/Galindo, Florencio, Die Apostelgeschichte].

DSCHULNIGG, Peter, Das Markusevangelium (TKNT2), Stuttgart 2007. [zit: Dschulnigg, Das Markusevangelium].

DUMEIGE, Gervais, Art.: Médecin (le Christ), dans : Dictionnaire de SPIRITUALITE. Ascétique et mystique doctrine et histoire (DSp), Editions Beauchesne, 1932-1995, tome X, col. 891-901. [zit: Dumeige, Médecin (le Christ)].

ECKART, Otto, Magie – Dämonen – göttliche Kräfte. Krankheit und Heilung im Alten Orient und im Alten Testament, Göttingen 2005. [zit: Krankheit und Heilung im Alten Testament].

ECKSTEIN, H. -J., Glaube und Sehen, Markus 10,46-52 als Schlüsseltext des Markusevangeliums, Münster 2003.

ERLEMANN, Kurt, Wunder. Theorie – Auslegung – Didaktik (UTB 5657), Tübingen 2021. [zit: Erlemann, Wunder].

ERNST, Josef, Das Evangelium nach Markus (RNT), Regensburg 1981. [zit: Ernst, Das Evangelium nach Markus].

FARMER, William R., The Synoptic Problem: A Critical Analysis, dans : Revue théologique de Louvain, 1977, Vol. 8 (2), p. 235-235. [zit: Farmer, The Synoptic Problem].

FENEBERG, W., Art.: ὑγιής, dans : Exegetisches Wörterbuch zum Neuen Testament (EWNT), Stuttgart 2011³, p. 909-912. [zit: Feneberg, W., ὑγιής, dans : EWNT].

FIEDERLEIN, Martin, Die Wunder Jesu und die Wundererzählungen der Urkirche, München 1988. [zit: Fiederlein, Die Wunder Jesu].

FLÜGEL, Christian, Spätantike Arztinschriften als Spiegel des Einflusses des Christentums auf die Medizin, Göttingen 2006. [zit: Flügel, Spätantike Arztinschriften].

FOCANT, Camille, Analyse littéraire et exégèse biblique, dans : Bulletins de l'Académie Royale de Belgique/Année 2014/25, p. 47-64. [zit: Analyse littéraire et exégèse biblique].

FOCANT, Camille, Evangile selon Marc, dans : Le Nouveau Testament commenté (Éd. Camille Focant et Daniel Marguerat), Editions du Cerf 2010. [zit: Focant, Evangile selon Marc, dans : Le Nouveau Testament commenté].

FOSTER, Robert J., The Significance of Exemplars for the Interpretation of the Letter of James, Tübingen 2014. [zit: Foster, Interpretation of the Letter of James].

GNILKA, Joachim, Das Evangelium nach Markus, Teilband I (EKK), Benziger 1998[5]. [zit: Gnilka, Das Evangelium nach Markus I].

GNILKA, Joachim, Das Evangelium nach Markus. Evangelisch-Katholischer Kommentar zum Neuen Testament 2 (EKK), Neukirchen-Vluyn 2010. [zit: Gnilka, Das Evangelium nach Markus].

GRAF, F., Magic in the Ancient World, Harvard University Press 1999.

GRILLI, Massimo, LANGNER, Cordula, Das Matthäusevangelium. Ein Kommentar für die Praxis, Stuttgart 2010. [zit: Grilli und Langner (Ed.), Das Matthäusevangelium].

GRIMAL, Pierre, Romans Grecs et Latins (Bibliothèque de la Pléiade). Paris, NRF, Librairie Gallimard, 1958, dans : Revue des Études Grecques Année 1959, p. 446-447. [zit: Grimal, Romans Grecs et Latins].

GRIMM, W., Art.: $\vartheta\varepsilon\rho\alpha\pi\varepsilon\acute{\upsilon}\omega$, dans : Exegetisches Wörterbuch zum Neuen Testament (EWNT), Stuttgart 2011[3], p. 354-357. [zit: Grimm, W., $\vartheta\varepsilon\rho\alpha\pi\varepsilon\acute{\upsilon}\omega$, dans : EWNT].

GRIMM-STATELMAN, Isabel, Untersuchungen zur Iatromagie in der byzantinischen Zeit. Zur Tradierung gräkoägyptischer und spätantiker iatromagischer Motive, Berlin. Boston 2020. [zit: Grimm-Statelman, Untersuchungen zur Iatromagie].

GRUNDMANN, Walter, Das Evangelium nach Markus, Berlin 1983[8]. [zit: Grundmann, Das Evangelium nach Markus].

GUNDRY, Robert H., Matthew, a Commentary on his Literary and Theological Art, Michigan (USA) 1983. [zit: Gundry, Commentary on His Literary and Theological Art].

GÜNTHER, Lorenz, Asklepios, der Heiler mit dem Hund und der Orient. Religion und Medizin in alten Kulturen in universalhistorischer Sicht, Innsbruck 2016. [zit: Günther, Asklepios, der Heiler mit dem Hund].

GUTHRIE, Donald, MOTYER, J. Alec (Éd.), Kommentar zur Bibel: AT und NT in einem Band, Witten 2016[9]. [zit: Guthrie und Motyer (Ed.), Kommentar zur Bibel].

GYÖRGY, Pàlfi, Maladies dans l'Antiquité et au Moyen-Âge. Paléopathologie comparée des anciens Gallo-Romains et Hongrois [article], dans : Bulletins et Mémoires de la Société d'Anthropologie de Paris, Année 1997 /9-1-2/, p. 1-205.

HAAS, Volkert, Materia Magica et Medica Hethitica. Ein Beitrag zur Heilkunde im Alten Orient, Walter de Gruyter. Berlin. New York, 2003. [zit: Haas, Materia Magica et Medica Hethitica]

HARTMAN, Lars, Mark for the Nations: A Text- and Reader-Oriented Commentary, 2010, Translated from the Swedish Markusevangeliet (Kommentar till Nya testamentet, Stockholm: EFS-förlaget/Verbum Förlag AB, 2004-2005. [zit: Hartman, Mark for the Nations].

HEINRICH VON STADEN, Herophilus: The Art of Medicine in Early Alexandria, Cambridge University Press, Cambridge, 1989.

HIDALGO DE LA VEGA, José, Art. : Voix soumises, pratiques transgressives. Les magiciens dans le roman gréco-romain, dans : Dialogues d'histoire ancienne 2008/1 (34/1), p. 27-43.

HUTTER, Manfred, Art.: Ein altorientarischer Bittgestus in Mt 9,20-22, dans : Zeitschrift für Neutestamentliche Wissenschaft und die Kunde der älteren Kirche, Vol. 75, Berlin 1984. [zit: Hutter, Ein altorientalischer Bittgestus].

KALMIN, R., Art: „Holy Men, Rabbis, and Demonic Sages in Late Antiquity ", dans : Kalmin, R. und Schwartz, S. (Ed.), Jewish Culture and Society under the Christian Roman Empire, Leuven 2003, p. 213-249.

KARENBERG, A., LEITZ, C. (Éd.), Heilkunde und Hochkultur II. 'Magie und Medizin' und 'Der alte Mensch' in den antiken Zivilisationen des Mittelmeerraumes, Münster 2002. [zit: S. M. Maul, Heilkunst des alten Orients].

KASPER, Wilhelm, LTK, Band V, Basel 1996. [zit: Kasper, W., (Ed.), LTK, Band V].

KEE, Howard Clark, Medicine, Miracle and Magic in New Testament, New York 1988. [zit: Kee, Medicine, Miracle and Magic].

KERNEIS, J.-P. (Éd.), Histoire des Sciences médicales, Tome XVI, No 1, Paris 1982. [zit: Ducable, L'art de guérir en Mésopotamie ancien].

KOCH, Klaus, OTTO, Eckart, ROLOFF, Jürgen, SCHMOLDT, Hans (Ed.), GBL, Wien 2004. [zit: Koch (Ed.), GBL].

KÖCHER, Franz, Art.: saharšubbû - zur Frage nach der Lepra im Alten Zweistromland, dans : WOLF, Jörn-Henning (Ed.): Aussatz, Lepra, Hansen-Krankheit. Ein Menschheitsproblem im Wandel. Teil II: Aufsätze. Würzburg 1986, p. 27-34.

KOLLMANN, Bernd/ZIMMERMANN, Ruben (Éd.), Hermeneutik der frühchristlichen Wundererzählungen. Geschichtliche, literarische und rezeptionsorientierte Perspektiven, Tübingen 2014.

KOLLMANN, Bernd, Jesus und Christen als Wundertäter. Studien zu Magie, Medizin und Schamanismus in Antike und Christentum, Göttingen, 1996. [zit: Kollmann, Jesus und die Christen als Wundertäter].

KOLLMANN, Bernd, Neutestamentliche Wundergeschichten. Biblisch-theologische Zugänge und Impulse für die Praxis, Stuttgart-Berlin-Köln 2007[2]. [zit: Kollmann, Neutestamentliche Wundergeschichten].

KOSTKA, Ulrike, Der Mensch in Krankheit, Heilung und Gesundheit im Spiegel der modernen Medizin, Münster 2000. [zit: Kostka, Der Mensch in Krankheit].

KREMER, Jacob, Lukasevangelium, Münster, dans : Theologische Revue, 1990-01-01, Vol. 86, p.356-357. [zit: Kremer, Lukasevangelium].

LANE, William L., The Gospel according to Mark: The English Text with Introduction, Exposition and Notes, Eerdmans 1974.

LEARY, T.J., The 'Aprons' of St. Paul-Acts 19:12, dans : Journal of Theological Studies, 1990-10-01 (London), Vol. 41, p. 527-529.

LEGASSE, Simon, L'Evangile de Marc, Tome I, Paris 1997. [zit: Legasse, L'Evangile de Marc].

LEIPOLD, Johannes, GRUNDMANN, Walter, Umwelt des Christentums I, Berlin 1971.

LEIVESTAD, R., Art.: ἰάομαι, dans : EWNT, Stuttgart 2011³, p. 1172-1177. [zit: Leivestad, R., ἰάομαι, dans : EWNT].

LÉO-DUFOUR, Xavier, WNT, München 1977. [zit: Léon-Dufour, WNT].

LEON-DUFOUR, Xavier (Ed.), Les miracles de Jésus selon le Nouveau Testament, Paris (Éditions du Seuil) 1977.

LEONTI Marco, CASU Laura, SANNA Francesca, BONSIGNORE Leonardo, A comparison of medicinal plant use in Sardinia and Sicily — De Materia Medica revisited? dans : Journal of Ethnopharmacology 121 (2009), p. 255–267.

LESTRADE, A., La médecine indigène au Ruanda et Lexique des termes médicaux français-urunyarwanda, Mémoire présenté à la séance du 20 décembre 1954 (Brussel). [zit: Lestrade, La médecine indigène au Ruanda].

LINK, Heckel G., Art.: Krankheit/Heilung, dans : TBLNT, Wuppertal 2005, p. 1197-1203; p. 1210-1211. [zit: Link, Krankheit/Heilung, dans : TBLNT].

LOHFINK, N., Art.: Heilung, dans : BL, Tübingen 1968, p. 701.

LOHMEYER, Ernst, Das Evangelium des Matthäus: nachgelassene Ausarbeitungen und Entwürfe zur Übersetzung und Erklärung, Göttingen 1967⁴, dans : https://digi20.digitale-sammlungen.de/de/fs1/object/display/bsb00055269_00001.html (disponible le 31.12.2022). [zit: Lohmeyer, Das Evangelium des Matthäus].

LOHSE, Eduard, Die Wundertaten Jesu. Die Bedeutung der neutestamentlichen Wunderüberlieferung für Theologie und Kirche, Stuttgart 2015.

LUZ, Ulrich, Das Evangelium nach Matthäus (1-7), Augsburg 2007. [zit: Luz, Das Evangelium nach Matthäus].

MARGUERAT, Daniel, le miracle au feu de la critique historique et au regard de l'analyse narrative, dans : « Recherches de Science Religieuse » 2010/4 Tome 98, p. 525-542.

MARSHALL, Howard, HAGNER, Donald A., The Gospel of Mark. A Commentary on the Greek Text, Michigan (USA) 2002. [zit: Marshal und Hagner, The new international Greek Testament Commentary].

METTE, Johannes, Heilung durch Gottesdienst? Ein liturgischer Beitrag, Regensburg 2010. [zit: Mette, Heilung].

METTERNICH, Ulrike, Sie sagte ihm die ganze Wahrheit: die Erzählung von der „Blutflüssigen" – feministisch gedeutet, Mainz 2000. [zit: Metternich, Sie sagte ihm die ganze Wahrheit].

MISAGO, Augustin, dans : Foi et Culture. Rapport d'un séminaire tenu du 26 au 31/10/1987 au Centre national de Pastorale et de Formation continue, Kigali 1987. [zit: Misago, Foi et Culture].

MOSÉS, Silva (Éd.), NIDNTTE, Michigan 2014. [zit: Mosés (Ed.), NIDNTTE].

MÜLLER, Hans-Peter (Ed.), Bibel und Alter Orient. Altorientalische Beiträge zum Alten Testament von Wolfram von Soden, Berlin 1985.

MÜLLER, Peter, Wer ist dieser? / Jesus im Markusevangelium, Markus als Erzähler, Verkündiger und Lehrer, Neukirchen-Vluyn 1995. [zit: Müller, Wer ist dieser? Jesus im Markusevangelium].

MÜLLER, Peter, Nicht nur rein, auch gesund (Heilung eines Aussätzigen), dans : ZIMMERMAN R. (Éd.), Kompendium der frühchristlichen Wundererzählungen, Bd. 1: Die Wunder Jesu, Gütersloh 2013, p. 221-235. [zit: Müller, Kompendium der frühchristlichen Wundererzählungen].

MUßNER, Franz, Der Jakobusbrief, Freiburg. Basel. Wien, 1964. [zit: Mußner, Der Jakobusbrief, 220].

MUZUNGU, Bernardin, Le Dieu de nos pères II, une réflexion théologique sur les données de la religion traditionnelle du Rwanda et du Burundi, Bujumbura 1975. [zit: Muzungu, Le Dieu de nos pères II].

MWANGANGI KYULE, John, Inkulturation des Christentums in Afrika angesichts des gesellschaftlichen Wandels, Münster 2000. [zit: Mwangangi Kyule, John, Inkulturation des Christentums in Afrika].

NIZEYIMANA, Aphrodis (Éd.), Le Christianisme et la religion traditionnelle au Rwanda. Jalons pour l'inculturation, Editions Sources du Nil (Lille, France) 2021. [zit: Nizeyimana, A., (Ed.), Jalons pour l'inculturation].

OTTO, Kaiser, Vom offenbaren und verborgenen Gott: Studien zur spätbiblischen Weisheit und Hermeneutik. De Gruyter, 2008[7].

PARPOLA, Simo, Letters from Assyrian Scholars to the Kings Esarhaddon and Assurbanipal, Part II: Commentary and Appendices. Alter Orient und Altes Testament 5/2, Neukirchen-Vluyn, 1983 (Ed.: Butzon und Bercker).

PARPOLA, Simo, Letters from Assyrian and Babylonian Scholars. State Archives of Assyria 10. Helsinki University Press, 1993.

PAYYAPPALLIMANA, U., Role of Traditional medicine in primary health care: an overview of perspectives and challenges. Yokohama Journal of Social Sciences, 2010.

PESCH, Rudolf, KRATZ, Reinhard (Ed.), So liest man synoptisch. Wundergeschichten. Exorzismen, Heilungen, Totenerweckung (Bd. 2), Frankfurt am Main, 1982.

PESCH, Rudolf, Das Markusevangelium: Einleitung und Kommentar zu Kapitel 1,1-8,26 (MThA 8), Freiburg 1989[5]. [zit: Pesch, Das Markusevangelium I].

PESCH, Rudolf, Das Markusevangelium: Kommentar zu Kapitel 8,27-16,20, Darmstadt 2000. [zit: Pesch, Das Markusevangelium II].

PHILOSTRATE, La vie d'Apollonius de Tyane (Traduction, introduction et notes par A. Chassang), Arbre d'Or, Genève, février 2007.

PICHLER, Josef, HEIL, Christoph (Ed.), Heilungen und Wunder. Theologische, historische und medizinische Zugänge (WBG), Darmstadt 2007. [zit: Pichler und Heil, Heilungen und Wunder].

PLINY, Natural History, Volume I-X: Books 1-37, Harvard University (Cambridge) 1938, Bibliographical Note (1991).

RADL, W., σῴζω, dans : Exegetisches Wörterbuch zum Neuen Testament (EWNT), Stuttgart 2011[3], p. 765-770. [zit: Radl, W., σῴζω, dans : EWNT].

RISSE, Guenter B., Asclepius at Epidaurus: The divine power of healing, San Francisco 2015. [zit: Risse, Asclepius at Epidaurus].

RUPRECHT, F., Art.: Krankheit/Heilung, dans : TBLNT, Wuppertal 2005, p. 1203-1210 et p. 1214-1215. [zit: Ruprecht, Krankheit/Heilung, dans : TBLNT]

RWANGABO, Pierre Claver, La médecine traditionnelle au Ruanda, Paris 1993. [zit: Rwangabo, La médecine traditionnelle au Ruanda].

SAND, A., νόσος, dans : Exegetisches Wörterbuch zum Neuen Testament (EWNT), Stuttgart 2011³, p. 1172-1177. [zit: Sand, νόσος, dans : EWNT].

SANCHEZ, Pascal, Les théories rationalistes de la croyance magique, dans : La Rationalité des croyances magiques (2007), p. 465-550.

SARRAZIN, Roxanne Bélanger, Art. : Les Papyrus iatro-magiques grecs d'Egypte : entre le mythe et la réalité, dans : Cahier d'Histoire : Mythes, légendes et Histoire : la réalité dépassée ? Volume 34, Numéro 2, été 2017. [zit: Sarrazin, Les Papyrus iatro-magiques grecs d'Egypte].

SCHENKE, Ludger, Das Markusevangelium, Stuttgart-Berlin-Cologne-Mayence, Kohlhammer, 1988, dans : Revue d'histoire et de philosophie religieuses, 69e année n°2, avril-juin 1989, p. 225-226. [zit: Schenke, Das Markusevangelium].

SCHOLL, Reinhold, Der Papyrus Ebers. Die größte Buchrolle zur Heilkunde Altägyptens, Leipzig 2002.

SCHMITHALS, W., Art.: Wunder, dans : BThW, Graz. Wien. Köln 1994, 603-606. [zit: Schmithals, Wunder, dans : BThW].

SCHWEIZER, E., Das Evangelium nach Markus (NTD 1), Göttingen 1975⁴.

SCHWERTNER, Siegfried M, Internationales Abkürzungsverzeichnis für Theologie und Grenzgebiete. IATG. Zeitschriften, Serien, Lexika, Quellenwerke mit bibliographischen Angaben, Berlin 2016³.

SCURLOCK, JoAnn, Magico-Medical Means of Treating Ghost-Induced Illnesses in Ancient Mesopotamia, Leiden, Boston 2006.

SEITZ, Philipp, Logik der Transkulturationsforschung: Eine kulturphilosophische Grundlegung im Anschluss an Ernst Cassirer und am Beispiel der christlichen Missionierung in Afrika, Baden-Baden (Verlag Karl Alber) 2020. [zit: Seitz, Philipp, Logik der Transkulturationsforschung].

STRELAN, Richard, Art.: Acts 19,12: Paul's 'Aprons', dans : Journal of Theological Studies, 2003-2004, Vol. 54 (1), p. 154-157.

TESTA, Emanuele, O.F.M., L'huile de la foi. L'Onction des malades sur une lamelle du 1er siècle, Jérusalem 1967. [zit: Testa, Emanuele, O.F.M., L'huile de la foi, Jérusalem 1967].

THEISSEN, Gerd, Urchristliche Wundergeschichten. Ein Beitrag zur formgeschichtlichen Erforschung der synoptischen Evangelien (StNT), Gütersloh 1990[6]. [zit: Theissen, Urchristliche Wundergeschichten].

VERHEYDEN, Joseph (Ed.), Miracles and Imagery in Luke and John: Festschrift Ulrich Busse, Leuven 2008. [zit: Verheyden, Miracles and imagery in Luke and John].

VORGRIMLER, Herbert, Neues Theologisches Wörterbuch, Freiburg 2008[8]. [zit: Vorgrimler, Neues Theologisches Wörterbuch].

VOUGA, François, L'épître de Saint Jacques, Genève, Labor et Fides 1984. [zit: Vouga, L'épître de Saint Jacques].

WEINREICH, Otto, Antike Heilungswunder. Untersuchungen zum Wunderglauben der Griechen und Römer, Gießen 1909 (Photomechanischer Nachdruck Walter de Gruyter und Co. Berlin 1969). [zit: Weinreich, Antike Heilungswunder].

ZIMMERMANN, Heinrich, Neutestamentliche Methodenlehre: Darstellung der historisch-kritischen Methode, Stuttgart 1982[7].

ZIMMERMANN, Ruben (Ed.), Kompendium der frühchristlichen Wundererzählungen. Band 1, die Wunder Jesu, Gütersloh 2013. [zit: Zimmermann, Kompendium der frühchristlichen Wundererzählungen, Band 1].

ZINNIKER, F., Krankheit, dans : BL, Tübingen 1968, p. 987-989. [zit: Zinniker, Krankheit, dans : Haag, BL].

ZMIJEWSKI, J., ἀσθενής, dans : BALZ, Horst, SCHNEIDER, Gerhard (Ed.), Exegetisches Wörterbuch zum Neuen Testament, Stuttgart 2011[3], p. 408-414. [zit: Zmijewski, ἀσθενής, dans : Balz und Schneider (Ed.), Exegetisches Wörterbuch zum NT].

ZISKIND, Bernard, L'ordonnance du médecin dans l'Égypte ancienne, dans : La Revue du Patricien/16 Janvier 2020/70(1) ; p. 112-114. [zit: Ziskind, Médecin dans l'Egypte ancienne].

3. LITTERATURE SECONDAIRE /INTERNET

BÀRÀNY, Ildikó, MÜLLER, Rebekka-M. und WILLER, Laura, Magie versus Medizin, dans : Magie und Medizin, 22 (https://books.ub.uni-heidelberg.de/heibooks/reader/download/71/71-4-7157-1-10-20160715.pdf) (disponible le 20.11.2021).

BAVA, Basra 126b ~ The Healing Power of Saliva, dans : http://www.talmudology.com/jeremybrownmdgmailcom/2017/5/17/bava-basra-126b-the-healing-power-of-saliva (disponible le 06.04.2022).

BENOIT DE SAGAZAN, dans : https://www.mondedelabible.com/quelques-figures-de-guerisseurs-dans-le-monde-judeen-du-ier-siecle/ (disponible le 10.08.2021).

BIWUL, Joel, KAMSEN Tihitshak (Stellenbosch University), The African Church's application of anointing oil: An expression of Christian spirituality or a display of fetish ancestral religion? January 2021 HTS Teologiese Studies / Theological Studies 77(4) dans : https://www.researchgate.net/publication/348859261_The_African_Church%27s_application_of_anointing_oil_An_expression_of_Christian_spirituality_or_a_display_of_fetish_ancestral_religion (disponible le 28.12.2022).

BLANDENIER, Jacques, Colonisation et mission : complicité ou antagonisme ? dans : Foi en question, https://www.foienquestions.eu/wp-content/uploads/2016/01/Mission_colonisation.pdf (disponible le 14.05.2022).

CASEAU, Beatrice, Parfum et guérison dans le christianisme ancien : des huiles parfumées des médecins au myron des saints byzantins, dans : https://www.academia.edu/532373/Parfum_et_gu%C3%A9rison_dans_le_christianisme_ancien_des_huiles_parfum%C3%A9es_des_m%C3%A9decins_au_myron_des_saints_byzantins (disponible le 15.05.2021).

DESELAERS, Paul, „Jahwe - der Arzt seines Volkes. Das Buch Tobit als Beispiel biblischer Heilslehre", Münster, 1981 URL: https://www.google.com/url?sa=t&rct=j&q=&esrc=s&source=web&cd=1&ved=0CCEQFjAA&url=http%3A%2F%2Fgul.echter.de%2Fcomponent%2Fdocman%2Fdoc_download%2F2746-55-1982-4-294-303-deselaers0.html&ei=6qeJVM7RH9exaaVgegK&usg=AFQjCNG2I1JQWVk_4BDBvVTg-q0CemimcA&bvm=bv.81456516, d.d2s (disponible le 09.12.2021).

DICTIONNAIRE BIBLIQUE WESTPHAL / Lettre I / Définition de l'Imposition des mains, dans : https://www.levangile.com/Dictionnaire-Biblique/Definition-Westphal-2497-Imposition-des-mains.htm (disponible le 10.12.2021).

EBHOMIENLEN, T.O. and OGAH, C. A., Saliva: A Healing Technique of Jesus in African Context, dans : IOSR Journal of Humanities and Social Science (IOSR-JHSS) Volume 16, Issue 2 (Ekpoma – Nigeria, Sep. - Oct. 2013), PP 01-07 e-ISSN: 2279-0837, p-ISSN: 2279-0845. www.iosrjournals.org (disponible le 15.03.2022). [zit: T.O. Ebhomienlen and C. A. Ogah, Saliva: A Healing Technique of Jesus in African Context].

EHRMAN, B. D., "A Leper in the Hands of an Angry Jesus" in Studies in the Textual Criticism of the New Testament. Leiden: Brill, 2006, dans : https://www.movement.org.uk/resources/jesus-heals-man-leprosy-mark-140-45 (disponible le 04.06.2021).

FOCANT, Camille, Analyse littéraire et exégèse biblique, dans : https://www.catho-bruxelles.be/wp-content/uploads/2017/12/Analyse-litte%CC%81raire-et-exe%CC%81ge%CC%80se-2012-25p-Focant.pdf (disponible le 30.12.2021). [zit: Focant, The Gospel according to Mark].

GERNEGROSS, Ralf (2004) Exegese, „Die Heilung des blinden Bartimäus" - Markus 10,46-52, dans : https://www.grin.com/document/108462 (disponible le 28.12.2021).

GRUSON, Philippe, Les miracles dans l'Ancien Testaments, dans : https://www.bible-service.net/extranet/current/pages/200025.html (disponible le 07.05.2021).

HOOKER, M., The Message of Mark. London: Epworth, 1983, dans : https://www.movement.org.uk/resources/jesus-heals-man-leprosy-mark-140-45 (disponible le 04.06.2021).

HUGHES, J. Donald, A History of Dream Interpretation in Western Civilization from the Earliest Times Through the Middle Ages, dans : https://www.researchgate.net/publication/227247381_Dream_Interpretation_in_Ancient_Civilizations (disponible le 28.12.2022).

KABASELE LUMBALA, François, « L'inculturation comme antidote à la violence en Afrique », Revue des sciences religieuses [En ligne], 85/3 | 2011, disponible le 12.03.2015, URL: http://journals.openedition.org/rsr/1752; DOI: https://doi.org/10.4000/rsr.1752 (disponible le 17. 05.2021).

LABBE, Yves, Le concept d'inculturation, dans : Revue des sciences religieuses [En ligne], 80/2 | 2006, mis en ligne le 10 août 2015, consulté le 16 mai 2022. URL: http://journals.openedition.org/rsr/1875; DOI: https://doi.org/10.4000/rsr.1875 (disponible le 17.05.2022).

MENGXIN, Tan u.a. (Ed.), Local experience of using traditional medicine in northern Rwanda: a qualitative study, Published 13 August 2021, dans : https://bmccomplementmedtherapies.biomedcentral.com/articles/10.1186/s12906-021-03380-5 (disponible le 15.03.2022). [zit: Mengxin, Tan (Ed.), Local experience of using traditional medicine in northern Rwanda].

MICHALLEK, R. und MICHALLEK, F., Gefäßmedizin in der ägyptischen Antike – Appendix. Leitliniengerechte Medizin im alten Ägypten; Imhotep – vom Heilkundigen zum Gott, dans : Gefäßchirurgie 2020 · 25:667–674 https://doi.org/10.1007/s00772-020-00699-0, publiée en ligne : 30. September 2020 (disponible le 03.06.2022). [zit: Michallek, Gefäßmedizin in der ägyptischen Antike].

MYERS, C., Binding the Strong Man: A Political Reading of Mark's Story of Jesus. Orbis, 2008, dans : https://www.movement.org.uk/resources/jesus-heals-man-leprosy-mark-140-45 (disponible le 04.06.2021).

OZIOMA, E., CHINWE, O., Herbal Medicines in African Traditional Medicine 2019, dans : https://doi.org/10.5772/intechopen.80348 (disponible le 15.03.2022).

PENNACINI, C., Religious mobility and body language in Kubandwa possession cults. Journal of Eastern African Studies 2009; 3(2), p. 333–349 dans : https://doi.org/10.1080/17531050902972972 (disponible le 15.03.2022).

SCHIERENBECK I, JOHANSSON P, ANDERSSON L, KRANTZ G, NTAGANIRA J., Collaboration ou renoncement? Le rôle de la médecine traditionnelle dans les soins de santé mentale au Rwanda et dans la province du Cap oriental. Santé publique mondiale en Afrique du Sud. 2016 ; 13(2), p. 159–172, dans : https://doi.org/10.1080/17441692.2016.1239269 (disponible le 15.03.2022).

TAYLOR, C., The concept of flow in Rwandan popular medicine. Social Science & Medicine 1988 ; 27(12), p. 1343–1348, dans : https://doi.org/10.1016/0277-9536(88)90199-2 (disponible le 10.03.2022).

SYRNIK, Johanna, ZIEGLER, Mario, Die Heilung eines Blinden in Jericho, dans : https://www.bibelwissenschaft.de/bibelkommentar/beitraege-im-obk/detailansicht/ch/345422475ae840c9d94901ca11ed3e45/?tx_gbbibelkommentar_main%5Bcomment%5D=42&tx_gbbibelkommentar_main%5Baction%5D=show&tx_gbbibelkommentar_main%5Bcontroller%5D=Comment (disponible le 28.12.2022).

WENDIMU, Abenezer, The traditional medicinal use of some animals and their products in Wolaita, Southern Ethiopia (August 26th, 2021), dans : https://assets.researchsquare.com/files/rs-846799/v1/388c59b8-0e0d-4ad5-a8cc-b4346dda75a9.pdf?c=1631888652 (disponible le 12.03.2022).

WOJCIECHOWSKI, M., The Touching of the Leper (Mc 1,40-45), dans : https://www.researchgate.net/publication/273458768_Symbolic_Acts_of_Jesus/link/550341950cf24cee39fd6e08/download (disponible le 10.01.2022).

WORLD HEALTH ORGANISATION, The ICD-10 Classification of Mental and Behavioural Disorders, dans : https://www.who.int/classifications/icd/en/bluebook.pdf (disponible le 22.12. 2020).

WORLD HEALTH ORGANISATION, Guidelines for registration of traditional medicines in WHO African Region 2004, dans : https://www.afro.who.int/sites/default/files/2017-06/guide-reg-tm.pdf (disponible le 14.03.2022).

ABSTRACT

La présente étude vise à établir une comparaison biblique, théologique et pastorale des techniques de guérison dans les textes du Nouveau Testament et dans la médecine traditionnelle du Rwanda. Les techniques médicales dans l'antiquité païenne ainsi que dans la tradition de l'Ancien et du Post-Biblique fournissent un contexte plus large. L'étude se concentre sur l'analyse de quelques textes bibliques du Nouveau Testament relatifs à l'application des cinq remèdes utilisés par Jésus et ses disciples dans l'univers narratif postpascal des évangiles. Ces moyens sont les méthodes de guérison décrites dans les évangiles et dans les Actes des Apôtres ainsi que dans l'épître de Jacques. Certaines de ces techniques (comme la salive et l'huile) ont été considérées comme ayant des effets thérapeutiques dans les pratiques de guérison de l'antiquité et jusqu'à nos jours au Rwanda. Les remèdes du Nouveau Testament se rattachent en partie à ceux de l'Ancien Testament. Certains d'entre eux ont été empruntés aux pratiques d'autres cultures (par exemple, l'utilisation de la salive comme remède est absente dans l'AT. Le crachat est considéré comme une insulte ou un geste de mépris dans le judaïsme antique). Que ce soit le toucher, l'imposition des mains, le contact avec les vêtements, la salive ou l'huile, ils ont tous joué un rôle important dans le rétablissement de la santé. Leurs effets curatifs sont présents aussi bien dans les écrits de l'Ancien Testament que dans ceux du Nouveau. Il faut cependant toujours souligner que, dans la perspective des auteurs bibliques, malgré des pratiques de guérison et des moyens de guérison culturellement identiques, le véritable guérisseur est Dieu, qui intervient soit lui-même, soit par l'intermédiaire de ses serviteurs (des hommes de Dieu comme Raphaël, Jésus, les disciples). Dans l'Ancien Testament, il est question d'un monopole de Dieu sur la guérison, dans le Nouveau Testament de son actualisation en Jésus et dans l'Église postpascale.

Cette étude tente de montrer comment les différentes cultures se sont influencées mutuellement dans la transmission des pratiques de guérison. Certaines de ces pratiques sont à l'origine des sacrements de guérison que l'Église administre pour aider les malades physiquement et spirituellement. L'étude propose d'élargir à l'avenir l'aspect de l'inculturation de cette recherche à l'évaluation par l'Église des techniques traditionnelles de guérison au Rwanda, qui peuvent être intégrées dans la pastorale d'accompagnement des chrétiens et chrétiennes malades. L'Eglise excommunie les chrétiens malades s'ils utilisent certaines de ces méthodes traditionnelles, suggérant ainsi qu'ils sont en deçà de la pratique catholique. Et pourtant, cette étude a permis d'identifier des similitudes entre certaines techniques de guérison de la tradition du monde antique, celles de la tradition de l'Ancien et du Nouveau Testament, et celles des pratiques de guérison au Rwanda.

La tradition biblique elle-même témoigne du processus d'inculturation. Par conséquent, les pratiques traditionnelles de guérison au Rwanda, notamment le toucher et la guérison par l'huile, ne doivent pas être en contradiction avec la révélation chrétienne dans leur analogie avec celles de l'Ancien et du Nouveau Testament. Ce qui est décisif, c'est leur intégration dans la foi en un Dieu unique et en Jésus-Christ comme Sauveur. Cette étude doit contribuer à comprendre l'importance pastorale des pratiques de guérison rwandaises, non perçue par la première évangélisation à l'époque coloniale, et ainsi à les réhabiliter à l'avenir et à les utiliser pour répandre l'Évangile du salut pour tous les hommes.

Mots clés : Maladie, guérison, miracles de guérison, pratiques de guérison, évangélisation et inculturation.

ABSTRACT (English)

This study aims at a biblical-theological-pastoral comparison of healing techniques in the New Testament texts and in the traditional medicine of Rwanda. Medical techniques in pagan antiquity and in Old Testament and post-biblical tradition provide the broader context. The focus of the study is on the analysis of some biblical texts from the New Testament that refer to the application of the five remedies that Jesus and his disciples used in the post-Easter narrative world of the Gospels. These remedies are the healing methods in the Gospels, in the Acts of the Apostles and in the Epistle of James. Some of these techniques (such as saliva and oil) were believed to have therapeutic effects in the healing practices of antiquity and in the present-day life in Rwanda. The remedies of the New Testament partly tie with those of the Old Testament. Some of them were borrowed from the practices of other cultures (for example, the use of saliva as a remedy is absent in the Old Testament. Spitting is considered an insult or gesture of contempt in ancient Judaism). The practices of Touch, laying on of hands, saliva or oil played an important role in restoring health. Their healing effect is present in both the Old Testament and New Testament writings. However, it must always be emphasized that in the view of the biblical authors, the main actual healer is God, who intervenes either Himself or through His servants (Messengers of God like Raphael, Jesus and the disciples). The Old Testament speaks of God's monopoly on healing while the New Testament speaks of its actualization in Jesus and the post-Easter church.

This study attempts to show how different cultures influenced each other in the transmission of these healing practices. Some of these practices are the origin of the healing sacraments that the Church administers to help the sick physically and spiritually. The study proposes to extend and open future research in inculturation to the analysis of ecclesiastical evaluation of traditional healing techniques in Rwanda, which can be integrated into pastoral care of the sick Christians. The Church excommunicates the sick Christians if they use some of these traditional methods, suggesting that they have fallen short of Catholic practice. And yet, this study has identified similarities between certain healing techniques from the ancient world tradition, those of the Old and New Testament tradition, and those of healing practices in Rwanda.

The biblical tradition itself testifies to the process of inculturation. Therefore, traditional healing practices in Rwanda, especially touch and healing with oil, do not contradict Christian revelation in their analogy to those of the Old and New Testaments. This study aims to help understand the pastoral significance of Rwandan healing practices, which were perceived to be inappropriate by the first evangelization in the colonial period, and thereby rehabilitate them in the future and use them to spread the Gospel of salvation for all people.

Keywords: Illness, healing, healing miracles, healing practices, evangelization and inculturation.